本书受中南财经政法大学出版基金资助

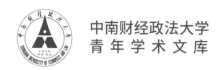

中南财经政法大学
青年学术文库

晏　超○著

The Unintended Effects of Accounting Standards
Reforms on Capital Allocation

会计准则变革对资本
配置的非预期效应研究

中国社会科学出版社

图书在版编目（CIP）数据

会计准则变革对资本配置的非预期效应研究／晏超著 . —北京：
中国社会科学出版社，2019.5
　（中南财经政法大学青年学术文库）
　ISBN 978 - 7 - 5203 - 4272 - 8

Ⅰ. ①会…　Ⅱ. ①晏…　Ⅲ. ①会计准则—研究—中国　Ⅳ. ①F233. 2

中国版本图书馆 CIP 数据核字（2019）第 068464 号

| | | |
|---|---|---|
| 出 版 人 | 赵剑英 | |
| 责任编辑 | 徐沐熙 | |
| 特约编辑 | 方风雷 | |
| 责任校对 | 李　绪 | |
| 责任印制 | 戴　宽 | |

| | | |
|---|---|---|
| 出　　版 | 中国社会科学出版社 | |
| 社　　址 | 北京鼓楼西大街甲 158 号 | |
| 邮　　编 | 100720 | |
| 网　　址 | http://www. csspw. cn | |
| 发 行 部 | 010 - 84083685 | |
| 门 市 部 | 010 - 84029450 | |
| 经　　销 | 新华书店及其他书店 | |

| | | |
|---|---|---|
| 印刷装订 | 北京君升印刷有限公司 | |
| 版　　次 | 2019 年 5 月第 1 版 | |
| 印　　次 | 2019 年 5 月第 1 次印刷 | |

| | | |
|---|---|---|
| 开　　本 | 710 × 1000　1/16 | |
| 印　　张 | 17. 75 | |
| 插　　页 | 2 | |
| 字　　数 | 265 千字 | |
| 定　　价 | 48. 00 元 | |

# 目　　录

# 第 一 章

# 绪　　论

本章为本书的基础性章节，试图呈现本书的选题背景与价值、研究思路与内容及总体结构蓝图等。具体来看，第一节为研究背景与研究意义，第二节为研究目标与研究内容，第三节为技术路线与研究方法，第四节为研究的创新点。

## 第一节　研究背景与研究意义

### 一　研究背景

在经济全球化的背景下，"全球会计"的理念推动着全球性会计制度变革，旨在建立全球性的通用会计准则（郭道扬，2013）。新世纪以来，由国际会计准则理事会（IASB）发布的国际财务报告准则（IFRS）在世界范围内产生了广泛的影响①，会计准则的国际趋同已成为会计发展变革的主旋律。2002 年，欧盟委员会（EC）首先要求欧盟国家上市公司的合并财务报表自 2005 年起必须采用 IFRS。紧随欧盟之后，澳大利亚财务报告委员会（FRC）于同年宣布澳大利亚自 2005 年起也采用 IFRS。2007 年，美国证券交易委员会（SEC）宣布在美国上市的境外公司可以使用 IFRS。截至目前，已有 140 多个国家或地区强制要求或者允许采用 IFRS。

---

① 广义上的 IFRS 也包括 IASB 的前身国际会计准则委员会（IASC）所发布的国际会计准则（IAS），它在世界各地区的应用情况可在 www.ifrs.org 或 www.iasplus.com 网站查询。

我国的会计标准规范经历了由会计制度向会计准则转变的过程，并始终重视吸收和借鉴国际会计准则的成功经验，走会计准则的国际趋同、等效的道路。2006 年 2 月 15 日，我国新会计准则体系正式发布，包括 1 项基本准则和 38 项具体会计准则以及相关应用指南，自 2007 年 1 月 1 日起在上市公司实施，实现了与 IFRS 的实质性趋同。新会计准则在许多方面发生了重大变革，会计目标由受托责任观向决策有用观转变，收益确定由收入费用观向资产负债观转变，并且适度引入了公允价值计量属性，这必然带来广泛而深远的影响。2010 年，财政部印发《中国企业会计准则与国际财务报告准则持续趋同路线图》，进一步明确了与 IFRS 趋同的基本方略。2014 年，财政部又陆续修订和新增《公允价值计量》等 8 项具体会计准则，亦是与 IFRS 的持续趋同之举。同时，我国也积极参与国际会计准则的制定。

会计准则具有"经济后果"（Zeff，1978）。为此，众多学者对 IFRS 和我国新会计准则的执行效果与经济后果进行了关注，并且研究范畴不断延伸，从最初主要关注会计准则变革对财务报告和资本市场的影响，逐渐延伸到对微观企业行为与宏观经济发展的影响等各个方面。在这个过程中，早期的传统研究集中于检验会计准则变革预期目标的实现情况，比如财务报告质量、资本市场信息环境与定价效率等是否得到改善与提高，而后，会计准则变革的非预期效应逐渐引起学界的关注。

Biondi and Suzuki（2007）最早提出会计准则"非预期影响"的概念，即"制定会计准则时并不想带来的影响，或并未关注到的潜在及后续影响"，同时，他们提倡关注会计准则的社会经济效应。Brüggemann（2013）指出，会计准则变革的非预期后果研究已悄然兴起，对于会计准则变革的研究需要从预期与非预期视角进行综合权衡。比如，会计准则变革在增加会计信息"估值"有用性的同时，可能导致"契约"有用性的降低，企业债务契约、薪酬契约等可能因此受到非预期影响。近几年，关于会计准则变革非预期效应方面的研究成果开始逐渐增加，大有形成研究主流的趋势。一方面，相关研究关注了会计准则变革非预期的负面后果，比如，由于会计信息估值作用与契约作用、相关性与可靠性等的内在冲突，会计准则变革在改善一方的同时，可能对另一方造成损害；

另一方面，相关研究对会计准则变革非预期的后续效应进行了关注，比如，会计准则变革带来财务报告质量与资本市场信息环境改善的同时，可能进一步对企业财务行为与公司治理等产生影响。然而，现有的相关研究较为零散，且研究视角分散，对会计准则变革的非预期效应缺乏系统的认识。基于此，本书在系统梳理并界定会计准则变革的非预期效应的基础上，选取会计准则变革对资本配置的非预期效应进行了重点研究。

资本配置是财务学最基本的问题。公司财务的本质和职能即资本配置活动（李心合，2016），资本市场的主要功能即合理配置资本资源。会计准则变革在直接追求提高财务报告质量的同时，本质上追求的是提高资本配置效率，并主要表现为促进资本市场中的资本所有者对资本进行合理配置。若站在企业的角度，资本配置效率主要表现为融资效率（资本成本）和投资效率两个基本方面。关于会计准则变革对资本配置的影响研究，在资本成本[①]方面，虽然已有研究表明，会计准则变革在总体上降低了资本成本（Hail and Leuz，2007；Daske et al.，2008；Li，2010；汪祥耀和叶正虹，2011；高芳和傅仁辉，2012），但是，现有研究仅关注准则变革对资本成本的直接效应，且主要通过股票流动性等中介因素考察会计准则对资本成本的影响，缺乏具体理论机理的分析，特别是把企业投资与资本成本结合起来进行的分析[②]。本书试图在这方面进一步深入研究。

同时，已有关于会计准则变革对资本成本的影响研究，主要关注会计准则变革对权益资本成本的影响，缺乏对债务资本成本的关注，或仅停留在会计准则变革对会计信息债务契约有用性的影响层面（Demerjian，2011；祝继高等，2011；原红旗等，2013；Ball et al.，2015）。已有研究表明，会计准则变革带来会计信息相关性的提升，往往会伴随着会计信息可靠性的下降，包括常被视为可靠性特征代表之一的会计稳健性的降

---

①　如未加说明，本书"资本成本"可泛指权益资本成本，亦可是权益成本与债务成本的统称。

②　Lambert et al.（2007）指出，会计信息质量不仅通过影响投资者对公司未来现金流量分布的评估对资本成本产生直接效应，还会通过影响公司的实际投资决策导致未来现金流发生真实的变化，并对资本成本产生间接的影响。

低。与股票市场更加注重会计信息的相关性相比，债务市场更加关注会计信息的可靠性。Ahmed et al.（2002）、Zhang（2008）等的研究表明，较高的会计稳健性能够缓解债权人与负债企业之间的代理冲突，降低企业债务成本。因此，由于权益市场与债务市场对会计信息质量需求的差异，会计准则变革对权益成本与债务成本的影响会有所不同。基于此，本书选取了反映会计信息可靠性的稳健性特征为视角，考察我国会计准则变革对权益成本与债务成本的影响及其差异，并进一步分析由此导致的企业融资方式选择及资本结构的变化。

在投资效率方面，虽然已有研究表明，会计准则变革提高了企业投资效率（Schleicher et al.，2010；Biddle et al.，2013；Chen et al.，2013；蔡吉甫，2013；顾水彬，2013），但是，现有研究主要将会计准则变革作为一个整体事件考察其对投资效率的影响，或仅从传统盈余质量的角度考察投资效率的变化。可比性①是重要的会计信息质量特征之一，财务报告的可比性对于提高资本配置效率至关重要（Barth，2013）。但是，尚未有研究从公司层面财务报告可比性的角度直接考察会计准则变革对投资效率的影响。同时，关于会计信息质量对投资效率的影响，已有研究主要关注应计质量、盈余平滑性、披露质量与及时性、稳健性等对投资效率的影响（Biddle and Hilary，2006；Biddle et al.，2009；周春梅，2009；李青原，2009；García Lara et al.，2010；Chen et al.，2011；金智和阳雪，2012），同样缺乏会计信息可比性对投资效率的影响研究。基于此，本书选取了会计信息可比性的视角，进一步研究我国会计准则变革对企业投资效率的影响。

此外，我国新会计准则自 2007 年起在上市公司实施以来已有 10 年，然而，已有文献大都聚焦于我国会计准则变革短期内的影响，没有考虑我国新会计准则实施的时间效应。作为一种强制性制度规范，会计准则的实施在初期和稳定期会有所不同，相应地，在不同阶段我国上市公司的资本配置效率可能受准则的影响也有所不同。因此，本书在具体研究

---

① 本书未对"会计可比性""会计信息可比性""财务报告可比性"和"财务报表可比性"进行严格区分，视几者为同一概念，在术语表达上亦可简称"可比性"。

时试图对会计准则变革的时间效应进行关注。

## 二 研究意义

以我国会计准则变革（2007 年实施新会计准则）为契机，研究会计准则变革对资本配置的非预期效应，具有重要的理论意义与现实价值。

（1）理论意义

第一，通过探索会计准则变革对资本配置的非预期效应，增强对会计准则功能的认识，进而拓展会计准则研究的理论范畴和影响范畴。以此为基础，进一步认识会计的本质与范畴及其在社会经济中的作用。

第二，厘清会计信息质量、资本成本与企业投资行为之间的内在联系，丰富宏观会计制度对微观企业财务行为影响的相关研究，进而完善资本配置理论，拓展资本成本、资本结构及投资效率的影响因素，并促进会计学与财务学的交叉研究。

第三，通过考察会计准则变革影响下会计稳健性和可比性的作用，厘清会计稳健性与资本成本、会计可比性与投资效率之间的关系，揭示不同会计信息质量特征对资本配置的影响差异，从而拓展会计稳健性和可比性的经济后果。

（2）现实价值

第一，在检验会计准则目标实现情况的基础上，有利于综合权衡会计准则变革的预期效应和非预期效应两个方面，促进会计准则制定者发现准则变革的其他影响并减少负面非预期效应，从而制定更加合理的会计准则。

第二，有利于企业明确会计信息质量、资本成本与投资效率之间的关系，以及会计准则在其中发挥的作用，从而引导企业进一步面向资本市场进行价值创造，促进企业融资、投资等行为的优化。

第三，有利于企业管理者、资本市场投资者、分析师、审计师、监管者等加深对会计信息及会计准则作用的认识，从而做出更加合理的决策。同时，对于提升会计和会计准则的地位与功能具有重要的现实意义。

# 第二节　研究目标与研究内容

## 一　研究目标

本书以探索和检验会计准则变革对资本配置的非预期效应为总的目标，可进一步分解为以下四个具体的研究目标：

（1）界定会计准则变革的预期效应与非预期效应，构建会计准则变革的非预期效应理论框架，并以此为基础，分析会计准则变革对资本配置的非预期效应。

（2）探索并检验会计准则变革对权益资本成本的非预期效应，即通过分析会计准则变革影响权益资本成本的路径机理，厘清会计准则变革对权益资本成本的直接效应与间接效应，特别是企业投资变化对权益资本成本的间接影响。

（3）以会计稳健性为切入点，分析并检验会计准则变革对权益成本与债务成本的影响差异，以及由此进一步导致的企业融资方式选择及资本结构的变化。

（4）以会计可比性为切入点，分析会计准则变革对企业投资效率的影响路径和机理，并进行相应的实证检验。同时，进一步分别考察可比性对过度投资和投资不足的影响，以及对不同产权性质企业投资效率的影响。

## 二　研究思路

基于本书的选题以及四个具体研究目标，本书按如下思路进行各部分的研究：

第一部分为基础性研究，包括文献综述、制度背景和理论框架研究。通过文献综述，对会计准则变革的影响效应有一个总体的认识，同时，掌握会计准则变革及会计信息质量对资本配置效率的研究现状。以相关制度背景为基础，界定会计准则变革的预期效应与非预期效应，探索准则变革对资本配置的非预期效应框架。

第二部分为会计准则变革对权益资本成本的非预期效应研究。根据已有理论研究，构建会计准则变革对权益资本成本和企业投资影响的理论模型，探索会计准则变革对权益资本成本后续间接的非预期效应。同时，对相关理论命题进行实证检验。

第三部分为会计准则变革对债务资本成本及资本结构的非预期效应研究。基于会计信息相关性和可靠性的内在冲突，选取反映会计信息可靠性的稳健性特征为视角，分析并实证检验我国会计准则变革对权益成本与债务成本的影响差异，特别是会计准则变革对债务成本的非预期不利影响，以及其由此导致的企业资本结构的变化。

第四部分为会计准则变革对企业投资效率的非预期效应研究。选取会计信息可比性为视角，以我国会计准则变革为背景，分析并实证检验会计准则变革对会计信息可比性及企业投资效率的影响，特别是通过优化管理者投资决策、降低投资者与管理者之间的信息不对称及缓解代理冲突等公司治理路径的影响。

本书主体部分的研究思路如图1—1所示。

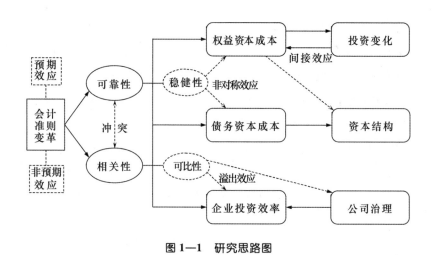

图1—1 研究思路图

### 三 研究内容

根据研究目标与研究思路，本书将研究内容分为以下九章：

第一章：绪论。本章主要是介绍研究背景，提出研究问题，确定研究目标、思路和内容，阐述技术路线和研究方法，并说明研究的创新点。

第二章：文献综述。本章首先对会计准则变革研究进行了综述，包括会计准则变革的总体研究状况及具体主题研究。然后，对资本配置效率研究进行了综述，包括资本配置效率的构成、度量及影响因素，特别是会计信息质量对资本配置效率的影响。接着，进一步对会计准则变革对资本配置效率的影响进行了综述。最后进行文献述评，以明确本书的研究方向和定位。

第三章：制度背景与理论框架。本章在回顾会计准则发展变革历史的基础上，根据会计准则的目标及相关经验证据，界定了会计准则变革的预期效应和非预期效应，建立了会计准则变革的非预期效应理论框架。以此理论框架为指导，进一步构建了会计准则变革对资本配置的非预期效应框架。

第四章：会计准则变革对权益资本成本的非预期效应理论分析。本章以 Lambert et al.（2007）、Zhang（2013）的理论模型为基础，将会计准则作为一种影响企业财务报告的系统性因素融入资本资产定价模型（CAPM）进行分析，研究了会计准则变革对权益资本成本的影响，包括投资固定时会计准则变革对权益资本成本的直接效应，投资内生时会计准则变革对企业投资的影响及其对权益资本成本的间接反转效应，以及存在两类代理问题的影响。

第五章：会计准则变革对权益资本成本的非预期效应实证检验。本章以我国实施新会计准则的制度背景为基础，对第四章提出的主要命题进行了实证检验，不仅检验了准则变革对权益资本成本的直接效应，还对投资变化对权益资本成本的间接反转效应进行了分析与检验。同时，增加考虑了会计准则实施的时间效应，具体检验了不同阶段会计准则对权益资本成本的影响。

第六章：会计准则变革对权益成本与债务成本的非对称效应。本章基于会计信息相关性与可靠性的矛盾，选取反映会计信息可靠性的稳健性特征为视角，分析并实证检验了我国会计准则变革对权益成本与债务成本的影响及其差异。同时，识别会计信息稳健性对权益成本和债务成本发挥的不同作用，以及权益市场和债务市场对会计稳健性变化的敏感性差异。

第七章：会计准则变革对企业资本结构的间接非预期效应。本章的研究以第六章为基础，进一步以会计稳健性为切入点，分析并实证检验了会计准则变革对企业融资方式选择及资本结构的影响。同时，分析了会计稳健性对企业债务融资和权益融资的影响差异。

第八章：会计准则变革对企业投资效率的溢出效应。本章基于 De Franco et al.（2011）公司层面会计信息可比性的度量，从可比性的角度深入考察了我国会计准则变革对企业投资效率的影响。同时，也分别检验了可比性对过度投资和投资不足的影响，以及对不同产权性质企业投资效率的影响。

第九章：研究结论与政策建议。本章对全文的研究结论进行了总结，提出若干政策建议，并指出本书的研究局限及未来的研究方向。

## 第三节　技术路线与研究方法

### 一　技术路线

根据研究思路和研究内容，本书的技术路线如图1—2所示。

### 二　研究方法

本书采用规范与实证相结合的研究方法，对会计准则变革对资本配置的非预期效应进行研究。根据各章节的内容，具体使用的研究方法如下：

（一）在第二章至三章文献综述、制度背景与理论框架部分，本书主要采用文献法、历史分析法和归纳演绎法。通过对文献的整理和分析，了解相关研究的进展以及待解决的问题，通过对会计准则变革及其效应的历史分析、相关概念的辨析及相关内容的归纳和演绎，构建会计准则变革的非预期效应理论框架。

（二）在第四章关于会计准则变革对权益资本成本的非预期效应理论研究部分，本书主要采用分析式（Analytical）研究方法，以资本资产定价模型（CAPM）为基础，在借鉴相关前沿理论研究的基础上，结合企业投资分析会计准则变革对权益资本成本的影响，以此探索会计准则变革对权益资本成本的非预期效应。

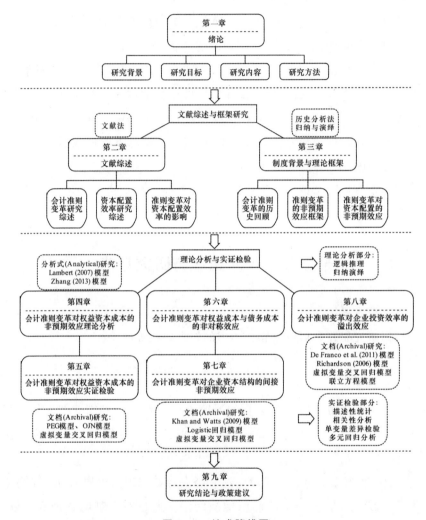

图1—2 技术路线图

（三）在第五章至八章关于会计准则变革对资本配置的非预期效应实证研究部分，本书采用了大样本书档（Archival）研究方法，利用我国A股上市公司的历史数据对研究假设进行检验。具体来说，在借鉴已有研究度量相关变量的基础上，对样本数据进行描述性统计、相关性分析、单变量差异检验以及多元线性回归分析。为了研究会计准则变革的影响，本书主要采用虚拟时间变量交叉回归的方法。另外，根据研究的需要，部分应用了 Logistic 回归模型、联立方程模型等方法。当然，在各章理论分析与假设提出的过程中，主要为逻辑推理和归纳演绎。

（五）在第九章研究结论和政策建议部分，本书也主要采用归纳演绎的方法，对研究结论进行客观地总结与评价，并据此提出若干政策建议。

本书的文献整理主要采用 NoteExpress 完成，实证检验部分的数据处理和分析主要采用 Stata13 完成，文中的分析绘图采用 Excel 或 Smart-Draw 完成。

# 第四节　研究的创新点

总体来讲，本书探索性地研究了会计准则变革对资本配置的非预期效应，在丰富资本配置理论的同时，深化了对会计准则变革的预期效应与非预期效应的认识，拓展了关于会计准则传统的"经济后果"理论。

具体来看，本书的创新点主要体现在以下几个方面：

第一，在理论上分析了会计准则变革、权益资本成本与企业投资行为之间的内在联系，探索了会计准则变革对权益资本成本后续间接的非预期效应，即会计准则变革不仅对权益资本成本产生直接影响，还通过企业投资的变化产生间接影响。同时，为此提供了经验证据。

第二，基于会计信息相关性与可靠性之间的内在冲突，以及权益市场和债务市场对会计信息质量特征需求的差异，对比研究发现了会计准则变革对权益成本和债务成本的非对称效应，特别是对企业债务融资的负面非预期效应，以及由此导致的企业资本结构的变化。从而丰富了宏观会计制度对微观企业融资行为影响的相关研究。

第三，基于会计信息可比性的视角，探索了会计准则变革在提升企业投资效率方面的溢出效应，包括优化管理者投资决策、降低信息不对称和缓解代理冲突等影响路径和机理。从而丰富了宏观会计制度对微观企业投资行为影响的相关研究。

第四，本书在考察会计准则变革的效果时，增加考虑了新会计准则实施的时间效应，对相关问题进行持续地跟踪。比如，会计准则对上市公司资本成本、资本结构等的影响在准则实施不同阶段（初期和稳定期）所表现出的不同特征。基于准则实施时间效应的相关研究结论，在新时期具有特殊的参考价值。

# 第 二 章

# 文献综述

会计准则变革研究是财务会计的传统研究领域，由于本书的研究主题为会计准则变革对资本配置的非预期效应，因此需重点掌握会计准则变革研究领域在国内外的发展情况和最新进展。一方面，厘清这一领域的研究框架和发展脉络，发现已有研究的不足和空缺，为本书选择具体的研究主题指明方向；另一方面，结合本书的选题，总结相关文献的观点和结论，为本书的后续研究提供支撑。为此，本章第一节对会计准则变革研究进行了综述，包括会计准则变革的总体研究状况及具体主题研究；第二节对资本配置效率研究进行了综述，包括资本配置效率的构成、度量及影响因素，特别是会计信息质量对资本配置效率的影响；在此基础上，第三节则进一步对会计准则变革对资本配置效率的影响进行了综述，为探索会计准则变革对资本配置的非预期效应奠定了基础；第四节为文献述评。

## 第一节　会计准则变革研究综述

会计准则是影响企业财务报告最重要的制度规范，探讨会计准则对财务报告的影响及其经济后果是会计研究领域的永恒话题。新世纪以来，国际财务报告准则（IFRS）在世界范围内的影响力逐渐增强，欧盟委员会于 2002 年首先要求欧盟国家上市公司的合并财务报表自 2005 年必须采用 IFRS 编制，此后澳大利亚、新西兰等地也相继宣布采用 IF-RS，会计准则的国际趋同已成为会计发展变革的主旋律，会计准则变革研究在全球范围内逐渐受到广泛关注。自 2007 年起，我国亦开始实施与 IFRS 趋同的新会计准则体系，国内学者对会计准则变革的研究也一度呈现繁荣的景象。为了在总体上了解会计准则变革在国内外的研究状况，本节首先对相关文献进行了初步统计及主题分布分析，然后分具体主题进行综述。

## 一　文献统计与主题分布

（一）文献统计

为了对会计准则变革研究领域的文献进行统计，首先需限定文献的范围，包括所属的学术期刊及时间范围。对于国外研究文献，本书主要选取会计学界公认的六种顶级英文会计期刊发表的相关论文，即《The Accounting Review》（简称 TAR）、《Journal of Accounting Research》（简称 JAR）、《Journal of Accounting and Economics》（简称 JAE）、《Accounting, Organizations and Society》（简称 AOS）、《Contemporary Accounting Research》（简称 CAR）和《Review of Accounting Studies》（简称 RAS）[①]，另外也补充了少部分其他期刊上的重要论文或未发表论文[②]。对于国内研究文献，本书借鉴杜荣瑞等（2009）、陈信元等（2011）的研究和做法，在综合考虑期刊质量和发表会计相关论文数量的基础上，选取《会计研究》《审计研究》《中国会计与财务研究》《中国会计评论》《当代会计评论》《经济研究》《管理世界》《南开管理评论》《经济管理》《中国工业经济》《金融研究》《财经研究》《财贸经济》《经济科学》《经济理论与经济管理》《管理评论》《当代财经》《财经问题研究》等 18 种会计和经管类中文期刊发表的相关论文，另外也类似补充

---

① TAR、JAR、JAE 属于顶级的三种会计期刊，加上 AOS 和 CAR，常被称为五种顶级会计期刊，再加上发展迅速的 RAS，形成了会计学界公认的六种国际顶级会计期刊。根据 ISI Web of Knowledge 最新发布的 Journal Citation Reports，按五年影响因子排名，居于前六位的会计期刊即为这六种。Bonner et al.（2006）、Chan et al.（2009）曾用不同方法对国际会计期刊进行排名，其研究结论也为此提供了支持。

② 作者承认，这些补充文献的选取具有一定的主观性。但作者相信，这些补充文献也具备较高的质量，且其选题范围在多样性方面对前述六种顶级期刊发表的论文也有所补充。

了少部分其他期刊上的重要论文。对于时间范围，考虑到国内外会计准则变革的时间情况，本书主要统计 2006 年以来的相关文献，但在具体主题的文献综述时会补充部分更早期的相关文献。经统计，其年度分布如图 2—1 所示。

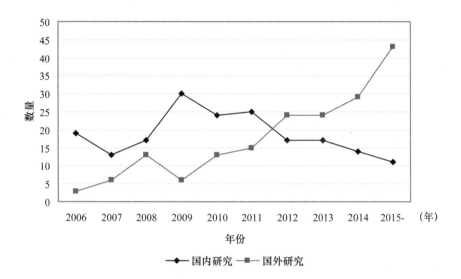

图 2—1　2006 年以来国内外会计准则变革研究趋势图

在上述限定范围内，国内和国外会计准则研究文献的数量分别为 187 篇和 176 篇。因此可以发现，自 2006 年以来，国外对于会计准则的研究基本呈现逐年增加的趋势，近 5 年的相关研究成果越加丰富，即使考虑国外英文期刊相对较长的发表周期，国际上对于会计准则这一传统财务会计领域的研究热度仍旧不减是不争的事实。反观国内对于会计准则的研究，其研究文献数量在 2009 年达到顶峰后，而后逐渐减少，在近两年更是鲜有相关成果。究其原因，可能我国的学术研究仍有明显的"短平快"特点，大部分学者的研究兴趣总是随着最新热点的变化而改变，进而导致与国外会计准则变革研究相比，对这一领域的研究深度仍然不够。当然，在客观上，世界上其他众多国家具有不同的会计准则变革情况，为会计准则研究提供了更广阔的制度背景平台，特别是宏观层面不同国家会计准则的对比研究。后文的综述会进一步深入分析。

（二）主题分布

为了对会计准则变革研究进行具体主题的综述，需要有一个研究主题的分类框架。随着国内外会计准则变革研究的逐步推进，Soderstrom and Sun（2007）、潘妙丽等（2008）、Hail et al.（2010）、姚立杰和程小可（2011）、陈信元等（2011）、孙铮和刘浩（2013）、Brüggemann et al.（2013）、张先治等（2014）、ICAEW（2015）、De George et al.（2016）等均在不同阶段从不同角度对 IFRS 或我国会计准则变革研究进行了综述，这也为本书的综述框架提供了参考。

Soderstromand Sun（2007）的早期研究主要综述了采用 IFRS 对会计信息质量的影响，并且分别对自愿采用和强制采用 IFRS 进行了阐述。潘妙丽等（2008）在对强制执行 IFRS 进行综述时，将研究内容分为三类：一是对会计信息质量的影响，包括价值相关性、盈余管理、及时性和稳健性等；二是 IFRS 实施的经济后果，包括对信息环境、资本成本、市场流动性等的影响；三是影响 IFRS 采纳及执行效果的因素，包括制度因素和公司特征等。Hail et al.（2010）则对美国采用 IFRS 进行了综述，他们将研究内容分为财务报告质量和可比性、资本市场效应、从美国 GAAP 转向 IFRS 的潜在成本、IFRS 与美国监管和法律环境的兼容性，以及宏观经济效应等几个方面。姚立杰和程小可（2011）对 IFRS 研究进行回顾时，则分别从收益和损失两个角度进行分析，并先后分析了自愿采用 IFRS 的相关研究、造成自愿采用与强制采用 IFRS 应用效果存在差异的原因、强制采用 IFRS 的相关研究、影响 IFRS 应用效果的一些重要因素。陈信元等（2011）进一步构建了新会计准则分析框架，并据此进行综述，他们的分析框架分为三个层次，一是新准则对会计信息特征的影响，包括对会计信息价值相关性、稳健性、及时性、持续性、盈余平滑、应计质量等的影响；二是会计信息特征改变产生的经济后果，按会计信息的利益相关方进行归类，包括对会计信息提供者相关决策影响、对管理层契约安排的影响、对分析师等信息中介的影响、对银行等债权人的影响、对审计师的影响、对监管者及其他信息使用者的影响；三是采用新会计准则在宏观国家层面的网络外部效用，包括对海外上市、跨国并购、跨境权益投资和直接投资等的影响。孙铮和刘浩（2013）在总结 IFRS 实施的经济后果时，分别讨论了 IFRS 对股票估值的影响、对公司契约的影响、对资本市场效率和市场结构的影响等。Brüggemann et al.（2013）对欧盟采用 IFRS 的经济后果进行了综述，他们分别阐述了 IFRS 的财务报告效应、资本市场效应、宏观经济效应以及其他非预期效应（对企业薪酬契约、债务契约、股利支付、税收等的影响）。张先治等（2014）则具体分析了会计准则变革对企业行为的影响，包括对企业会计行为、财务行为、评价与治理及其他行为的影响。英格兰及威尔士特许会计师协会（ICAEW）于 2015 年对欧盟采用 IFRS 的实证研究进行了综述，分别阐述了实施 IFRS 对财务报告透明度、可比性、资本成本、市场流动性、公司投资效率、跨境投资、金融危机、其他效益与其他成本①等几个方面的影响。De George et al.（2016）进一步综述了 IFRS 的研究主题与研究方法，他们把会计准则变革研究分为 IFRS 对财务报告质量、股票市场、债务市场、公司决策制定、受托责任和公司治理、审计等的影响，以及具体的会计准则特征研究。

由以上综述研究可知，关于会计准则变革的研究内容不断丰富，研究分析框架亦逐渐完善，从早期仅关注会计准则变革对会计信息质量的影响，拓展到对资本市场及各利益相关方、微观企业与宏观经济等各个层面的影响。参考以上综述框架，同时考虑到一些特定的研究主题，本书将国内外会计准则变革研究分为以下几个方面：（1）理论综述与概念辨析；（2）准则动态与具体特征；（3）会计准则变革对财务报告的影响，包括对财务报告列报、价值相关性、盈余管理、盈余稳健性、盈余持续性、及时性、应计质量、透明度与可比性等会计信息质量特征的影响；（4）会计准则变革对资本市场的影响，包括对股票市场、债务市场，以及投资者、银行等债权人、分析师、审计师、评级机构和监管机构等资

---

① 此处，IFRS 的其他效益与其他成本研究内容较为分散，其他效益包括对所有权结构、国际贸易、会计师流动、会计基础的业绩评价、股价暴跌风险和经济增长等的影响，其他成本包括对财务报告准备成本、真实盈余管理、高管薪酬、会计基础的薪酬契约、会计基础的债务契约、财富转移、资本结构、权益发行、风险管理和审计市场集中度等的影响。

本市场众多参与者行为与经济决策的影响①；（5）会计准则变革对企业财务行为的影响，包括对投资行为、融资行为、股利分配和税收行为等的影响；（6）会计准则变革对企业非财务行为的影响，包括对高管薪酬、业绩评价、所有者监督和所有权结构等的影响；（7）会计准则变革对宏观经济的影响，包括对国外直接投资（FDI）、国际贸易、跨国投资、跨国并购、金融危机与经济增长等的影响；（8）会计准则采纳与执行的影响因素，包括宏观制度因素与公司特征等。当然，这些研究主题之间不可避免地存在交叉，对其进行归类统计需要根据主次关系进行主观判断。

对 2006 年以来国内外会计准则变革研究文献按照上述主题分类进行统计，结果如图 2—2 所示。可以发现，在国内研究方面，会计准则动态与具体特征研究的数量居首，主要是在我国新准则实施初期对会计准则的介绍、具体准则特征分析以及国际经验与动态介绍，这些研究大都以规范研究方法为主，并有少量对具体会计准则或准则某一特征的实证研究；其次为会计准则变革对财务报告和资本市场的影响，而会计准则变革对企业财务行为与非财务行为、宏观经济等的影响研究则相对较少。国外对会计准则变革的研究则有所不同，会计准则变革对资本市场的影响研究居首位，其次为传统的对财务报告的影响研究，而会计准则变革对企业财务行为与非财务行为、宏观经济等的影响研究也占据了可观的比例，不同主题的研究较为均衡，并且大都以国际主流的实证研究方法为主。

由于本书主要关注会计准则变革的影响效应，因此，接下来主要对会计准则变革对财务报告、资本市场、企业财务行为、企业非财务行为和宏观经济等的影响进行综述。其中，会计准则变革对财务报告与资本市场的影响为相对传统的影响效应，其他方面则是进一步延伸的效应。需要说明的是，这一部分并未对会计准则变革的预期效应和非预期效应进行区分，下一章再对其进行具体界定和阐述。

---

① 葛家澍等（2013）对财务会计下定义时认为，财务会计立足主体（主要是企业）、面向市场（主要是资本市场）提供以财务信息为主的信息。因此，本书将以上相关者纳入资本市场的范畴。

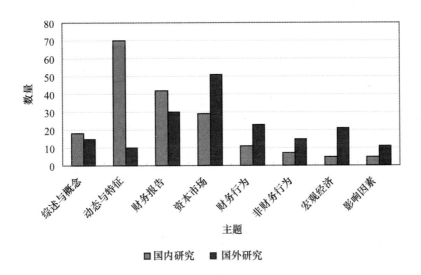

图2—2　国内外会计准则变革研究主题分布图

## 二　会计准则变革对财务报告的影响

会计准则变革对财务报告具体项目列报是很具体的内容，因此不在此综述。下面分别对会计准则变革对价值相关性、盈余管理、盈余稳健性、盈余持续性、及时性、应计质量、财务报告透明度和可比性等的影响进行综述。

### （一）对价值相关性的影响

价值相关性是会计信息决策有用性的集中体现，自然受到了国内外研究的广泛关注。Barth et al.（2008）研究了21个国家采用国际会计准则（IAS）后会计信息质量的变化，发现价值相关性得到显著提高。Capkun et al.（2008）研究了欧洲公司在2004—2005年间由本土会计准则转向IFRS过渡期间的盈余调整及其价值相关性，发现即使考虑公司的盈余管理行为，盈余调整信息披露仍具有显著的价值相关性。Landsman et al.（2012）研究了采用IFRS对年度盈余公告信息含量的影响，他们发现，与11个仍然采用本土会计准则的国家相比，强制采用IFRS的16个国家的公司年度盈余公告的信息含量显著增加，并且受所在国家法律制度环境的影响。Clacher et al.（2013）则研究了澳大利亚采用IFRS对公司直接现金流价值相关性的影响，发现 IFRS 的采用提高了直接现金流和应计项目的价值相关性。

罗婷等（2008）、薛爽等（2008）研究了我国 2007 年新会计准则实施对会计信息价值相关性的影响，他们发现，与旧会计准则相比，在新准则下的净资产和盈余信息具有更高的价值相关性。陆正飞和张会丽（2009）的研究则发现，在新准则下，合并报表与母公司报表净利润之间差异的决策相关性显著提高。王建新和赵君双（2010）的研究发现，在我国新会计准则实施后，资产负债表和利润表会计信息的价值相关性都有所提高，但净资产与股票价格的相关系数要远远小于净利润与股票价格的相关系数，这表明新会计准则的资产负债表观并没有得到充分体现。刘永泽和孙嚣（2011）的研究则发现，新会计准则对公允价值的引入提升了我国上市公司财务报告的信息含量，并且公允价值信息的价值相关性未明显受到金融危机的影响。李姝和黄雯（2011）、王鑫（2013）分别从长期资产减值、综合收益角度的研究也发现，在我国会计准则变革后，会计信息价值相关性均得到提升。

可见，大多数研究基本都支持新时期会计准则变革带来了会计信息价值相关性的提升，这也是财务报告的重要目标之一。然而，也存在少数结论不同的研究。Hung and Subramanyam（2007）研究了德国公司在早期（1998—2002）采用 IAS 的财务报告效应，发现总资产和权益的账面价值有所增加，但与采用德国本土会计准则相比，采用 IAS 后账面价值与净利润的价值相关性有所降低。朱凯等（2009）的研究发现，在我国实施新会计准则后，会计盈余价值相关性并没有显著提高，他们认为会计准则改革存在暂时性成本。漆江娜和罗佳（2009）的研究结果也表明，中国资本市场会计信息的价值相关性并没有伴随准则质量的不断提高而提高，并认为新兴市场国家会计信息质量更多取决于准则执行机制而不是准则本身。

分析发现，导致上述结论相悖的原因主要有两点：一是研究样本期间的选择有所不同，二是制度背景的差异，比如德国更加注重利益相关者各方的契约缔结，这与国际会计准则格外保护投资者的要求有所冲突。

（二）对盈余管理的影响

盈余管理是企业财务报告不可避免的现象，也是财务会计传统研究的永恒话题，会计准则对盈余管理的影响研究亦得到了广泛关注。然而，不同角度、不同期间、不同背景的研究，结论仍然不一。Capkun et al.（2008）、Jeanjean and Stolowy（2008）分别研究了不同国家采用 IFRS 对公司盈余管理的影响，他们发现，IFRS 的引入并未使得公司盈余管理水平降低，在法国等国家引入 IFRS 后盈余管理反而增加。Ahmed et al.（2013）的研究也发现，20 个国家在 2005 年采用 IFRS 后，公司利润平滑程度增加。然而，Hung and Subramanyam（2007）、Barth et al.（2008）的研究认为，采用国际会计准则的国家表现出更低的盈余管理。Doukakis（2014）的研究却发现，22 个欧洲国家在 2000—2010 年间采用 IFRS 后，真实与应计盈余管理均未发生显著改变。Evans et al.（2015）则比较研究了美国公认会计原则（US GAAP）与 IFRS 对盈余管理的影响差异，并发现采用 US GAAP 的美国公司与采用 IFRS 的美国公司以及采用 US GAAP 或 IFRS 的非美国公司相比，其真实盈余管理水平更高，美国的准则与制度环境促使公司用真实盈余管理替代应计盈余管理。

在我国会计准则变革对盈余管理的总体影响研究方面，主要有两类研究：第一类是在新旧会计准则交替之际公司的盈余管理行为（利润调节行为）及动机（王玉涛等，2009；蒋大富和熊剑，2012）。第二类是会计准则变革后公司盈余管理的总体变化情况，比如，刘永涛等（2011）的研究发现，在新会计准则实施后，我国上市公司的盈余管理行为并没有减少，反而有所增加。刘启亮等（2011）则研究了我国会计准则变革对应计盈余管理和真实盈余管理的影响，发现新准则使得公司的应计盈余管理水平增加了，与此同时，公司在现金流方面的真实盈余管理水平增加了，在成本方面的真实盈余管理水平下降了，整体真实盈余管理水平没有变化。

同时，也有一些从具体准则的角度研究准则变革对盈余管理的影响。张然等（2007）、步丹璐和叶建明（2009）从资产减值角度的研究发现，新准则的颁布对亏损公司使用减值准备进行"大清洗"的现象有一定的遏制作用，但孙光国和莫冬燕（2010）、杨钰和杨乐（2011）的研究却发现，我国新会计准则的确在非流动资产减值准备的转回方面遏制了上市公司的盈余管理行为，但是上市公司却更多转向通过流动资产的资产减值准备的计提与转回来进行盈余管理。叶建芳等（2009）则对新会计准则下上市公司金融资产的分类进行了实证研究，他们发现，为了降低公允价值变动对利润的影响程度，管理层会利用金融资产重分类进行盈余管理。He et al.（2012）研究了2007—2008年间中国上市公司独特的盈余管理行为和动机，发现那些在证券交易中报告负的公允价值变化的公司更可能会提前卖掉可供出售金融资产，同时公司通过债务重组来提升利润，盈余管理弱化了公允价值会计的潜在优势。

（三）对稳健性、持续性、及时性等盈余特征的影响

稳健性是财务报告的一项传统特征，不同会计信息使用者均对其具有一定的需求。刘斌和徐先知（2010）、赵西卜和王军会（2010）分别检验了我国会计准则变革对上市公司盈余稳健性的影响，发现在新会计准则实施前后均存在盈余稳健性，但是新准则实施后盈余稳健性显著降低。李四海和刘晓艳（2012）以1998—2009年我国A股上市公司为样本，考察了我国会计准则变迁对会计稳健性的影响以及其影响路径，研究发现，2001年会计准则变迁后盈余稳健性的提高是由于坏消息的及时确认而不是好消息的推迟确认，2007年会计准则变迁后盈余稳健性的降低既是因为坏消息的推迟确认也是因为好消息的提前确认。可见，大多已有研究发现，我国2007年新会计准则的实施带来了稳健性的显著降低。

Ahmed et al.（2013）研究了20个国家在2005年采用IFRS对会计信息质量的影响，发现采用IFRS的公司会计应计项目的激进程度增加，对损失确认的及时性显著降低。然而，Barth et al.（2008）在研究21个国家更早时期采用国际会计准则后（IAS）会计信息质量的变化时却发现，采用IAS后公司损失确认的及时性显著增加。姜英兵和张爽（2010）比较了我国新会计准则实施前后会计盈余各组成部分的持续性，发现应计利润的持续性显著降低，应计利润与现金流量持续性差异显著扩大。Kim et al.（2016）研究了强制采用IFRS对会计应计可靠性的影响，发现采用IFRS后会计应计的可靠性显著降低，并且因此导致了明显的证券错误定价。Li and Yang（2016）的研究则发现，管理层盈余预测的倾向和预测

频率在 IFRS 实施后显著增加。

（四）对财务报告透明度与可比性的影响

提升财务报告透明度与可比性是 IFRS 明确提出的重要目标，对此国外进行了较多的相关研究，而国内在这方面的研究则相对较少。财务报告透明度是一个综合的概念，它不仅包括会计信息本身的质量，还包括信息披露的质量。较高的财务报告透明度意味着信息使用者更容易掌握企业财务状况和经营绩效。然而，一直以来，并没有公认的对财务报告透明度进行直接度量的方法[①]。关于会计准则变革对财务报告透明度的影响，目前大多通过间接的方法进行考察，比如通过考察价值相关性、会计应计质量、分析师预测能力等间接途径进行研究，本书将其分别放在其他部分进行综述。当然，也有一部分文献进行了相对直接的研究。Ball et al. （2015）的研究则发现，虽然采用 IFRS 提高了财务报告透明度，但却牺牲了契约有用性，基于会计信息的债务契约因此有所减少。Cho（2015）则以美国 SFAS 131 准则的出台为背景，研究发现这个新准则的实施显著提高了公司分部信息披露的透明度。Bhat et al. （2016）基于信用违约掉期的视角发现，IFRS 带来了透明度的显著提高。

关于会计准则变革对财务报告可比性的影响，Barth et al. （2012）的研究发现，非美国公司在采用 IFRS 后，其财务报告与采用美国公认会计原则（US GAAP）的美国公司间的可比性显著增加。Yip and Young（2012）检验了欧盟 17 个国家采用 IFRS 后财务报告可比性的变化，发现强制采用 IFRS 使得不同公司会计处理方法趋于一致、类似的项目更相近、信息质量均得到提高，进而提高了不同国家间的财务报告可比性。Brochet et al. （2013）、Wang（2014）也分别从内部购买行为、跨国信息转移的不同角度，发现采用 IFRS 提高了财务报告可比性的经验证据。Cascino and Gassen（2015）的研究也认为，IFRS 在总体上提高了公司层面的财务报告可比性，但只存在于遵守 IFRS 较强动机的公司及监管环境较严的国家。陈旻和曲晓辉（2014）的研究发现，我国会计准则变革不

---

[①]　Barth and Schipper（2008）曾对财务报告透明度的概念以及多种度量方法进行了相关讨论。

仅提高了财务报告在行业内的横向可比性，也增强了盈余的纵向可比性。可见，会计准则的国际趋同使得不同公司遵守的会计"规则"趋于一致，以上研究也均从不同角度支持了财务报告可比性提高的结论。

### 三 会计准则变革对资本市场的影响

财务报告是资本市场的重要信息载体，是影响资本市场运行效率的关键。下面将分别综述会计准则变革对股票市场的总体影响，对投资者、分析师、审计师等资本市场参与者行为的影响，以及对债务市场的影响。

（一）对股票市场的总体影响

会计准则变革通过财务报告质量对资本市场产生影响，在股票市场总体层面，相关研究涉及会计准则变革对股票流动性、资本成本、股价同步性、股价暴跌风险和股市盈余预测能力等不同方面的影响。降低资本成本常被作为各个国家引入 IFRS 的主要目标之一，因此，关于会计准则变革对股票流动性与资本成本的影响研究相对较多，并且大多支持较为正面的研究结论。比如，Hail and Leuz（2007）、Daske et al.（2008）、Li（2010）研究发现，采用 IFRS 带来了股票市场流动的增加、资本成本的下降、公司权益估值的增加；我国 2007 年实施新会计准则后资本成本在总体上得到降低（汪祥耀和叶正虹，2011；高芳和傅仁辉，2012；闫华红和张明，2012；孙枭飞和晏超，2015）。但是，也有少部分结论不同的研究（Daske，2006）。

Kimand Shi（2012）以 34 个国家的公司层面数据为样本，研究了自愿采用 IFRS 对股价同步性的影响，发现自愿采用 IFRS 的公司传递了更多的公司特质信息，进而促使股价同步性降低。金智（2010）以 2004—2008 年我国上市公司为样本的研究发现，会计信息质量与股价同步性正相关，2007 年新会计准则的实施显著减弱了会计信息质量与股价同步性之间的正相关关系。DeFond et al.（2015）检验了强制采用 IFRS 对公司股价暴跌风险的影响，发现采用 IFRS 所带来会计信息质量的提升，显著降低了非金融公司的股价暴跌风险，他们认为，IFRS 带来财务报告透明度的改善是促使股价暴跌风险降低的主要原因。Hsu and Pourjalali（2015）则以 IAS No. 27 的实施为背景，研究了会计准则变革对股票市场盈余预测能力的影响，发现 IAS No. 27 关于企业合并标准及合并范围的变化带来了股票市场盈余预测能力的提升。

（二）对投资者行为的影响

除了前述会计准则变革对股票市场的整体影响之外，准则变革对投资者行为的影响也得到了较多关注，主要集中在以下三个方面：一是投资者对会计准则变革的总体感知与反应。比如，Armstrong et al.（2010）、Joos and Leung（2013）均发现，投资者对采用 IFRS 这一事件在总体上给予了正面的市场反应，但对条文法国家的公司、诉讼风险较高的公司持有谨慎的态度。杜兴强等（2009）的研究则发现，投资者对 2006 年 2 月 15 日我国新会计准则体系颁布这一事件产生了显著正向的市场反应。二是投资者的认知能力、缺陷及偏见行为。比如，Covring et al.（2007）、Khurana and Michas（2011）的研究均发现，强制采用 IFRS 在总体上促进了投资者"本土偏见"（在投资时更倾向于持有本土公司的股票）的降低。三是机构投资者投资行为的变化。比如，DeFond et al.（2011）、Florou and Pope（2012）的研究发现，随着采用 IFRS 后会计信息可比性的增加，国外共同基金投资及机构投资者持股显著增加；反过来，国外机构投资者也促进了会计准则的国际趋同（Fang et al.，2015）。张嘉兴和邢维全（2013）、罗进辉等（2015）的研究结果均表明，实施国际趋同的新会计准则显著吸引了更多的机构投资者投资中国上市公司的股票。然而，DeFond et al.（2014）的研究却认为，中国在采用与 IFRS 趋同的新会计准则后，国外机构投资者投资并未增加，特别是执行新准则动机较弱以及对公允价值项目操纵能力较强的公司。

（三）对分析师行为的影响

分析师是资本市场中重要的信息媒介，研究会计准则变革对分析师盈余预测行为的影响，也意味着对间接考察会计准则变革带来资本市场信息环境的变化。Bae et al.（2008）研究了会计准则差异对分析师盈余预测的影响，并发现两个国家之间的会计准则差异越大，外国分析师跟踪及盈余预测的准确性就越低。Byard et al.（2011）、Horton et al.（2013）、Neel（2017）的研究发现，分析师预测偏误和预测偏离度在强制实施 IFRS 后显著降低，并且可比性的提升和信息质量的提高是促使资本市场信息环境改善的主要原因。Tan et al. （2011）分别研究了强制采用 IFRS 对国外分析师和国内分析师的影响，发现强制采用 IFRS 的国家吸引了更多的国外分析师，并且国外分析师预测的准确性得到了提高；强制采用 IFRS 也吸引了更多的国内本土分析师，但是国内本土分析师预测的准确性并未得到提高。

王玉涛等（2010）考察了我国新会计准则实施前后海外分析师的盈余预测行为变化，发现新会计准则实施后，海外分析师对我国公司的预测频率增加，且盈余预测误差降低，但国内分析师对比海外分析师仍具有信息优势，只是这种优势程度在准则变革后显著降低了。然而，何贤杰等（2012）的研究却发现，在我国采用新会计准则后，分析师的盈利预测误差显著增加，分析师的预测分歧也显著增加，这表明，新会计准则的实施并没有改善资本市场的信息环境，反而增加了信息不对称的程度。于悦（2016）的研究也认为，在我国新会计准则实施后，分析师的数量显著增加，但盈余预测的准确性显著下降，会计准则变革后真实盈余管理的增加是导致分析师盈余预测准确性下降的主要原因之一。

（四）对审计师行为的影响

审计师作为受投资者委托对企业财务报告进行鉴证的第三方，其行为及审计工作自然也受到会计准则变革的影响。Kim et al. （2012）、De George et al. （2013）分别研究了强制采用 IFRS 对审计费用和审计成本的影响，发现在强制采用 IFRS 后，审计费用和审计成本显著增加，这体现 IFRS 下审计风险的加大。Dinh and Piot （2014）研究了在欧洲范围内采用 IFRS 对审计市场集中的影响，发现审计市场集中度在整个欧洲的行业层面有所增加，这表明 IFRS 带来审计工作复杂性的增加对审计师的行业专业能力提出更高的要求。Wieczynska （2016）基于审计师更换角度的进一步研究认为，IFRS 在全球范围内的实施给全球性会计师事务所创造了专业优势，审计客户在采用 IFRS 的当年度由小事务所更换为全球事务所的倾向增加明显。

苏黎新等（2009）研究了 2005 年香港会计准则与 IFRS 全面趋同的影响，发现相对于非 IFRS，审计费用对新的 IFRS 下的会计数据更敏感。Zhu and Sun （2012）研究了我国 2007 年新会计准则实施对审计的影响，发现审计市场集中度和发布非标准审计意见的可能性并没有发生变化，但是审计收费在会计准则变革后显著增加，表明新会计准则的执行增加了上市公司的市场风险，并因此导致审计师预期审计风险的增加。颜延和张为国（2009）则研究了会计准则导向对审计意见收买的影响，认为我国 2007 年执行的会计准则为偏原则导向的会计准则，上市公司可以通过要求审计师将本应出具保留意见转变为带强调事项段无保留意见实施审计意见收买。

（五）对债务市场的影响

债务市场包括以发行债券为代表的公开债务市场，以及以银行借款为代表的私有债务市场。与会计准则变革对股票市场的研究相比，准则变革对债务市场的研究相对少一些，但近年来也逐渐得到了国内外学者的关注。Christensen et al.（2009）较早考察了会计准则变革对债务合同的影响，发现英国与 IFRS 的趋同对企业违反债务契约的可能性产生影响，并在市场上产生了显著的反应，进而导致投资者和债权人之间财富的重新分配。Demerjian（2011）、Ball et al.（2015）的研究发现，IFRS 的引入降低了会计信息的债务契约有用性，因为 IFRS 赋予管理层更多的会计选择空间，增强了规则制定的不确定性以及更加强调公允价值。Beneish et al.（2012）比较分析了 2005 年全球不同国家采用 IFRS 对股票市场和债务市场的影响差异，发现 IFRS 带来国外债务投资的增加要大于国外权益投资的增加；Brown（2016）的研究也发现，IFRS 的采用促进了国际私有债务市场的发展，国际银企关系得到了改善。

由于我国公开债务市场的发展尚不成熟，企业债务融资主要依赖银行贷款，所以关于我国会计准则变革对债务市场的研究主要聚焦于私有银行贷款，并且已有研究大多关注会计准则变革对会计信息信贷决策有用性的影响。比如，祝继高等（2011）的研究发现，新准则下合并报表净利润与债务契约的相关性减弱，且公允价值变动损益高的公司更明显。李旎和黎文靖（2012）研究了我国会计准则变革对母公司报表信贷决策有用性的影响，发现在新准则实施后，母公司报表的增量信息含量得到显著增加。原红旗等（2013）的进一步研究发现，我国执行新会计准则后会计盈余对银行贷款的解释力显著降低，并且受准则变动影响程度较大的公司下降程度更大。

## 四 会计准则变革对企业财务行为的影响

财务报告是企业财务活动的记录，会计准则在影响企业财务报告的同时，反过来也会对企业财务行为产生影响，包括对融资行为、投资行为、股利分配、税收及其他财务行为的影响等诸多方面。

### (一) 对融资行为的影响

在权益融资方面，如前会计准则变革对股票市场的影响所述，会计准则变革在总体上带来了资本成本的降低（Hail and Leuz，2007；Daske et al.，2008；Li，2010；汪祥耀和叶正虹，2011；高芳和傅仁辉，2012；闫华红和张明，2012；孙枭飞和晏超，2015），进而提升了企业在资本市场进行权益融资的效率。另外，Wang and Welker（2011）的研究还发现，会计准则变革会影响企业股票发行的时机，即企业会根据准则变革的预期影响策略性地安排筹资。Hong et al.（2014）则检验了强制采用 IFRS 对企业 IPO 的影响，并发现在采用 IFRS 后，企业 IPO 抑价显著降低，企业 IPO 在海外市场筹集资本的相对数量显著增加。Chen et al.（2015）研究了众多国家的跨境上市融资现象，发现强制采用 IFRS 的公司呈现出更显著的跨境上市倾向和强度。Naranjo et al.（2016）的进一步研究发现，IFRS 带来了公司外部权益融资和债务融资比例的增加，公司会利用资本市场外部融资促使其资本结构的再平衡。

在债务融资方面，多数研究发现，IFRS 的引入降低了会计信息的债务契约有用性（Demerjian，2011；Ball et al.，2015；祝继高等，2011；原红旗等，2013）。同时，Chen et al.（2013）的研究发现，强制采用 IFRS 的国家公司银行贷款利率上升，贷款抵押要求增加，贷款期限有所缩短。然而，仍有一些研究认为 IFRS 的引入有利于企业债务融资，比如，Florou and Kosi（2015）研究了强制采用 IFRS 对债务融资的影响，发现与私有借款相比，企业采用 IFRS 后在公开债务市场募集的资金明显增加，企业发行公开债券的成本也明显降低。Kim et al.（2011）的研究也发现，银行给予自愿采用 IFRS 的公司更低的贷款利率。燕玲（2013）、燕玲（2014）的研究发现，我国新会计准则促使企业债务总额中长期债务比重增加，并且非国有上市公司的债务融资成本降低，而国有企业并未发生显著变化。

（二）对投资行为的影响

关于会计准则变革对企业投资行为的影响研究，主要集中在对投资效率的探讨，并且大都支持 IFRS 的采用提高了企业投资效率的结论（Schleicher et al.，2010；Biddle et al.，2013；Chen et al.，2013；Banker et al.，2014），蔡吉甫（2013）、顾水彬（2013）的研究也发现，在我国 2006 年会计准则趋同后，随着会计信息质量的改善，上市公司的投资效率显著增加。在会计准则变革对投资行为影响的其他方面，Loureiro and Taboada（2015）的研究发现，IFRS 的采用改善了信息环境，企业投资与股票价格的敏感性增加，企业并购交易公告的市场反应与并购交易完成可能性的相关性增加。也有一些研究关注了会计准则变革对 R&D（研发）等具体投资的影响，比如，王亮亮等（2012）的研究发现，我国新会计准则的实施降低了企业盈余报告的压力，有助于促进企业的 R&D 投入，同时受到管理层持股水平和所有权性质的影响。

（三）对分配行为的影响

娄芳等（2010）研究了我国新会计准则对现金股利和会计盈余关系的影响，发现 2007 年执行新会计准则后，会计收益对现金分红的解释力显著降低，并且上市公司制定现金股利政策时，会区别对待新准则下利润各组成部分的持续性和现金流效应。Hail et al.（2014）研究了强制采用 IFRS 对公司股利分配的影响，并发现在采用 IFRS 后，公司增加股利分配的倾向有所降低，停止股利支付的倾向有所增加，并且股利分配的信息含量与实施 IFRS 前相比也显著降低，这表明 IFRS 带来信息环境的改善降低了投资者和管理者之间的代理冲突，投资者对股利分配的要求减弱。

（四）对税收等其他财务行为的影响

王素荣和蒋高乐（2009）的研究发现，我国 2007 年执行新会计准则降低了上市公司平均所得税税负。Chan et al.（2010）研究了会计准则变革对企业税收不遵从行为的影响，发现 IFRS 带来了会计账面价值与税收基础一致性的降低，企业税收不遵从行为显著增加，并且会计账面价值与税收基础差异的信息含量降低。De Simone（2016）研究了 IFRS 对跨国公司基于税收动机的利润转移行为的影响，发现 IFRS 的采用扩大了跨国公司所属子公司转移定价的参考公司范围，促使其通过改变转移定价而影响税前利润，进而达到通过利润转移的避税效果。

Zhang（2009）、Panaretou et al.（2013）分别研究了美国衍生金融工具会计准则（SFAS No. 133）和 IFRS 下的套期会计准则对公司风险管理行为的影响，发现新会计准则的实施促进公司更加谨慎、有效地实施风险管理，公司会计盈余的可预测性得以提高，并且报告了基于 IFRS 的衍生金融产品的公司，分析师预测偏误和分歧相对较低。Donelson et al.（2012）研究了不同导向的会计准则对公司诉讼的影响，发现与以 IFRS 为代表的原则导向的会计准则相比，规则导向的美国会计准则（US GAAP）伴随着更低频率公司诉讼的发生，但是与诉讼结果却并不相关。

## 五　会计准则变革对企业非财务行为的影响

会计准则变革对企业非财务行为的影响集中体现为对公司治理方面的影响，主要包括对高管薪酬、业绩评价、管理者监督、所有权结构等的影响。

### （一）对高管薪酬的影响

Ozkan et al.（2012）从高管薪酬契约的视角考察了欧洲公司采用 IFRS 的后果，发现在强制实施 IFRS 后，随着盈余质量和可比性的提高，高管薪酬对会计业绩的敏感性有一定程度的增加，这表明 IFRS 带来了会计信息薪酬契约有用性的提高。然而，Voulgaris et al.（2014a）的研究却发现，IFRS 增加了会计数字的"噪音"，导致在 CEO 薪酬契约中以会计盈余为基础的业绩计量显著降低，他们认为，虽然 IFRS 对于估值来讲更加相关，但同时也使得契约或受托责任功能受到损害。Hou et al.（2014）、罗劲博和庞仙君（2014）研究了我国会计准则国际趋同对高管薪酬契约的影响，发现与 IFRS 趋同后我国会计信息的薪酬契约有用性增加。然而，陈春艳（2014）的研究却发现，我国会计准则的国际趋同降低了企业以会计业绩为基础的高管薪酬业绩敏感性，但提高了企业以市场业绩为基础的高管薪酬业绩敏感性。Ke et al.（2016）的研究也发现，在中国新会计准则实施后，中央政府控制企业以会计业绩为基础的高管薪酬业绩敏感性显著降低，新准则降低了财务报告的受托责任有用性。

也有一些学者探讨了新会计准则下"公允价值变动损益"对高管薪酬的影响。比如，邹海峰等（2010）的研究发现，总经理、董事长的货币薪酬与公允价值变动损益间不存在显著相关关系，而财务总监的货币薪酬与公允价值变动收益间显著正相关。张金若等（2011）检验了两类公允价值变动对高管薪酬的差异影响，发现计入利润表和直接计入资本公积的公允价值变动利得（损失）均与高管薪酬变动显著正相关（不相关），即存在"重奖轻罚"现象，并且计入利润表的公允价值变动对高管薪酬变动的影响显著大于计入资本公积的公允价值变动。然而，周晖和杨静（2012）的研究发现，公允价值变动损益对企业整体高管薪酬业绩敏感性影响并不显著。张金若等（2013）的进一步研究认为，直接利用利润表的"公允价值变动损益"信息容易造成对公允价值信息的错误解读，为此，他们利用会计信息生成过程中产生的损益信息发现，相关项目的公允价值信息对高管薪酬总额没有显著影响。

（二）对业绩评价的影响

Wu and Zhang（2009）从受托责任观的角度考察了会计准变革对公司内部业绩评价的影响，发现自愿性采用国际会计准则导致企业内部业绩评价的过程发生了变化，企业 CEO 更换和员工解雇行为与会计盈余之间的敏感性显著增加。Wu and Zhang（2010）进一步研究了欧洲强制采用 IFRS 对公司业绩评价的影响，发现在强制实施 IFRS 后，公司 CEO 更换与该公司国外同行可比公司会计业绩之间的敏感性显著增加，这表明对基于国外同行可比公司会计信息的相对业绩评价的使用增加。Ozkan et al.（2012）的研究也发现，欧洲大陆公司在采用 IFRS 后，薪酬委员会对国外同行可比公司以会计为基础的相对业绩评价的使用明显增加，他们认为，IFRS 带来盈余质量和可比性的改善都是其中的原因。

（三）对公司治理其他方面的影响

Marra et al.（2011）研究了强制实施 IFRS 对董事会监督管理层盈余管理的影响，研究发现，在公司采用 IFRS 后，董事会的独立性和审计委员会对管理层盈余管理行为的监督变得更加有效，即 IFRS 增加了公司治理机制的有效性。Marra and Mazzola（2014）的进一步研究认为，董事会对管理层盈余管理的监督有效性存在时间效应，在公司采用 IFRS 时达到监督有效性的峰值，而后又有所降低，即呈现"倒 U 形"，他们认为，之所以公司采用 IFRS 会提高董事会监督的有效性，是因为独立董事和审计委员会在会计准则改变期间将更多的注意力集中到会计问题上。

Hong（2013）通过检验存在双层股票结构的公司投票权溢价在会计准则变革前后的变化，研究了强制采用 IFRS 对公司治理机制的影响，发现强制采用 IFRS 的公司投票权溢价较采用 IFRS 前降低了 8%，这表明 IFRS 带来会计信息透明度和可比性的增加，提供了一种能够有效约束控制权私人收益的机制，从而起到保护少数股东的作用。Brochet et al.（2013）的研究也发现，强制采用 IFRS 所带来财务报告可比性的提高，促进市场能够识别内部购买行为，降低了企业内部人员通过私人信息获利的能力，从而起到了监督和治理的作用。

此外，会计准则变革也通过权益投资的变化，间接地对公司所有权结构产生影响。比如，DeFond et al.（2011）研究了欧洲公司在采用 IF-RS 后股权结构的变化，发现 IFRS 带来会计信息可比性的提高吸引了更多的权益投资，导致欧洲公司的国外共同基金持股比例显著增加；Florou and Pope（2012）的研究也发现，在 IFRS 实施后，公司的机构投资者持股比例显著增加。

## 六　会计准则变革对宏观经济的影响

会计准则变革不仅对微观企业行为产生影响，还通过资本市场及其他路径对宏观经济产生影响。会计准则变革对宏观经济的影响主要体现在对国外直接投资、国际贸易、跨国投资、跨国并购、金融危机与经济增长的影响等诸多方面。

（一）对国外直接投资与国际贸易的影响

Márquez-Ramos（2011）以 2002—2007 年的相关数据为样本研究了欧洲采用 IFRS 的宏观经济效应，研究发现，IFRS 的实施降低了国家间的信息成本，进而促进国际贸易和国际直接投资（FDI）的增加。Gordon et al.（2012）、Chen et al.（2014）分别以全球 124 个国家 1996—2009 年的数据和 OECD 30 个国家 2000—2005 年的数据为样本，同样发现 IFRS 的实施带来了 FDI 的显著增加。Efobi and Oluwatobi（2014）以全球 83 个国家为样本的进一步研究发现，随着 IFRS 带来跨国投资和国际贸易的增加，全球土地交易的频率显著增加，IFRS 加剧了对全球土地资源的掠夺。刘爱东（2008）运用调查分析的方法研究了会计准则趋同对我国企业应对反倾销的影响，认为与国际趋同、等效的会计准则是有效应对国外对华提起反倾销指控的前提。

（二）对跨国投资与跨国并购的影响

如前所述，众多研究均表明 IFRS 带来了财务报告透明度和可比性的提高，资本投资信息环境的改善也降低了投资者的"本土偏见"，进而促使投资者带着全球视野合理进行资本配置，会计准则的全球趋同预期促进全球资本的跨国流动。Covring et al.（2007）、DeFond et al.（2011）、Yu and Wahid（2014）分别从不同角度研究，均发现采用新国际会计准则会带来跨国投资的显著增加。DeFond et al.（2012）的研究发现，全球范围内其他国家采用 IFRS 降低了美国的投资环境优势，进而导致美国公司对全球投资者的吸引力降低。张嘉兴和邢维全（2013）、罗进辉等（2015）等的研究认为，我国会计准则国际趋同吸引了更多的国外投资者；但是，DeFond et al.（2014）的研究却认为，由于制度环境差异以及公司执行会计准则的个体动机，我国会计准则国际趋同并没有带来国外投资的增加。

Francis et al.（2016）以 32 个国家 1998—2004 年的跨境并购数据为样本，研究了会计准则差异对跨境并购活动的影响，发现不同国家会计准则的相似度越高，相互间跨境并购活动的总量越大，2005 年强制实施 IFRS 的国家吸引了更多的跨境并购。Bozos et al.（2014）以 2000—2011 年欧洲上市公司为样本，研究了 IFRS 对并购溢价的影响，发现 IFRS 的采用能够降低并购溢价，并且强制执行 IFRS 比自愿采用 IFRS 的公司并购溢价下降得更多。毛新述和余德慧（2013）从海外并购的角度研究了我国会计准则趋同在跨国资本运营中的作用，发现在会计准则趋同后，我国上市公司海外并购数量表现出显著增加的趋势，并且实施海外并购上市公司的投资效率显著提高，会计准则趋同促进了我国"走出去"战略的有效实施。

（三）对金融危机与经济增长的影响

关于会计准则与金融危机之间关系的研究，伴随着近时期的两次金融危机①而展开。Skinner（2008）研究了递延所得税会计对日本银行金融危机的影响，认为 1998 年日本递延所得税会计的出台实施，使得银行通过大量确认递延所得税资产避免濒临破产，这体现了监管者利用会计准则的一个宽容性监管策略。Arnold（2012）基于政治经济学角度的研究认为，亚洲金融危机促进了国际会计准则的形成和推广。在 2007—2008 年金融危机后，关于公允价值会计的讨论特别激烈。Laux and Leuz（2009）对此进行了总结点评，他们认为，并没有证据表明公允价值会计是造成金融危机的原因，应该客观地对待公允价值和历史成本。Badertscher et al.（2012）的实证研究发现，公允价值会计并没有通过虚空银行受管制资本而加速金融危机，它只是金融危机发生后人们指责时的"替罪羊"。然而，De Jager（2014）的理论研究认为，公允价值会计对于银行金融状况的变化的确具有"加速器"的作用。

在会计准则对经济增长或经济发展的影响方面，Suzuki（2007a，2007b）研究了会计及和国际标准化的会计规范对日本二战后经济发展的影响，认为会计形成了日本产业和经济发展必不可少的数据基础，对推动二战后日本经济的复苏发挥了重要作用。Zhang（2013）研究了会计准则变革对资本成本、资源配置和社会福利的影响，发现会计准则的改善会引导真实投资转向好的企业，促进社会资源的重新配置，进而带来经济增长和社会福利的增加。张先治和于悦（2013）研究了会计准则变革对企业财务行为和经济发展的影响，发现准则变革引发的企业财务行为的变化通过一种加速传导机制作用于资本市场和宏观经济，并且会计准则还通过发挥价值导向和政策导向等功能作用于宏观经济发展。

（四）对其他宏观方面的影响

Ramanna and Sletten（2014）的研究认为，IFRS 在国家层面存在网络

---

① 一是 1997—1998 年的亚洲金融危机，二是 2007—2008 年由美国次贷危机引发的全球金融危机。

效应，并且小的国家通过这种效应获利更明显，不同国家与欧盟之间的经济纽带关系是这种网络效应的重要来源。Meder（2015）以美国 SFAS 115 准则为例，研究了会计准则变革对货币政策作用传导的影响，发现在 SFAS 115 的分类规定下，与非持有至到期证券相比，持有至到期证券与贷款增长显著负相关，并且与非货币紧缩时期相比，在货币紧缩时期更加明显，这表明持有至到期证券增强了紧缩货币政策对银行贷款的作用。Bloomfield et al.（2015）研究了会计准则国际趋同对跨境移民的影响，结果表明，在欧盟范围内实施一致的会计准则降低了会计职业人员移民的成本，与其他职业相比，会计职业人员移民倾向在会计准则趋同后高出了 15%。

# 第二节 资本配置效率研究综述

资本资源的稀缺性对合理配置资本提出了根本要求。提高资本配置效率不仅是资本市场的追求，也是公司财务的核心目标。本节首先对资本配置效率的构成与度量进行了简述，然后回顾了资本配置影响因素的相关研究，并重点对会计信息质量对资本配置的影响进行了综述，为探索会计准则变革对资本配置的影响提供了基础。

## 一 资本配置效率的构成与度量

由于资源的稀缺性、生产技术的有限性，以及不同资源所有者的禀赋差异，追求资源配置的最优化贯穿于人类活动的始终。经济学研究的核心主题就是如何配置稀缺资源使之达到最有效的运用。在经济学中，资源配置效率一般指：在一定的技术水平条件下，各投入要素在各产出主体的分配所产生的效益。具体来讲，资源配置效率又包含两个层面的内涵：一是广义的、宏观层次的资源配置效率，即社会资源在不同部门、行业及单位间的资源配置效率；二是狭义的、微观层次的资源配置效率，即资源在某一单位的使用效率或生产效率。

财务资本（资金）是经济社会中最重要的资源之一。资本配置则是财务学最基本的问题。公司财务的本质和职能是资本配置活动（李心合，

2016)。资本配置是指，对相对稀缺的资本资源在不同主体、用途及方式上加以选择。基于市场在当代经济社会中的影响，资本市场在资本资源的配置中起着极为关键的作用。资本配置效率同样也包含两层含义：一是资本市场将稀缺的资本资源配置到效率较高的行业或企业的有效程度，以及具体配置方式和成本，即资本市场资本配置效率；二是行业内的企业对资本资源的利用效率，即企业资本配置效率。在完美市场下，资本总是流向经济效益较好的企业，获得资本份额较高的企业的效益也应较好。

一般来讲，资本配置效率主要表现为融资效率和投资效率两个基本方面，相应地产生了不同的度量方法。对于融资效率，主要通过融资所取得的资本成本或投资者所要求的投资回报来度量，包括权益资本成本和债务资本成本。其中，权益资本成本的度量包括早期的资本资产定价模型（CAPM）、套利定价理论（APT）模型、Fama-French 三因素模型等事后资本成本度量方法，戈登增长模型（Gordon and Gordon，1997）、股利折现模型（Botosan，1997；Botosan and Plumlee，2002）等基于股利折现的事前（隐含）资本成本度量方法，以及近时期较为流行的基于剩余收益的事前资本成本度量方法（Gebhardt et al.，2001；Claus and Thomas，2001；Easton，2004；Ohlson and Juettner-Nauroth，2005）。债务资本成本同样分为事前和事后两种度量方法，事前资本成本度量方法主要为信用评级机构披露的信用评级信息，事后债务资本成本主要为实际支付的债务成本。对于投资效率的度量，包括早期的投资与现金流之间的敏感性等间接度量方法（Fazzari et al.，1988；Vogt，1994；Biddle and Hilary，2006），当前运用最为广泛的 Richardson（2006）预期投资模型（即通过计算预期投资的水平来估计企业非效率投资水平），以及在经济学研究中使用较多的计算投入产出率法，包括数据包络分析法和随机前沿分析法等。

资本配置结构的优化又是提高资本配置效率的基础和内在要求，包括融资结构和投资结构。其中，融资结构主要指企业层面的资本结构，包括债务与权益融资的比例、长短期债务的比例等。自 Modigliani and Miller（1958）的研究以来，资本结构问题已成为公司财务学研究的基础，得到了较多的关注。投资结构主要指企业层面具体的资产配置结构，包括不同流动性资产之间的比例，固定资产、无形资产和股权投资的比例，经营性资产与金融性资产的比例等。郝颖和刘星（2011）、郝颖等（2012）、张俊瑞等（2012）等从不同角度研究了企业投资结构对资本配置效率的影响。但总体而言，与资本结构研究相比，对企业投资结构的研究相对较少。

此外，有学者在拓展"资本"范畴的基础上，提出要素资本配置的概念，认为企业"资本"包括人力资本、财务（货币）资本、物质资本、知识资本、信息资本、技术资本等诸多要素资本（罗福凯，2010），进一步研究发现，不同要素资本的边际替代率和边际收益率是企业优化资本配置的重要衡量指标（罗福凯，2015），并提出资本配置的有效性和均衡性是财务学新的研究对象（罗福凯，2016）。

### 二　资本配置效率的影响因素

由于提高资本配置效率不仅有助于实现企业价值增值，亦是推动经济可持续发展的动力，对资本配置的影响因素研究自然受到了广泛关注。总体来看，对资本配置的影响因素研究大体可以分为两大类：一是公司外部环境，二是公司特征及内部治理机制。由于相关研究众多，下面将对这两个方面分别加以简述，并在下一小节单独重点对会计信息质量对资本配置的影响进行综述。

在公司外部环境方面，相关研究包括金融发展及市场化进程（Wurgler，2000；方军雄，2006；李青原等，2013）、法律制度与监管环境（Hail and Leuz，2006）、股票流动性（Daske et al.，2008；熊家财和苏冬蔚，2014）、投资者情绪（Baker et al.，2003；花贵如等，2010）、资本市场信息环境（Li，2010；Biddle et al.，2013）、媒体报道（Liu and Mcconnell，2013；张建勇等，2014）、产品市场竞争（Hou and Robinson，2006；Stoughton et al.，2016）、产业集聚（盛丹和王永进，2013）、社会关系（张敏等，2010；杜兴强等，2013）、政府质量及政府干预（郝颖和刘星，2011；陈德球等，2012；覃家琦和邵新建，2015）、宏观货币政策及通货膨胀（靳庆鲁等，2012；喻坤等，2014；张永冀和孟庆斌，2016）

等因素对资本配置效率的影响。

关于公司特征及内部治理机制方面，相关研究包括产权性质（方军雄，2007；祝继高和陆正飞，2011；申慧慧等，2012）、股权结构及控制权收益（郝颖等，2006；Dollar and Wei 2007；郝颖等，2012）、企业生命周期（李云鹤等，2011）、决策权配置（刘慧龙等，2014；柳建华等，2015）、独立董事治理（陈运森和谢德仁，2011；刘慧龙等，2012）、内部人控制（钱雪松，2013）、集团内部交易（潘红波和余明桂，2014；陈艳利等，2014）、内部控制有效性及内部控制相关信息披露（Ashbaugh-Skaife et al.，2009；方红星和施继坤，2011；方红星和金玉娜，2013），以及具体的公司管理者特征（姜付秀等，2009；Ulrike et al.，2010；李焰等，2011）等因素对资本配置效率的影响。

## 三 会计信息质量对资本配置效率的影响

财务报告是资本市场中最重要的信息载体之一，会计信息质量决定了公司内部和资本市场的信息环境。高质量的会计信息对于提高资本配置效率具有重要作用。下面分别对会计信息质量对资本成本和投资效率的影响进行综述。

### （一）会计信息质量对资本成本的影响

一直以来，会计信息质量对资本成本的影响都是学界关注的基本问题之一，既包括对权益资本成本的影响，又包括对债务资本成本的影响。从会计信息质量的角度来看，既有从会计信息质量总体角度的研究，比如大多研究会选取反映应计质量或盈余管理水平的传统指标来表示会计信息质量，或聚焦于整体的信息披露质量；又有从某一具体会计信息质量特征的研究，比如会计稳健性、可比性等。

在权益资本成本方面，Diamond and Verrecchia（1991）的理论研究认为，公司对外公开披露信息能够降低信息的不对称，增强公司股票的流动性，进而降低资本成本。Easley and O'Hara（2004）研究了共有信息和私有信息对资本成本的影响差异，认为当公司具有较高比例的私有信息时，投资者会要求更高的投资回报（资本成本），公司会通过选择会计政策、分析师关注度等途径影响其资本成本。Zhang（2001）的研究也发现，资本市场中的共有信息和私有信息对资本成本具有不同影响，共有信息的增加会降低资本成本，而私有信息的增加会提高资本成本，因此，公司信息披露水平与资本成本既可能正相关又可能负相关，这取决于公司具体特征。Lambert et al.（2007）通过对资本资产定价模型（CAPM）的修正，首次在理论上建立了会计信息质量与资本成本的直接联系，提出了会计信息对资本成本的直接影响和间接影响两种路径。Gao（2010）的理论研究进一步发现，当考虑企业投资变化时，信息披露质量的提高并不一定带来资本成本的降低。

Botosan（1997）利用1990年120家制造业公司在年报中自愿披露的数据，研究了公司信息披露水平对权益资本成本的影响，结果表明，信息披露水平越高，公司权益资本成本越低。Bhattacharya et al.（2003）研究了公司盈余模糊度（用盈余激进度、损失规避度和盈余平滑度三个方面表示）对权益资本成本的影响，并发现盈余模糊度越高，资本成本就越高。Francis et al.（2004）研究了七个盈余特征（应计质量、持续性、可预测性、平滑度、价值相关性、及时性和稳健性）对权益资本成本的影响，结果表明，各盈余特征的值越大，权益资本成本越低（但可预测性和稳健性并不显著）。Chan et al.（2009）分别研究了事前（非条件）会计稳健性和事后（条件）会计稳健性对权益资本成本的影响，发现事前会计稳健性降低了权益资本成本，但事后会计稳健性却使得权益资本成本上升。García Lara et al.（2011）进一步实证检验了条件稳健性与权益资本成本之间的关系，发现稳健性能够降低权益资本成本，因为及时确认坏消息降低了投资者对信息的不确定性以及未来股价的波动。

汪炜和蒋高峰（2004）的研究发现，我国上市公司信息披露水平的提高有助于降低公司的权益资本成本。曾颖和陆正飞（2006）研究了中国上市公司信息披露质量对股权融资成本的影响，结果表明，我国上市公司的信息披露质量会对其股权融资成本产生积极影响，并且盈余平滑度和披露总体质量是影响样本公司股权融资成本的主要信息披露质量特征。于李胜和王艳艳（2007）、王兵（2008）、李刚等（2008）、新夫和陈冬华（2009）检验了中国上市公司的盈余质量对资本成本的影响，结果均表明，盈余质量显著影响公司资本成本，公司盈余质量越高资本成本越低。王俊秋（2013）的研究则发现，企业政治关联减少了盈余质量对资本成本的正向作用，并且政治关联对盈余质量的替代效应对民营企业更加显著。

此外，李琳（2011）、李伟和曾建光（2012）分别考察了我国上市公司会计稳健性对权益资本成本的影响，发现会计稳健性与权益融资成本呈现显著负相关关系，并且相对于非国有企业，国有企业的会计稳健性更能降低权益资本成本。然而，张淑英和杨红艳（2014）的研究却发现，会计稳健性对权益资本成本并没有显著的影响。王亮亮（2013）关注了真实活动盈余管理与权益资本成本之间的关系，发现销售操控、生产操控和酌量性费用操控3类真实活动盈余管理的幅度都与权益资本成本正相关。罗琦和王悦歌（2015）的进一步研究则发现，真实盈余管理使得高成长性公司权益资本成本下降，但低成长性公司进行真实盈余管理会导致其权益资本成本上升。杨忠海等（2015）则考察了会计信息可比性与权益资本成本之间的关系，发现可比性对股权资本成本产生了显著的负向影响。

在债务资本成本方面，Sengupta（1998）检验了信息披露质量对债务资本成本的影响，发现分析师对公司信息披露质量的评级越高，其债务成本越低，这表明及时、详细地披露公司信息能够降低债务成本。Anderson et al.（2004）研究了董事会特征对财务报告质量和债务成本的影响，发现高效率的董事会促进了财务报告质量的提升，进而降低了公司债务资本成本。于富生和张敏（2007）研究了我国上市公司信息披露质量与企业债务成本之间的关系，发现信息披露质量越高，债务成本越低，并且企业的市场风险越大，信息披露质量对债务成本的影响程度就越大。李志军和王善平（2011）的研究也发现，信息披露质量较好的公司在货币政策趋紧时获得了更多的银行借款，且随着融资需求的增大，获得的银行借款更多，银行借款的利率也更低。陆正飞等（2008）的研究发现，我国上市公司的盈余管理行为损害了会计信息的债务契约有用性。于静霞（2011）进一步考察了盈余管理对债务融资成本的影响，发现盈余管理程度越高，企业的债务成本越高。

在其他具体盈余质量特征方面，盈余稳健性对债务资本成本的影响得到了相对较多关注。Ahmed et al.（2002）最早检验了会计稳健性在债务契约中的作用，发现企业与债权人之间关于股利政策的冲突越严重，企业的会计稳健性相应就越高，并且，较高的会计稳健性能够降低企业债务成本。Zhang（2008）通过考察会计稳健性的事前和事后效应，进一步检验了会计稳健性对债务人和债权人的好处，发现会计稳健性之所以使债权人受益是因为它及时传递了事后违约风险的信号，债务人受益于会计稳健性是因为事前较低的债务成本。吴娅玲（2012）、郑登津和闫天一（2016）分别实证考察了我国上市公司会计稳健性对债务成本的影响，研究发现，企业会计稳健性程度越高，企业的债务成本越低（融资效率越高），并且企业外部审计质量会计稳健性降低债务成本的作用具有替代性。

（二）会计信息质量对投资效率的影响

关于会计信息质量对投资效率的影响，Bushman and Smith（2001）在对财务会计信息对公司治理的作用进行综述时指出，财务会计信息主要通过三种渠道影响着企业投资、生产以及企业价值，即项目识别（利用财务会计信息识别出项目的好坏）、治理渠道（促使管理层把资源投资于好的项目）以及降低信息不对称。Liang and Wen（2007）较早地建立了会计信息影响企业投资效率的理论模型，他们认为，会计计量偏误影响着企业资本的市场定价，进而反过来影响企业投资效率，他们的并且投入导向的会计和产出导向的会计对投资效率具有不同的影响。Biddle and Hilary（2006）较早地对会计信息质量对投资效率的影响进行了实证研究，他们用投资—现金流敏感性度量了企业投资效率，他们的研究发现，高质量的会计信息降低了企业内部管理者和外部投资者之间的信息不对称，进而提高了企业投资效率。

然而，用投资—现金流敏感性对投资效率进行度量也存在一定争议，因为它也代表着企业融资约束。随着Richardson（2006）基于会计数据的预期投资模型的提出，对于投资效率的度量和相关研究逐渐成熟起来。Biddle et al.（2009）在改善投资效率度量方法的基础上，进一步研究发现，财务报告质量与非效率显著负相关，高质量的财务报告不仅可以减少企业过度投资，也可以减少企业投资不足。Chen et al.（2011）选取了世界银行调查的 79 个新兴市场国家的数据为样本，研究发现，在这些国家财务报告质量同样可以抑制企业非效率投资，特别地，财务报告对投资效率的影响对于依赖银行贷款的公司更加显著，对于存在税收动机盈余管理的公司则较弱。周春梅（2009）研究了中国现实制度背景下盈余质量对投资效率的影响，结果表明，盈余质量的改善一方面能直接提高上市公司的资本配置效率；另一方面则能够通过降低代理成本间接促进上市公司资本配置效率的提高。李青原（2009）进一步运用应计质量、会计稳健性和盈余平滑度加权的方法估计确定公司会计信息质量，结果发现，会计信息质量与上市公司投资不足和过度显著负相关。金智和阳雪（2012）的研究却发现，在政府干预严重、对投资者保护不足的中国新兴市场，会计信息难以发挥治理作用，中国上市公司管理者利用低质量的会计信息掩盖了其非效率投资的行为，并且这一现象在过度投资的公司中更为明显。

García Lara et al.（2010）研究了会计稳健性对企业投资效率的影响，他们认为，会计稳健性缓解了债权人和投资者之间的冲突，对于具有投资不足倾向的公司，较高的会计稳健性有利于促进公司获得较多的债务资金、增加投资；同时，会计稳健性对于降低过度投资也具有一定作用。刘斌和吴娅玲（2011）、姜英兵（2013）以我国上市公司为样本的研究发现，会计稳健性与过度投资和投资不足均显著负相关，表明我国上市公司的会计稳健性水平有助于改善公司的投资效率。袁知柱等（2011）的研究也发现，盈余稳健性能够显著抑制中国上市公司的过度投资行为。然而，杨丹等（2011）、刘红霞和索玲玲（2011）从资产减值、制度变革等角度的研究却发现，会计稳健性对投资效率的影响具有两面性，会计稳健性在遏制企业过度投资的同时，也会加剧企业投资不足的程度。

# 第三节　会计准则变革对资本配置效率的影响研究综述

会计准则变革在直接追求提高财务报告质量的同时，本质上追求的是提高资本配置效率，主要表现为促进资本市场中的资本所有者合理配置资本。若站在企业的角度，资本配置效率主要表现为融资效率（资本成本）和投资效率两个基本方面。下面将分别对会计准则变革对资本成本和投资效率的影响单独加以综述。

**一　会计准则变革对资本成本的影响**

会计准则变革通过改变财务报告质量，影响企业内外部信息环境，进而对资本成本产生影响，既包括对权益资本成本的影响，又包括对债务资本成本的影响。

（一）会计准则变革对权益资本成本的影响

Hail and Leuz（2007）研究了欧盟 2005 年强制采用 IFRS 对资本成本的影响，发现强制采用 IFRS 带来了股票市场流动的增加、权益资本成本的下降。Daske et al.（2008）研究了世界上 26 个国家强制采用 IFRS 的经济后果，也发现市场流动性在引入 IFRS 后显著增加，权益资本成本得到降低，公司权益估值有所增加。Li（2010）研究了欧盟 1995—2006 年间采用 IFRS 对公司资本成本的影响，同样发现强制采用 IFRS 的公司权益资本成本得到显著降低，他认为增加信息披露和可比性的提高是促使资本成本降低的两个主要原因。Daske et al.（2013）研究了不同公司在 IFRS 实施初期的行为差异及其后果，发现相对于一些仅仅从名义上采用 IFRS 的"标签"公司，那些真正自愿采用 IFRS 的"认真"公司流动性增加，资本成本降低，但部分该类公司遵循 IFRS 也可能仅仅是一种报告策略。Neel（2017）分别从可比性和报告质量的角度研究了 23 个国家在 2005 强制采用 IFRS 的经济后果，发现随着财务报告可比性的提高，To-bin Q 值和股票市场流动性均得到提高，但是报告质量的提高仅仅对 To-bin Q 值产生了次位效应，这表明可比性发挥着更重要的作用。

汪祥耀和叶正虹（2011）较早考察了我国新准则实施前后两个年份（2006 年和 2009 年）上市公司股权资本成本的变化，发现实施新准则后我国资本市场整体资本成本有所下降，达到了预期目标，但是该结论并不适用于产业和行业的检验。高芳和傅仁辉（2012）以 2001—2010 年我国上市公司为样本的研究也发现，我国会计准则改革显著提高了上市公司的股票流动性，降低了权益资本成本，进而提高了企业价值。闫华红和张明（2012）则基于会计信息质量视角，以 2003—2010 年上市公司为样本的研究发现，我国新会计准则实施后，样本公司的会计信息质量出现了显著的上升、资本成本出现了显著的降低。孙尧飞和晏超（2015）进一步研究了我国新会计准则实施前后三年（2004—2006 年和 2008—2010 年）不同特质上市公司资本成本的变化，发现会计准则变革虽然从整体上降低了我国上市公司的资本成本，但仅限于会计敏感性高的公司，而经济敏感性高的公司资本成本并未明显下降。

可见，已有研究基本一致支持引入 IFRS 降低资本成本的结论。但是，也有少部分基于个别国家制度背景结论不同的研究，比如 Daske（2006）基于德国早期（1993—2002 年）采用国际公认会计准则（IAS/IFRS 或 US GAAP）的研究发现，德国由本土会计准则转向国际会计准则并未带来资本成本的降低。

（二）会计准则变革对债务资本成本的影响

与权益资本成本相比，会计准则变革对债务成本的影响研究相对较少，且研究结论不一。Kim et al.（2011）研究了早期 40 个国家在 1997—2005 年间自愿采用 IFRS 对国际市场上贷款成本及合同条款的影响，发现银行给予自愿采用 IFRS 的公司更低的贷款利率，有利的非价格条款增加，限制条款减少。Chen et al.（2013）研究了强制采用 IFRS 对银行贷款的影响，发现强制采用 IFRS 的国家公司银行贷款利率上升，基于会计信息的契约条款减少，贷款抵押要求增加，贷款期限有所缩短；进一步分析发现，采用 IFRS 后借款公司利润平滑度和会计应计激进度的增加，是导致银行提出更高要求的主要原因。Florou and Kosi（2015）研究了强制采用 IFRS 对债务融资的影响，发现与私有借款相比，企业采用 IFRS 后在公开债务市场募集的资金明显增加，企业发行公开债券的成本也明显降低，IFRS 的实施使企业债务融资比例增加。燕玲（2013）基于 R&D 投入会计处理变化的研究发现，我国新会计准则促使企业债务总额中长期债务比重增加。燕玲（2014）进一步基于应计质量视角的研究发现，随着新会计准则实施后会计信息质量的提高，我国非国有控股上市公司的债务融资成本降低，而国有控股公司并未发生显著变化。

**二 会计准则变革对投资效率的影响**

随着研究的逐渐深入，会计准则变革相关研究逐渐从对融资的影响拓展到对投资的影响，其中，会计准则变革对企业投资效率的影响得到了一定的关注。Schleicher et al. （2010） 较早地研究了欧盟国家强制采用 IFRS 对公司投资效率的影响，发现 IFRS 的强制实施提高了公司投资效率，并且对小规模公司的作用较为明显。Biddle et al. （2013） 以 26 个强制采用 IFRS 的国家为样本的研究也发现，IFRS 的强制实施（而非自愿采用） 显著提高了公司投资效率，并且在投资者保护程度较弱的地区投资效率的改善更加明显。Chen et al. （2013） 从企业投资效率的角度研究了会计准则变革的"外部性"，研究结果表明，强制实施 IFRS 带来了财务报告可比性和信息披露的增加，进而显著提高了欧洲上市公司的投资效率。

蔡吉甫 （2013） 以 2003—2010 年我国上市公司为样本，研究了我国 2006 年会计准则趋同前后企业投资效率的变化，结果表明，我国 2007 年新会计准则的实施有助于缓解上市公司的非效率投资（主要为投资不足），并且对民营控股公司投资效率的提升作用更为明显。类似地，顾水彬 （2013） 探索了我国会计准则变革对企业投资效率的影响路径与机理，并利用我国 2003—2011 年的数据进行了实证检验，同样发现，我国新会计准则的实施提高了企业投资效率。姜英兵 （2013） 则以会计稳健性为切入点，研究了新会计准则变革后企业投资效率的变化，结果发现，企业在实施新会计准则后，会计稳健性原则的运用能够抑制过度投资并改善投资不足问题，从而在一定程度上提高了企业的资本配置效率。毛新述和余德慧 （2013） 的研究则发现，在我国会计准则趋同后，实施海外并购上市公司的投资效率显著提高，而且这种总体投资效率的提高主要来自进行海外并购后过度投资程度的降低。

此外，Banker et al. （2014） 基于生产效率的角度考察了强制采用 IFRS 的经济后果，他们利用数据包络分析（EDA）度量公司层面的生产效率，研究发现，随着强制实施 IFRS 带来信息环境的改善，公司生产效率得到显著提高。Cho（2015）以美国 SFAS 131 准则变革为背景的研究发现，SFAS 131 的实施显著提高了公司分部信息披露的透明度，进而提高了公司内部资本市场资本配置效率，且在采用 SFAS 131 前代理问题更加严重的公司，内部资本市场改善更明显。

# 第四节　文献述评

纵观国内外关于会计准则变革的研究可以发现，在研究趋势方面，国外对会计准则变革的影响效应研究始终保持较高的热度，而我国会计准则变革研究经过一度繁荣期后逐渐减弱，这导致很多重要的问题并没有得到应有的关注和清晰的认识。在研究主题与范畴方面，国外对于会计准则变革研究的范畴逐步拓展，从最初主要关注会计准则变革对财务报告和资本市场的影响，逐渐延伸到对微观企业财务行为、非财务行为、宏观经济发展的影响等各个方面，并且会计准则变革的非预期效应逐渐成为学界关注的焦点。反观我国会计准则变革研究，研究主题的多样性则相对较差，早期研究主要是对会计准则的介绍、具体特征分析与概念辨析等，之后虽然也对会计准则变革对财务报告和资本市场的影响进行了关注，但总体来看，由于财务报告目标的内在冲突或矛盾，我国会计准则变革是否全面提高了财务报告质量、提高了资本配置效率，尚缺乏深入、系统的认识。

关于会计信息质量对资本配置效率的影响研究，在资本成本方面，已有研究基本认识到了高质量会计信息对降低权益资本成本和债务资本成本的作用。但是，对于权益资本成本，现有研究主要关注会计信息质量对其的直接效应，缺乏对 Lambert et al.（2007）提出的会计信息通过企业投资变化对资本成本产生间接影响的关注。具体到会计准则变革对权益资本成本的影响，虽然已有研究（Hail and Leuz, 2007；Daske et al., 2008；Li, 2010；汪祥耀和叶正虹, 2011；高芳和傅仁辉, 2012；闫华红和张明, 2012）支持了会计准则变革在总体上降低了权益资本成本的结论，但是现有研究仅关注会计准则变革对资本成本的直接效应，且主要通过股票流动性等中介因素考察会计准则对资本成本的影响，缺乏具体理论机理的分析，特别是缺乏把企业投资与资本成本结合起来进行的分析。资本成本是企业投资决策的重要参考指标，资本成本的降低会带来企业投资的增加，但企业经营风险也随之发生变化，进而反过来又影响资本成本。因此，深入考察会计准则变革对权益资本成本的直接效应和间接效应具有重要的意义。

对于债务资本成本，已有研究同样发现提高会计信息质量对降低债务资本成本的作用，特别是会计稳健性的作用得到了较多关注（Ahmed et al.，2002；Zhang，2008；吴娅玲，2012；郑登津和闫天一，2016）。然而，已有关于会计准则变革对资本成本的影响研究，主要关注会计准则变革对权益资本成本的影响，缺乏对债务资本成本变化的关注，或仅停留在会计准则变革对会计信息债务契约或信贷决策有用性的影响层面（Demerjian，2011；祝继高等，2011；李旎和黎文靖，2012；原红旗等，2013；Ball et al.，2015）。估值有用性和契约有用性是财务报告的两大主要目标或作用，但是，会计准则变革在追求这两大目标时往往存在矛盾，当准则制定者偏向于股票市场而提高估值有用性时，财务报告在债务市场的契约有用性往往会降低。具体表现在会计信息质量特征方面，会计准则变革带来会计信息相关性的提升，往往会伴随着会计信息可靠性的下降[①]，包括常被视为可靠性特征代表之一的会计稳健性的降低（刘斌和徐先知，2010；赵西卜和王军会，2010；李四海和刘晓艳，2013）。由于权益市场与债务市场对会计信息质量需求的差异，会计准则变革对权益成本与债务成本的影响会有所不同。因此，选取反映会计信息可靠性的稳健性特征为视角，考察我国会计准则变革对权益成本与债务成本的影响及其差异具有重要的价值。如果会计准则变革对权益成本与债务成本的影响不同，那么公司是否会相应地调整权益和债务融资方式，进而影响公司资本结构，值得深入探讨。

---

① 相关性和可靠性是会计信息两大最基本的信息质量特征，通常认为，可靠性是相关性的基础，即决策有用的会计信息应首先具备一定的可靠性。但是，相关性与可靠性总有冲突或不一致之处（葛家澍和徐跃，2006）。比如，历史成本通常具备较高的可靠性，但其由于仅反映过去的历史信息，往往具有较低的决策利用价值；公允价值虽然包括了当前及未来更具前瞻性的信息，但其可靠性往往受到质疑，特别是在公允价值应用的市场环境不成熟时。

在投资效率方面，众多研究为会计信息质量对投资效率的影响提供了经验证据，但是，已有研究主要关注应计质量、盈余平滑性、披露质量与及时性、稳健性等对投资效率的影响（Biddle and Hilary，2006；Biddle et al.，2009；周春梅，2009；李青原，2009；García Lara et al.，2010；Chen et al.，2011；金智和阳雪，2012），尚未有文献直接研究公司层面的会计信息可比性对投资效率的影响。具体到会计准则变革对企业投资效率的影响，虽然已有研究（Schleicher et al.，2010；Biddle et al.，2013；Chen et al.，2013；蔡吉甫，2013；顾水彬，2013）从不同角度支持了会计准则国际趋同提高了投资效率的结论，但是，这些研究主要将会计准则变革作为一个整体事件考察其对投资效率的影响，或仅从传统盈余质量的角度考察投资效率的变化，尚未有研究从可比性的角度考察会计准则变革对投资效率的影响。可比性是财务报告信息的质量特征之一，财务报告的可比性对于促进资本配置效率至关重要（Barth，2013）。因此，以我国会计准则变革为背景，考察会计信息可比性对投资效率的影响，对于检验和评价我国新会计准则的实施效果具有重要的参考价值。

此外，我国新会计准则自2007年1月1日起在上市公司实施以来已有10年，然而，已有文献大都聚焦于我国会计准则变革短期内的影响，没有考虑我国新会计准则实施的时间效应。2010年我国《中国企业会计准则与国际财务报告准则持续趋同路线图》的颁布，进一步明确了我国企业会计准则与IFRS持续趋同的基本方略，我国新会计准则的实施进入稳定阶段。作为一种强制性制度规范，会计准则的实施在变革后初期和稳定期会有所不同，相应地，在不同阶段我国上市公司的资本配置效率可能受准则的影响有所不同。因此，增加考虑会计准则实施的时间效应，对相关经济后果进行深入考察，在新时期具有特殊的价值。

总之，以我国2006年会计准则变革（2007年实施新会计准则）为契机，研究会计准则变革对（权益）资本成本的直接效应和间接效应，对权益资本成本和债务资本成本的影响及其差异，进而对企业融资方式选择及资本结构的影响，以及会计准则变革带来会计信息可比性的变化对企业投资效率的影响。同时考虑会计准则变革的时间效应，对于深入检验和评价我国新会计准则的实施效果以及与 IFRS 趋同的长期成效，具有重要的理论价值和现实意义。

# 第 三 章

# 制度背景与理论框架

资本配置是财务学的核心问题，会计准则变革通过改变会计信息对资本配置产生影响。为了探索会计准则变革对资本配置的非预期效应，应首先对会计准则和资本配置的制度背景有一个了解，并建立会计准则变革的非预期效应理论框架作为指导。为此，本章第一节首先回顾了会计准则发展变革的历史；第二节界定了会计准则变革的预期效应和非预期效应，并构建了会计准则的非预期效应系统框架；第三节进一步构建了会计准则变革对资本配置的非预期效应框架；第四节为本章小结。

## 第一节 会计准则变革的历史回顾

会计准则诞生于美国，其会计准则一度被认为是最为完善的，并影响整个世界。但是，随着经济危机和重大财务造假事件的冲击，以及"经济全球化"的逐步深入，美国逐渐丧失了全球会计准则的绝对主导权。在"经济全球化"的背景下，"全球会计"的理念推动着全球性会计制度变革，旨在建立全球性的通用会计准则（郭道扬，2013）。当前，由国际会计准则理事会（IASB）发布的国际财务报告准则（IFRS）在世界范围内产生广泛影响，会计准则的国际趋同已成为当前会计发展变革的主旋律，已有140多个国家强制要求或者允许采用 IFRS。

新中国成立以来，我国的经济实现了由计划经济向市场经济的转型，开创出一条中国特色的社会主义市场经济发展道路。与此相适应，我国的会计标准①也经历了数次重大的变革，完成了由适应计划经济向适应市场经济需求的过渡。至今，我国已经建立起一套适应社会主义市场经济的、与国际会计准则趋同的会计准则体系。在我国会计准则建设过程中，我们既坚持中国特色，同时也始终重视吸收和借鉴国际会计准则的成功经验，走会计准则的国际趋同、等效道路（刘玉廷，2007）。

**一　国际会计准则变革**

在欧美等主要发达国家，会计准则通常由会计职业团体制定，但其实施通常具有强制性，国际会计准则变革是以各个利益集团协调为主的诱致性制度变迁。从对全球的影响来看，国际上的会计准则先后经历了美国会计程序委员会（CAP）和会计原则委员会（APB）依次主导阶段、美国财务会计准则委员会（FASB）和国际会计准则委员会（IASC）竞争阶段、国际会计准则理事会（IASB）主导阶段。

（一）美国会计程序委员会（CAP）主导阶段（1938—1959 年）

1929—1933 年美国经济大萧条充分暴露了资本市场监管方面的严重问题，美国随后制定了 1933 年《证券法》和 1934 年《证券交易法》，并设立了"证券交易委员会"（SEC）等组织。在会计监管方面，美国国会要求 SEC 制定会计准则，SEC 将这一重任委托给当时的美国会计师协会（AIA），而 AIA 又将这一任务交给其下于 1938 年改组设立的会计程序委员会（CAP）。1939 年，CAP 发布了第一份"会计研究公报"（ARB），标志了世界第一份会计准则文件的产生。1938—1959 年，CAP 相继发布了 51 份会计研究公报（ARB）。最初以"会计研究公报"形式存在的会计准则，在一定程度上促进了会计实务的标准化，但它缺乏理论框架的指导，基本仅是对某些具体会计实务的"编纂"，没有形成一套系统的会计准则，其影响效应也较为有限。

（二）美国会计原则委员会（APB）主导阶段（1959—1973 年）

1959 年，AICPA 对其内部机构进行重组，新建了会计原则委员会（APB）和会计研究部（ARD），以取代 CAP 的工作。为了弥补以往制定

---

① 会计标准主要指会计准则和会计制度，广义上的会计准则也包含着会计制度。

会计准则缺乏会计理论的缺陷，AICPA 采用"双轨制"的方法共同发展会计准则，即 ARD 负责研究具有争议的会计问题，APB 负责制定会计准则，其发布的会计准则被称为"APB 意见书"。1959—1973 年，APB 共发布了 31 项形成会计准则的"APB 意见书"，ARD 共发表了 15 份不形成会计准则的"会计研究文集"。在这一时期，由于注重会计理论对会计准则的指导作用，一时促进了会计理论研究的繁荣，并缩小了会计准则与会计实务之间的差异。但是，"双轨制"下会计准则的成效也并不理想，准则制定与理论研究存在"两张皮"的现象，缺乏统一概念框架的指导。

（三）美国财务会计准则委员会（FASB）和国际会计准则委员会（IASC）竞争阶段（1973—2001 年）

1973 年 7 月，美国财务会计准则委员会（FASB）正式成立，取代 APB。FASB 不再采用准则制定和理论研究的"双轨制"，它既制定主要以"财务会计准则公告"（SFAS）的形式发布的会计准则，又自行从事有关会计理论研究，发行"财务会计概念公告"（SFAC）。FASB 在财务会计概念框架的指导下，使得会计准则的理论基础更加坚实，概念框架明确了财务会计的"决策有用观"目标，讨论了会计信息质量特征，划分了财务报表要素，并为要素的确认、计量和报告确定了基本原则。然而，FASB"以规则为基础"的准则制定模式饱受争议，其准则体系庞大造成"准则超载"，2001 年末发生的"安然事件"更是让人们对美国会计准则产生怀疑。

IASC 成立于 1973 年 6 月，它由 9 个国家的 16 个会计职业团体发起设立，旨在"协调与改进各国会计准则"。至 2000 年底 IASC 正式改组前，它已包括 112 个国家的 153 个会计职业团体，共发布了 41 项"国际会计准则"（IAS）。IASC 从最初汇集与借鉴各国会计准则和会计惯例，逐渐着手制定在全球资本市场上使用的"核心准则"（汪祥耀和邓川，2005）。20 世纪 90 年代以后，随着经济和资本市场全球化的趋势明显加快，国际社会对 IASC 制定全球通用会计准则寄予厚望。然而，美国自认为其会计准则"最悠久、最详细、最完善"，凭借其政治地位和经济实力，对 IASC 及其准则一直比较抗拒，并竭力推广美国公认会计原则。

在 FASB 和 IASC 竞争的阶段，会计准则在概念框架的指导下提高了会计信息的决策有用性，促进了资本市场的发展。同时，会计准则表现出明显的经济后果，不同国家、不同利益集团之间的利益协调是这一时期会计准则制定者关注的焦点。

（四）国际会计准则理事会（IASB）主导阶段（2001年至今）

进入21世纪，虽然FASB在其准则制定方面进行诸多努力，但其逐渐丧失了世界会计准则的绝对主导权，国际会计准则理事会（IASB）开始主导全球会计准则的制定。2001年4月，IASC正式改组，设立IASB取代其地位。IASB自其成立便承担起全球会计准则"制定者"的角色，其发布的会计准则为"国际财务报告准则（IFRS）"及其解释公告，广义的IFRS也包含由IASC所发布的IAS等内容，国际会计准则的发展进入新时期。IASB更加重视"以原则为基础"制定会计准则，不断完善其概念框架，坚持"决策有用观"的首要目标，重视会计信息质量特征，提倡使用多种计量属性，强调资本保全的概念。截至目前，IASB共发布了16项IFRS，对原来的IAS也进行了修订和替换。在制定准则的同时，IASB一改原IASC以"协调"为主的精神，积极推进各国会计准则与IF-RS的"趋同"。

IFRS在国际趋同方面取得了显著成效。2002年，欧盟委员会（EC）首先要求欧盟国家上市公司的合并财务报表自2005年起必须采用IFRS；紧随欧盟之后，澳大利亚财务报告委员会（FRC）于同年宣布澳大利亚自2005年起也采用IFRS；2005年，香港要求上市公司必须同时披露基于IFRS和基于旧的香港公认会计准则的信息，这标志着香港会计准则与IF-RS的全面趋同；2007年，美国证券交易委员会（SEC）宣布在美国上市的境外公司可以使用IFRS；目前，已有140多个国家或地区强制要求或者允许采用IFRS。然而，由2007年美国次贷危机引发的全球金融危机，对会计提出了严峻的挑战，对国际财务报告准则也提出了更高的要求。随着FASB对IASB地位的逐渐认可，二者也开始在一些领域合作。至今，IFRS仍在持续变革。

纵观国际会计准则变革的历史，可以发现，每一次经济金融危机史都是一部会计准则变革史。历史证明，会计准则的影响范畴不断扩大，由最初简单地促进会计实务的标准化、规范会计信息的生成，到提高会计信息的决策有用性、促进资本的发展、协调各方的利益，再到全球会计准则的制定、诱发及缓解经济金融危机。会计准则变革已不仅仅对财务报告和资本市场产生影响，而且还对微观企业行为、宏观经济与社会等产生重要影响，并体现出越来越多的非预期效应。

## 二　我国会计准则变革

我国的会计标准一直由政府部门（财政部）制定，实行国家统一的会计规范，具有强制性，我国会计准则的演化过程是以政府为主导的强制性制度变迁。我国会计准则的产生与发展同我国的会计制度则是分不开的，这是由我国的制度背景决定的。改革开放以来，我国会计标准发展变革的历程大体可以分为以下三个阶段。

（一）会计制度的试点和会计准则的探索阶段（1978—1992 年）

1978 年以后，我国开始实施对外开放政策，为了引进外国的资金和技术，允许外国企业或个人同我国境内的企业或个人共同举办合营企业。为了提供法律保障，我国在 1979 年和 1980 年全国人大会议上先后通过了《中外合资企业经营法》和《中外合资经营企业所得税法》。在这两个法律的统驭和要求之下，财政部于 1985 年发布了《中外合资经营企业会计制度》和《中外合资经营工业企业会计科目和会计报表》，成为合资企业的会计制度，这套会计制度第一次引进和借鉴了国际上很多先进的会计实务，其在与国际会计接轨的同时，也仍然坚持一些我国的特色。

与此同时，我国也开始组织对会计准则的探索。1980 年 1 月，财政部领导下的中国会计学会成立，其成立后不久便开始关注国际会计准则，不断探索会计准则的制定。1987 年，中国会计学会成立会计原则与会计基本理论研究组。次年 9 月，该研究组被重新命名为会计理论与会计准则研究组。1989 年 1 月，该研究组在上海组织了第一次有关会计准则的专题讨论会，就会计准则的若干相关重大问题进行了热烈讨论，该研究组有力地推动了会计准则理论研究和我国会计准则的制定。

（二）会计制度的改革和会计准则的建立与完善阶段（1992—2006 年）

1992 年以后，我国明确了中国特色的社会主义市场经济发展道路，在这一历史背景下，我国的会计改革也得以深入进行。从 1992 年下半年起，财政部在财务与会计方面进行了重大改革，相继颁布了《企业会计准则》、《企业财务通则》以及 13 个行业的会计制度和 10 个行业的财务制度，即所谓的"两则两制"，自 1993 年 7 月 1 日起开始实施。这标志着我国企业会计核算模式从传统的计划经济模式向社会主义市场经济模式转换，实现了我国会计与国际会计惯例的初步接轨。同时，为了配合我国股份制改造，财政部于 1992 年 5 月颁布了《股份制试点企业会计制度》，该制度借鉴了国际惯例，企图打破不同行业和所有制企业的界限，1998 年 1 月财政部进一步颁布了《股份有限公司会计制度》以取代原来的《股份制试点企业会计制度》。

1997 年 5 月，财政部发布了我国第一项具体会计准则《关联方关系及其交易的披露》，并自当年开始在上市公司实施，至 2002 年，我国陆续颁布了包括关联方关系及其交易的披露、现金流量表、资产负债表日后事项、债务重组、固定资产、存货等 16 项具体会计准则，在我国具体会计准则的制定时大量地借鉴了国际惯例。同时，为了加快我国会计国际协调的进程，财政部于 2000 年及时发布了《企业会计制度》，2001 年首先在股份公司实施。2001 年，财政部针对金融企业的改革、金融业务的创新和金融对外开放的需要，发布了《金融企业会计制度》，自 2002 年 1 月 1 日起实施。2004 年，财政部针对中国小企业的实际情况，借鉴国际通行做法，又发布了《小企业会计制度》，自 2005 年 1 月 1 日起实施。

由此，我国逐步形成了一套独有的会计准则与会计制度并行的会计标准体系，包括基本准则 1 项、具体准则 16 项；《企业会计制度》、《金融企业会计制度》和《小企业会计制度》；以及相关的专业核算办法、暂行规定和问题解答等特殊形式的会计标准。对于其他尚未形成具体会计准则的相关内容，暂且按照制度和办法中的规定进行核算，并且要在时机成熟时积极发展成正式的具体会计准则。总的来说，上述发布的会计准则与会计制度，在具体核算要求、内容和方法等方面，基本上在所有重大方面实现了与国际会计准则的一致。

（三）会计准则的国际趋同与等效阶段（2006 年至今）

2005 年，在财政部的全面推动下，中国会计准则体系建设进入了一个加速发展的阶段。在积累多年会计准则研究成果的基础上，经过一年多的集中突破，财政部完成了我国企业会计准则体系的制定，并于 2006 年 2 月 15 日正式对外发布，自 2007 年 1 月 1 日起在上市公司实施。企业会计准则体系包括 1 项基本准则和 38 项具体会计准则以及相关应用指南，新会计准则的发布实施标志着适应我国市场经济发展进程、与国际财务报告准则（IFRS）趋同的企业会计准则体系正式建立。

新会计准则在会计理念上发生了重大变革，会计目标由受托责任观向增加强调决策有用观转变。受托责任观认为，财务报告的目的是向资源的所有者如实反映受托资源的管理和使用情况，财务报告应该主要反映企业历史的客观的信息，强调会计信息的可靠性。而决策有用观则认为，财务报告目标在于向会计信息使用者提供对决策有用的信息，其核心是提高会计信息的相关性。新旧准则对会计目标的具体表述如表 3—1。在会计目标变革的引导下，资产计价和收益确定的原则也发生了显著变化。在资产计价方面，计量属性由历史成本观转向公允价值观，公允价值计量属性的应用也是我国会计准则变革最大的创新。在 2006 年颁布的企业会计准则中，公允价值被应用于长期股权投资、投资性房地产、生物资产、债务重组和非货币性资产交换等 17 项具体会计准则，并且其应用范围呈逐步扩大趋势。在收益确定方面，会计准则变革过程中一个重要的变化就是由收入费用观向资产负债观的转变。收入费用观认为，企业的收益应该通过计算收入与费用之间的差额确定，会计确认与计量应该以利润表为中心；而资产负债观则认为应该基于企业资产与负债的变动来计算收益，会计确认与计量应该更加关注资产负债表，强调综合收益的概念。

表 3—1　　　　　　　　新旧会计准则对会计目标表述的变化

| 会计准则 | 会计目标 |
| --- | --- |
| 1992 年《企业会计准则——基本准则》 | 会计信息应当符合国家宏观经济管理的要求，满足有关各方了解企业财务状况和经营成果的需要，满足企业加强内部经营管理的需要 |

续表

| 会计准则 | 会计目标 |
| --- | --- |
| 2006 年《企业会计准则——基本准则》 | 财务（会计）报告的目标是向财务报告使用者提供与企业财务状况、经营成果和现金流量等有关的会计信息，反映企业管理层受托责任履行情况，有助于财务报告使用者作出经济决策 |

我国企业会计准则的国际趋同只是第一步，最终目标是等效。为此，财政部自 2006 年起就积极推进中国会计准则与其他国家和地区会计准则等效的相关工作。2007 年 12 月，内地与香港签署等效协议，中国企业会计准则首先实现了与中国香港财务报告准则的等效。2008 年 11 月，欧盟决定自 2009 年起至 2011 年年底前的过渡期内，允许中国证券发行者在进入欧洲市场时使用中国会计准则，这是国际资本市场首次正式接受中国企业会计准则，标志着我国在会计准则等效方面取得了突破性成果。2010 年 4 月，财政部印发《中国企业会计准则与国际财务报告准则持续趋同路线图》，进一步明确了我国企业会计准则与 IFRS 持续趋同的基本方略。2014 年 7 月，财政部对《企业会计准则——基本准则》进行了修订更新。同年，又陆续新增《公允价值计量》等 3 项具体准则，修订《长期股权投资》等 5 项具体准则，亦是与 IFRS 的持续趋同之举，同时积极参与国际会计准则的制定。

为了规范小企业会计确认、计量和报告行为，促进小企业可持续发展，发挥小企业在国民经济和社会发展中的重要作用，财政部于 2011 年 10 月 18 日发布了《小企业会计准则》，自 2013 年 1 月 1 日起在全国小企业范围内施行，2004 年发布的《小企业会计制度》同时废止。《小企业会计准则》的出台，实现了与现行《企业会计准则》的接轨，吹响了全面清理会计制度的号角。随着各种会计制度的渐次退出，当前《企业会计准则》（1 项基本准则和 41 项具体准则）和《小企业会计准则》已基本全面取代了会计制度，在规范我国企业财务报告中发挥了主要作用。

我国会计标准发展变革的历程就是新旧制度不断更替的过程，以上三个阶段中产生的主要会计制度与会计准则汇总见表 3—2。

表 3—2 改革开放后我国主要的会计制度和会计准则

| 会计标准 | 颁布年份 | 适用范围 | 备注 |
|---|---|---|---|
| 《中外合营企业会计制度》 | 1985 | 中外合营企业 | 后被《企业会计制度》取代 |
| 《股份制试点企业会计制度》 | 1992 | 股份公司 | 后被《股份有限公司会计制度》取代 |
| 《企业会计准则（基本准则)》及 13 个行业会计制度 | 1992—1993 | 所有企业 | 后被《企业会计准则 2006》取代 |
| 具体会计准则 16 项 | 1996—2002 | 适用范围不同 | 后被《企业会计准则 2006》取代 |
| 《股份有限公司会计制度》 | 1998 | 股份公司 | 后被《企业会计制度》取代 |
| 《企业会计制度》 | 2000 | 一般企业 | 几近废止 |
| 《金融企业会计制度》 | 2001 | 金融企业 | 后被废止 |
| 《小企业会计制度》 | 2004 | 小企业 | 后被《小企业会计准则》取代 |
| 《企业会计准则》（基本准则 1 项、具体准则 38 项） | 2006 | 所有企业 | 至今有效（部分更新） |
| 《小企业会计准则》 | 2011 | 小企业 | 至今有效 |
| 新增和修订《公允价值计量》等 8 项具体会计准则 | 2014 | 所有企业 | 至今有效 |

纵观我国会计准则变革的历史，可以发现，会计准则与经济发展互动共生，经济发展客观要求会计准则进行变革，会计准则的不断完善反过来对经济发展也具有主动性影响。在有计划的商品经济时期，会计主要被视作一种"管理工具"，发挥着商品经营核算与管理的作用；在市场经济确立时期，会计被定位为一个"信息系统"，会计准则预期产生高质量的财务报告，以反映企业管理者的受托责任履行情况，向资本市场传递可靠与相关的信息；在市场经济完善时期，会计准则的影响更加广泛，会计准则不仅对财务报告和资本市场产生预期影响，而且对企业契约与投资、宏观经济与社会等产生重要影响。历史证明，会计准则的影响范畴不断拓展，其中的影响效应有的属于预期效应，有的属于非预期效应。

从中国会计变革与国际会计准则变革的互动关系看，二者依次经历了双轨、交互和趋同三个阶段，会计准则变革相互间的影响效应也不断增加。最初，中国会计制度与国际会计准则在两条轨道上各自发展，相互间的影响效应较少。改革开放后，二者呈交互发展的趋势，我国开始陆续引进和借鉴大量的国际会计惯例。自 2006 年以来，我国会计准则进入与 IFRS 趋同阶段，在此过程中，表现出更多的非预期效应，这些影响有的是有利的，比如随着会计信息质量的提高、融资成本的降低，国外投资不断增加、我国市场经济地位得到巩固和国际承认、反倾销调查的概率降低等；有的影响则是不利的，比如会计准则的价值导向与决策有用的目标定位违背了会计依法记账的原则，造成与法律制度之间的冲突等（周华等，2009）。如何界定会计准则变革的预期效应与非预期效应，并对非预期效应进行系统归类，对于认识会计的影响范畴、评价我国会计准则趋同的效果具有重要意义。

## 第二节　会计准则变革的非预期效应理论框架

为了构建会计准则变革的非预期效应理论框架，本节首先阐述了效应、预期效应与非预期效应的内涵，然后根据会计准则变革的目标初步界定了当前会计准则变革的预期效应与非预期效应，并以相关理论为基础，通过总结相关经验证据，构建了会计准则变革的非预期效应系统框架。

### 一　效应、预期效应与非预期效应的概念界定

按照一般的解释，效应（Effect）是指在有限环境下，一些因素和一些结果构成的一种因果现象，多用于对一种自然现象和社会现象的描述。"效应"一词的使用范围较广，并不一定指严格的科学定理、定律中的因果关系，如温室效应、蝴蝶效应等。"效应（Effect）"与"影响（Impact）"和"后果（Consequence）"的意思相近，但又不同。按照《现代汉语词典》的解释，效应是指"物理的或化学的作用所产生的效果，如光电效应、热效应等。泛指某个人物的言行或某种事物的发生、发展在社会上所引起的反应和效果，如明星效应等"。显然，本书会计准则变革

的"效应"应取会计准则变革所引起的"效果"和"反应"之意。效果，指由某种力量、做法或因素产生的结果。反应，指事情所引起的意见、态度或行动。

预期效应指某一主体在行动前，或某一事项在执行前，根据其目的或目标预先期待的效应，即预期目标的实现效果及直接反应。具体到会计准则，会计准则变革的预期效应指会计准则制定目标的实现效果及直接反应。会计准则变革的非预期效应则指除了准则变革预期效应之外的效果和反应，具体包括四个方面的内容：一是未实现会计准则目标的效果及反应，可称之为"未实现的预期效应"；二是会计准则目标实现的后续效果及间接反应，可称之为"后续间接效应"；三是超出会计准则目标范围的效果及反应，可称之为"超出效应"；四是会计准则目标实现之前的事前行为反应，可称之为"事前效应"。这四个方面是会计准则变革非预期效应的广义范围，这主要是从时间顺序及准则变革影响的深度来界定的。

## 二　基于会计准则目标的预期效应与非预期效应的范畴界定

在从概念上区分了会计准则变革的预期效应和非预期效应后，要进一步对二者的内容范畴进行界定，需要明确会计准则的目标。会计准则的目标分为总体目标和具体目标，直接目标和间接目标等，不同层次的目标之间是不断延伸的。2006 年，财政部制定我国新企业会计准则的总体目标是"为了规范企业会计确认、计量和报告行为，保证会计信息质量"。除了总体目标之外，会计准则在准则观念和具体准则层面也表现出一些具体的目标。比如，决策有用观、公允价值计量、资产负债观、充分披露等表现的具体目标。再如具体准则层面，为了推动企业自主创新和技术升级，引入了研发费用资本化制度；为了支持人才发展战略，完善了员工激励和权益保护制度，如股份支付、职工薪酬等相关规定；为了加强环境保护、促进经济社会和谐发展，进一步完善了成本补偿制度，如弃置费用的处理等。

IASB 制定国际财务报告准则（IFRS）的目标，在国际会计准则委员会基金会章程中有明确的表述——"本着公众利益，制定一套高质量、可理解的且可实施的全球性会计准则，这套准则要求在财务报表和其他财务报告中提供高质量的、透明的且可比的信息，以帮助世界资本市场的参与者和其他使用者进行经济决策"。欧盟（EU）于 2002 年引入 IF-RS，欧洲议会和欧洲理事会第 1606/2002 号条例明确了引入国际会计准则的目标，"在欧洲范围内采纳和应用国际会计准则的目标是协调上市公司财务信息的编报，保证财务报告透明度和可比性的程度，以提高资本市场和内部市场的运行效率"。同样，澳大利亚也于 2002 年引入 IFRS，澳大利亚财务报告委员会（FRC）在其公告中也明确了相应的目标——"在资本市场内引进一套高质量的会计准则，是为了显著增强投资者对财务信息的跨国比较，进而降低资本成本，并帮助澳大利亚的公司筹集资本或海外上市"。

　　会计准则变革的预期效应与预期目标关系密切，预期效应不仅包括预期目标的实现效果，还包括目标实现的直接反应。总结我国会计准则及 IFRS 的制定或引入目标，可以发现，会计准则的首要目标或最直接的目标是保证会计信息质量，我国会计准则主要强调财务报告的相关性和可靠性，IFRS 主要强调财务报告的透明度和可比性。高质量的财务报告直接反应在资本市场中就是提高了资本市场的效率，促进资本流动性增强、资本成本降低、资本投资增加，进而带来宏观的经济增长和就业的增加等。高质量的财务报告在企业内部也会产生一定的反应，它通过改善薪酬契约和债务契约，提高企业公司治理和管理控制的水平，促进企业经营方式的转变，引导企业以价值为基础的投资，进而带来宏观投资结构和经济发展方式的转变等。从空间范围及准则变革影响的广度来看，会计准则变革的效应可以分为"财务报告效应""资本市场效应""契约效应"①"投资效应"②"宏观经济效应"及"其他社会效应"。笔者认为，财务报告目标和资本市场目标是会计准则变革预期目标的主要方面。

----

　　① 此处的"契约"为广义的范畴，不仅包括股权契约、债券契约等财务契约，还包括管理者报酬契约、税收契约等。此外，Lambert（2001）曾对契约理论在会计研究中的应用进行了详细地讨论，其主要关注代理理论框架下，会计信息在环境道德风险和逆向选择中的作用。

　　② "投资效应"是对企业"契约效应"的延伸，股权契约、债权契约、报酬契约等是实现价值的基础，而投资则是创造价值的源泉，它既包括直接实体投资，又包括间接证券投资。

相应地，根据前文对预期效应与非预期效应概念的界定，会计准则变革的预期效应主要指会计准则对财务报告和资本市场的影响效果及直接反应，主要包括"财务报告效应"和"资本市场效应"，并涉及部分的"契约效应"和"投资效应"，除此之外的即为会计准则变革的非预期效应①。需要强调的是，由于不同层次的会计准则目标是不断延伸和相互关联的，对预期效应与非预期效应不可能进行精确地界定，但这并不影响这种"二分法"的好处。

### 三 会计准则变革非预期效应的理论基础

为了构建会计准则变革的非预期效应框架，本书以新制度经济学中关于制度变迁的影响理论、会计准则的经济后果理论以及经济学中的外部性理论为理论依据。

#### （一）制度变迁的影响理论

制度变迁的影响理论产生于 20 世纪 70 年代，诺斯（North）和托马斯（Thomas）等新制度经济学家对这一理论做出了重大贡献。所谓制度变迁是指一种制度框架的创新和被打破。诺斯（1973）指出，经济增长的关键因素是制度因素，制度变迁是促使经济增长的决定因素。制度变迁的影响理论认为，制度变迁是为了减少经济运行过程中的交易费用，并对经济活动的参与者提供激励与约束，产权的明晰度对经济绩效的好坏产生关键的影响。按照新制度经济学的观点，企业是一系列契约的联结。会计信息在企业各种契约的签订和执行的过程中发挥重要作用，会计信息具有重要的产权保护功能。会计准则的本质是一项用来降低交易费用的制度安排，会计准则的存在就是为了有助于达成交易契约并使该契约能够得到有效执行，其本质目标是保护投资者利益和增强对资本市场投资的信心（刘峰，2000），进而影响宏观经济。制度变迁的影响理论为会计准则变革的"契约效应"和"宏观经济效应"提供了依据。

----

① 这不同于直接效应与非直接效应的二元划分，直接效应是会计准则变革直接对财务报告的影响，而进一步以财务报告为基础的相关效应为非直接效应，根据本书的划分，部分非直接效应也可能是预期效应。

### （二）经济后果理论

会计准则的经济后果理论形成于 20 世纪 70—80 年代。Zeff（1978）提出，会计准则具有经济后果，即会计报告对企业、政府、投资者和债权人的决策行为的影响。从本质上说，经济后果观认为公司的会计政策及其变化是有影响的，会计报告会影响管理者的实际决策，进而影响公司的价值及相关各方的利益。而非仅仅反映决策结果，Holthausen and Leftwich（1983）认为，如果计算会计数字所遵循的规则发生变化，改变了企业的现金流量，或者改变了利用会计数字的契约各方或经济决策者的财富，那么它就是有经济后果的。经济后果观认为，不论有效证券市场理论的含义如何，会计政策的选择会影响公司的价值（斯科特，2006）。由于会计准则具有经济后果，一些"外部力量"经常会干预会计准则的制定，西方会计准则的制定过程越来越发展为一项纯粹的政治程序，会计准则成为各利益集团利益协调的结果。经济后果理论说明，会计准则的制定过程复杂多变且涉及面广，会计准则变革会对社会公众和各种利益集团产生广泛的效应。经济后果理论为会计准则变革的预期效应与非预期效应提供了直接依据，特别是与会计准则制定直接相关的效应。

### （三）外部性理论

外部性（Externality）亦称外部效应或溢出效应。外部性理论起源于 19 世纪末，它不仅是新古典经济学的重要范畴，也是福利经济学的关注焦点，还是新制度经济学的重点研究对象，马歇尔（Marshall）、庇古（Pigou）、科斯（Coase）等对外部性理论做出了重要贡献。外部性是指，当一个行动的某些效益或成本不在决策者的考虑范围内时，所产生的一些不利或有利的外部影响。根据有利或不利影响，外部性可以分为正外部性和负外部性。外部性还可以分为稳定的外部性和不稳定的外部性，单向的外部性和交互的外部性等。外部性理论的最终目的是实现资源的最优配置，减少或消除负外部性对资源配置的不利影响。制度作为一种公共物品，它也极易产生外部性。在一种制度下存在、在另一种制度下无法获得的利益（或反之），这是制度变迁所带来的正外部效应或负外部效应。作为一种制度安排，会计准则也必定存在外部性，产生与准则目标不完全一致的非预期效应。外部性理论主要为会计准则变革的非预期效应提供了依据，特别是微观与宏观的非经济后果，这是经济后果理论之外的范畴。

### 四　会计准则变革的非预期效应系统框架

为了进一步明确会计准则变革非预期效应的内容，下文根据非预期效应的内涵及相关经验证据，构建会计准则变革的非预期效应系统框架。

#### (一) 未实现的预期效应

如前所述，会计准则变革的预期效应主要指对财务报告和资本市场的影响效果及直接反应，以 IFRS 和我国新会计准则的实施为例，相关的经验证据包括价值相关性的提高 (Barth et al. , 2008；薛爽等，2008；王建新和赵君双，2010；刘永泽和孙翯，2011；Landsman et al. , 2012；Clacher et al. , 2013)、可比性的改善 (Barth et al. , 2012；Yip and Young, 2012；Brochet et al. , 2013；陈旻和曲晓辉，2014)、盈余管理水平的降低 (Barth et al. , 2008；Hung and Subramanyam, 2007；张然等，2007；步丹璐和叶建明，2009)、股票流动性的增强 (Daske et al. , 2008；高芳和傅仁辉，2012)、资本成本的降低 (Hail and Leuz, 2007；Li, 2010；汪祥耀和叶正虹，2011；高芳和傅仁辉，2012)、资本投资的增加 (Covring et al. , 2007；DeFond et al. , 2011；Yu and Wahid, 2014)、分析师预测及证券定价准确性的提高 (Byard et al. , 2011；Tan et al. , 2011；Horton et al. , 2013) 等，在此不作详述。

而未实现的预期效应或与预期相反的结果，属于会计准则变的非预期效应广义范围的一部分。相关的经验证据有会计准则变革导致价值相关性降低 (Hung and Subramanyam, 2007；朱凯等，2009；漆江娜和罗佳，2009)、盈余管理水平提高 (Capkun et al. , 2008；Jeanjean and Stolowy, 2008；Ahmed et al. , 2013；叶建芳，2009；刘永涛等，2011)、盈余稳健性下降 (刘斌和徐先知，2010；赵西卜和王军会，2010；李四海和刘晓艳，2013；Ahmed et al. , 2013)、分析师预测准确性降低 (何贤杰，2012；于跃，2016)、会计信息的薪酬契约有用性下降 (Voulgaris et al. , 2014a；陈春艳，2014；Ke et al. , 2016)、会计信息的债务契约有用性降低（Demerjian，2011；祝继高等，2011；李旎和黎文靖，2012；原红旗等，2013；Ball et al.，2015）等。这些与预期结果相反的不利证据，一方面是因为对于同一主题，研究对象或准则实施的制度背景不同；另一方面是因为预期目标的内部存在着固有的矛盾，比如会计信息相关性的提高可能会导致可靠性的下降，会计信息估值作用的增强可能会导致契约作用的弱化。这就要求我们在制定和修改会计准则时要充分权衡相互冲突的目标，在检验准则执行效果时要充分考虑具体的制度环境。

（二）后续间接效应

会计准则目标实现的后续效果及间接反应为会计准则变革的后续间接效应，这方面的相关经验证据可用资本市场和企业内部两个层次进行梳理。在资本市场上，会计准则变革的非预期效应主要指除了上述预期"资本市场效应"之外的影响，即除了会计信息的证券投资估值有用性之外的资本市场影响。比如，IFRS的采用促使公司传递了更多特质信息，进而降低了公司股价同步性（金智，2010；Kim and Shi，2012），IFRS所带来会计信息质量的提升降低了公司股价暴跌风险（DeFond et al.，2015），提升了股票市场的盈余预测能力（Hsu and Pourjalali，2015）；会计准则带来财务报告质量的变化，后续间接地带来审计工作复杂性、审计风险和审计收费的增加（苏黎新等，2009；Zhu and Sun，2012；Kim et al.，2012；De George et al.，2013），增加了审计购买（颜延和张为国，2009）和事务所更换倾向（Wieczynska，2016），增加了审计市场集中度（Dinh and Piot，2014）；IFRS间接带来了投资者和债权人之间财富的重新分配（Christensen et al.，2009），国内外债务市场结构发生变化（Kim et al.，2011；Brown，2016）等。

在企业内部，会计准则变革的非预期效应主要指对企业"契约效应"的进一步影响，即除了直接的会计信息契约有用性之外的影响，包括对公司财务契约与公司治理的间接影响。比如，在公司财务契约方面，IF-RS的实施影响了企业的融资方式与结构选择（Naranjo et al.，2016；Florou and Kosi，2015；燕玲，2013），促进了企业跨境上市（Hong et al.，2014；Chen et al.，2015）和跨境并购（毛新述和余德慧，2013；Bozos et al.，2014；Francis et al.，2016），降低了企业股利分配水平（Hail et al.，2014；Goncharov and Triest，2014），增加了企业避税行为（Chan et al.，2010；De Simone，2016）；在公司治理方面，IFRS 促进了基于会计信息相对业绩评价的增加（Wu and Zhang，2010；Ozkan et al.，2012），增强了 CEO 更换和员工解雇的敏感性（Wu and Zhang，2009；Wu and Zhang，2010），提高了董事会对管理层监督的效率（Marra et al.，2011；Marra and Mazzola，2014），降低了控制权私人收益，增强了对少数股东的保护（Hong，2013；Brochet et al.，2013），改变了公司股权结构（De-Fond et al.，2011；Florou and Pope，2012）等。

（三）超出效应

超出会计准则目标范围的效果及反应为会计准则变革的超出效应，这方面的研究体现出从公司融资向公司投资延伸、从微观向宏观延伸的特征，主要包括除了证券投资之外的"投资效应"、"宏观经济效应"和"其他社会效应"。比如，IFRS 的实施提高了企业投资效率（Schleicher et al.，2010；Biddle et al.，2013；Chen et al.，2013；蔡吉甫，2013；顾水彬，2013）；在宏观经济层面，IFRS 的国际趋同促进了国际贸易和国际直接投资的增加（Márquez-Ramos，2011；Gordon et al.，2012；Chen et al.，2014），促进了全球土地交易的增加（Efobi and Oluwatobi，2014）；会计准则也对金融危机的爆发或缓解具有一定的作用（Skinner，2008；De Jager，2014），或通过不同的传导路径促进了宏观经济发展或经济增长（Suzuki，2007a、2007b；Zhang，2013；张先治和于悦，2013）；此外，会计准则也可能会对货币政策发挥作用的过程产生影响（Meder，2015），会计准则国际趋同增加了会计职业人员的跨境移民倾向（Bloomfield et al.，2015），会计准则通过其概念框架向市场和社会传递一种十分重要的文化观念，即真实与公允的观点或"诚信"意识，从而对社会文化产生影响（葛家澍，2012）。

（四）事前效应

会计准则目标实现之前的事前行为反应为会计准则变革的事前效应，主要包括两个方面的内容：一是会计准则制定过程中各利益相关者的反应，二是会计准则发布后还未彻底发挥功效时各相关利益者的反应。相关文献以会计准则变革初期为背景，特别是关于自愿采用新准则的研究。

比如，自愿采用 IAS 的国家促进了国外权益投资增加（Covring et al.，2007），自愿采用 IFRS 的公司贷款成本降低（Kim et al.，2011）；上市公司会利用会计准则转换期间进行盈余管理，调节多期利润（Capkun et al.，2008；王玉涛等，2009；蒋大富和熊剑，2012），张然等（2007）的研究也发现，我国上市公司在新准则颁布以后实施以前，由于预期长期资产减值损失以后将不允许转回，因此对长期资产减值准备的计提明显更加谨慎，数额有所减少；此外，公司会根据会计准则预期带来的影响而选择股票发行时机（Wang and Welker，2011），Voulgaris et al.（2014b）的研究也发现，管理者会利用会计准则变革的时机，通过盈余管理来影响薪酬契约结构，进而增加其个人财富。

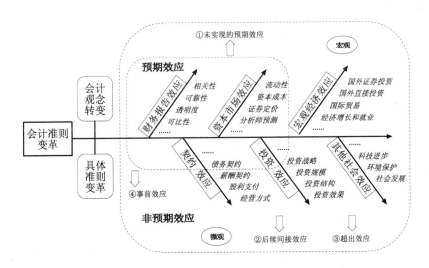

**图 3—1　会计准则变革的非预期效应系统框架图**

综上所述，会计准则通过会计观念转变和具体准则变革产生预期效应和非预期效应，预期效应主要包括一般预期的财务报告效应和资本市场效应，以及对会计信息契约有用性与证券投资估值有用性的直接影响；非预期效应主要包括后续间接效应、超出效应、事前效应以及广义范围的未实现的预期效应，分为微观非预期效应和宏观非预期效应两个层次，微观非预期效应包括对企业经营理念、经营方式、投资行为等的影响，宏观非预期效应包括对宏观经济、社会环境与文化等的影响。如图 3—1

所示①。根据外部性的概念与分类，会计准则变革的非预期效应也可分为正的非预期效应与负的非预期效应，并分别代表会计准则变革所带来的正面的和负面的外部影响，还可以分为稳定的非预期效应和不稳定的非预期效应等。

# 第三节　会计准则变革对资本配置的非预期效应框架

以会计准则变革的非预期效应理论框架为指导，本节在明确资本配置研究内容框架的基础上，构建了会计准则变革对资本配置的非预期效应框架，以便对后文几个主体章节的内容层次及逻辑关系有一个更清晰的认识。

## 一　资本配置研究内容框架

如前所述，资本配置是指，对相对稀缺的资本资源在不同主体、用途及方式上加以选择。企业和市场是当代经济社会的主要组成部分，因此，从企业和市场的不同视角，资本配置可分为企业资本配置和资本市场资本配置两大类别。前者的主体为企业管理者，后者的主体为资本所有者。从目标上看，资本市场资本配置的目标是将稀缺的资本资源配置到效率较高的行业或企业，并以合理的配置方式和较低的成本实现相关目标。企业资本配置的目标是提高企业所控制的资本资源的利用效率，并实现资本的保值增值。企业资本配置和资本市场资本配置是紧密关联的，通常情况下，资本所有者通过资本市场将资本资源提供给具有资金需求的企业，企业所获得资金在企业管理者的控制下进行生产、运营或再投资。无论属于哪一类别，资本配置的核心内容都包括资本配置结构和资本配置效率。如图3—2所示。

———————————

① 此图借鉴了鱼骨图（也称为因果图或石川图）的格式，每一个矩形框后面是它的部分具体内容，图中小虚线框内为会计准则变革的预期效应，小虚线框外为会计准则变革的非预期效应。

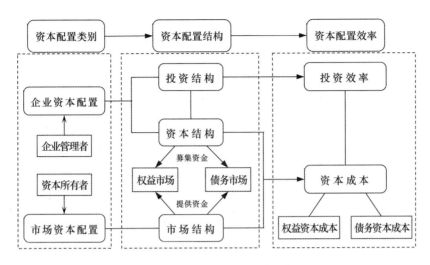

**图 3—2　资本配置研究内容框架图**

　　对于资本配置结构，从企业的角度看，包括融资结构和投资结构两个方面。融资结构通常指资本结构，包括如何配置债务与权益融资的比例、长短期债务的比例等。投资结构主要指具体的资产配置结构，包括不同流动性资产之间的比例，固定资产、无形资产和股权投资的比例，经营性资产与金融性资产的比例等。另外，从资本市场的角度，资本市场结构包括以权益市场和债务市场为核心的比例结构，以及其他资本配置方式的市场结构。企业资本结构与资本市场结构之间是一种相互影响的互动关系，权益市场和债务市场的发展状况决定了企业从不同途径获得资金的可能性，反过来，企业资本结构的调整变化同样影响着资本市场结构。

　　对于资本配置效率，从企业的角度看，主要表现为融资效率和投资效率两个基本方面。对于融资效率，主要通过融资所需的资本成本或投资者所要求的投资回报来度量，包括权益资本成本和债务资本成本。资本成本不仅是对企业进行估值预测的基础性指标，还是企业投资决策的重要参考指标。对于投资效率，主要通过企业过度投资或投资不足的程度，以及投资的投入产出效率来度量。提高企业投资效率是实现企业资本保值增值目标、提高企业价值的决定性因素。提高资本配置效率不仅是企业追求的目标，亦是资本市场及宏观经济可持续发展的基础。影响资本配置效率的因素众多，包括公司外部环境、公司特征及内部治理机制等，其中，会计准则会通过影响会计信息质量对资本配置效率产生影响。

资本配置结构和资本配置效率之间是一种相互影响的互动关系，优化资本配置结构是提高资本配置效率的基础，同时，不同方式投融资效率的变化，会反过来影响资本配置结构。比如，从企业融资的角度看，如果权益资本成本和债务资本成本发生变化，理性的企业应根据资本成本的变化情况，选择更有利的融资方式，进而导致企业资本结构的变化；从企业投资的角度看，如果不同类别资产的收益率发生变化，企业同样会调整资产结构，进而提高资产配置的总体效率。

## 二 会计准则变革对资本配置的非预期效应框架

根据前述界定的会计准则变革非预期效应的几个层次，结合当前会计准则变革对资本配置影响的相关研究，以及具体的会计准则变革制度背景，可以初步建立会计准则变革对资本配置的非预期效应框架，以指导后文各部分的研究。

关于会计准则变革对资本成本的影响，虽然已有研究（Hail and Leuz，2007；Daske et al.，2008；Li，2010；汪祥耀和叶正虹，2011；高芳和傅仁辉，2012；闫华红和张明，2012）支持了会计准则变革在总体上降低了权益资本成本的结论，但是，现有研究主要关注准则变革对资本成本的直接效应。Lambert et al.（2007）指出，会计信息质量不仅通过影响投资者对公司未来现金流量分布的评估对资本成本产生直接效应，还会通过影响公司的实际投资决策导致未来现金流发生真实的变化，并对资本成本产生间接的影响。资本成本是企业投资决策的重要参考指标，资本成本的降低预期会带来企业投资的增加，即会计准则变革在投资方面又产生了"后续间接效应"。企业投资的增加会带来经营风险的变化，进而反过来又影响资本成本。同时，由于企业特质的差异，不同企业受到的影响会有所不同。由于这些后续间接效应的影响，高质量的会计准则是否必然带来资本成本的降低，仍有待深入研究。

作为公认的会计信息两大主要质量特征，相关性与可靠性总有冲突或不一致之处（葛家澍和徐跃，2006）。虽然我国会计准则变革显著提高了上市公司会计信息的相关性（罗婷等，2008；薛爽等，2008；王建新和赵君双，2010；刘永泽和孙嵩，2011），但同时，会计信息可靠性在一定程度上被损害（王虹和杨丹，2011；张先治和季侃，2012），包括常被视为可靠性特征代表之一的会计稳健性的降低（刘斌和徐先知，2010；赵西卜和王军会，2010；李四海和刘晓艳，2013），即在某些信息质量方面表现出"未实现的预期效应"。与权益市场更加注重会计信息相关性相比，债务市场更加重视会计信息的可靠性。当会计准则变革偏向于股票市场而提高会计信息估值有用性时，财务报告在债务市场的契约有用性往往会降低。因此，会计准则变革在预期降低权益资本成本的同时，可能在债务市场产生"未实现的预期效应"，具体表现为债务资本成本的提高。会计准则变革对权益资本成本和债务资本成本产生的非对称效应，同样可能伴随着"后续间接效应"，公司资本结构（融资）决策可能因此发生变化。

根据 IASB《财务报告概念框架》，通用财务报告的目标是提供报告主体的财务信息，进而有助于当前的和潜在的投资者、贷款人和其他债权人做出是否向主体提供资源（资本）的决策。所以，通常认为，会计准则变革通过改变会计信息质量，预期主要影响资本市场中的资本提供者（投资者、贷款人和其他债权人）是否向财务主体提供资本的决策。站在财务主体的角度，即主要对财务主体的融资产生影响。Bushman and Smith（2001）总结认为，财务会计信息同样具有治理作用，即财务会计信息通过项目识别（利用财务会计信息识别出项目的好坏）、治理渠道（促使管理层把资源投资于好的项目）以及降低信息不对称等渠道影响企业投资行为，提高投资效率和公司价值。在会计准则变革研究领域，相关研究也开始从会计准则变革对企业融资的影响，逐渐延伸到会计准则变革对企业投资的影响（Schleicher et al.，2010；Biddle et al.，2013；Chen et al.，2013；蔡吉甫，2013；顾水彬，2013）。如前所述，会计准则变革对企业投资效率的影响，实际上已经超出了会计准则变革的预期目标，即体现为会计准则变革非预期效应中的"超出效应"。

总之，如图3—3所示，会计准则变革对资本配置的非预期效应主要体现在以下几个方面：一是由于企业投资变化对资本成本的间接影响，会计准则变革对权益资本成本的"后续间接效应"；二是由于会计信息相关性和可靠性（估值有用性和契约有用性）的内在冲突，会计准则变革对权益成本和债务成本的非对称效应，并在债务成本方面体现出"未实现的预期效应"，进而又带来企业融资决策和资本结构变化的"后续间接效应"；三是会计准则变革通过改变会计信息质量，由对融资的影响延伸到对投资的影响，进而对企业投资效率产生的"超出（溢出）效应"。

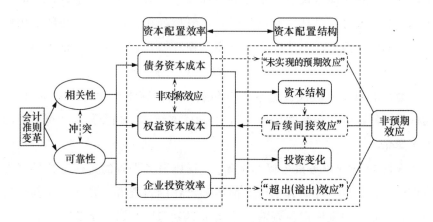

图3—3　会计准则变革对资本配置的非预期效应框架图

## 第四节　本章小结

基于对会计准则变革的历史分析，本章研究发现，会计准则变革与经济发展互动共生，我国的会计准则变革适应并促进了经济体制转变。历史证明，会计准则的影响范畴不断扩大，由最初简单地促进会计实务的标准化、规范会计信息的生成，到提高会计信息的决策有用性、促进资本市场的发展、协调各方的利益，再到全球会计准则的制定、诱发及缓解经济金融危机。会计准则变革已不仅仅对财务报告和资本市场产生影响，而且还对微观企业行为、宏观经济与社会等产生重要影响。会计准则变革预期效应的内容逐步增加，非预期效应也逐渐显现。

以历史分析为基础，本章重点对会计准则变革的预期效应和非预期效应进行了界定，并以制度变迁的影响理论、经济后果理论和外部性理论为基础，根据会计准则变革的目标和相关经验证据，构建了会计准则变革的非预期效应系统框架，主要包括"未实现的预期效应""后续间接效应""超出效应"和"事前效应"四个方面，分为微观非预期效应和宏观非预期效应两个层次。以会计准则变革的非预期效应框架为基础，本章进一步探索了会计准则变革对资本配置的非预期效应，主要包括三个方面，一是由于企业投资变化对资本成本的间接影响，会计准则变革对权益资本成本的"后续间接效应"；二是会计准则变革对权益成本和债务成本的非对称效应，并在债务成本方面体现出"未实现的预期效应"，进而又带来企业资本结构变化的"后续间接效应"；三是会计准则变革对企业投资效率的"超出（溢出）效应"。

# 第 四 章

## 会计准则变革对权益资本成本的
## 非预期效应理论分析[*]

    会计准则制定者常把降低资本成本作为会计准则变革的主要目标之
一[①]，为此，学者对会计准则变革对资本成本的影响也进行了重点关注和
研究。但是，现有研究（Hail and Leuz，2007；Daske et al.，2008；Li，
2010；汪祥耀和叶正虹，2011；高芳和傅仁辉，2012；闫华红和张明，
2012）仅关注会计准则变革对资本成本的直接效应，且主要通过股票
流动性等中介因素考察会计准则对资本成本的影响，缺乏具体理论机
理的分析，特别是缺乏把企业投资与资本成本结合起来进行的分析。
当考虑企业投资变化时，高质量的会计准则是否必然带来资本成本的
降低，在理论上仍然值得深入探讨，这也是进行相关实证研究的
前提。

    关于会计信息质量对资本成本的影响，人们似乎存在一种直觉上的
共识，即更好地披露会计信息会降低企业的资本成本。但是，之前曾一
直缺乏把二者直接联系起来的理论模型，直到 Lambert et al.（2007）通
过对资本资产定价模型（CAPM）的修正，才首次建立了会计信息质量与
资本成本的直接联系[②]。Lambert et al.（2007）提出了会计信息影响资本

---

    [*]  为了表述简化，如未加说明，本章及下一章中"资本成本"主要指"权益资本成本"。

    [①]  IASB 在其最新的使命陈述（Mission Statement）中就明确提到了降低资本成本的目标，
IASB 现任主席 Hans Hoogervorst 也曾多次公开宣称 IFRS 在降低资本成本方面的目标与成效。

    [②]  Lambert et al.（2007）建立了会计信息质量与资本成本的直接联系，而不用再考虑市场流动
性因素的中介影响，这不是说通过市场流动性分析不合理，只是他们提供了一种更直接的分析思路。

成本的两种路径，他们指出，高质量的会计信息不仅通过降低市场参与者对公司未来现金流的估计误差，进而对资本成本的降低产生直接影响，还通过影响企业实际经营（投资）决策导致未来真实现金流的变化，进而对资本成本产生间接影响，但是他们没有深入分析这种间接影响的方向与机理。在此基础上，Gao（2010）通过引入企业投资函数建立起会计信息与企业投资之间关系的模型，并进一步分析了信息披露质量对资本成本的影响，但他没有直接引入并分析作为制度规范的会计准则的影响。Zhang（2013）则把会计准则作为一项因素融入 CAPM 中来进行分析，为直接研究会计准则的影响提供了模型方面的借鉴，但他主要研究投资障碍率路径下会计准则对企业实际投资的影响，以及社会经济中不同企业间的资本重新配置现象，而未聚焦到资本成本与企业投资之间的关系。

　　本章以上述相关理论前沿研究为基础，借鉴 Zhang（2013）的模型构建方法，将会计准则作为一种影响企业财务报告的系统性因素融入 CAPM 进行分析，研究了会计准则变革对企业投资行为，进而对资本成本的影响。具体来看，本章第一节首先基于 CAPM 构建了会计准则变革对资本成本影响的基本模型，分析了投资固定时会计准则变革对资本成本的直接效应；第二节放松了投资固定的假设，通过引入企业投资相关参数与函数，重点分析了投资内生时会计准则变革对企业投资的影响，及其对资本成本的间接反转效应；第三节进一步放松假设，将常见的两类代理问题（股东和管理层之间的代理问题、大股东和中小股东之间的代理问题）引入模型，分别求出了不同情形下企业的最优投资水平，以深入分析会计准则变革对企业投资和资本成本的影响①；第四节为本章小结；另外，附录为本章的一部分内容。

---

　　① 当存在两类代理问题时，企业投资行为和资产定价均会受到重要的影响（Ou-Yang，2005；Dow et al.，2005；Albuquerue and Wang，2008；Bertomeu，2015），会计准则变革对资本成本和企业投资的影响也会因此发生变化，所以增加考虑代理问题是必要的；代理问题也是资本市场对财务报告及其披露的主要需求来源之一（Healy and Palepu，2001），将其引入分析模型，有助于深入理解企业行为变化及其后果。虽然 Lambert et al.（2007）曾建议研究存在代理问题时会计信息质量对企业投资和资本成本的影响，但 Gao（2010）、Zhang（2013）等均没有考虑代理问题的影响，本书也首次在这方面进行了研究拓展。

# 第一节　会计准则变革对权益资本成本的影响基本模型构建

本节首先交代了本章模型构建的基础要素，包括时间顺序、基本假定及相应符号的含义。然后通过对传统 CAPM 的重构，建立会计准则变革对资本成本影响的基本模型，以明确投资固定且不考虑代理问题时资本成本的影响因素。

## 一　事件顺序与基本假定

假定一个经济体中有 $J$ 个企业和 $N$ 个投资者，企业和投资者的数量充分大，并且为同质性的。下面选取某一个代表性企业 $j$ 作为分析对象，考虑一个两阶段（3 个时点）模型，如图 4—1 所示。当 t = 0 时，企业 $j$ 的初始投资（资产）为 $m > 0$；当 t = 1 时，企业披露会计信息，它在第 1 期预期产生现金流 $\tilde{X}_{j1}$，同时，企业根据情况对投资进行调整；当 t = 2 时，企业在第 2 期预期产生现金流 $\tilde{X}_{j2}$，然后，企业向投资者分配全部现金流，经营活动终止。

**图 4—1　事件发生的顺序时间线示意图**

下面假定：$\tilde{X}_{j1} = m\ (u_0 + \tilde{u}_j)$，其中，$u_0$ 为企业 $j$ 单位投资产生的固定性现金流，$\tilde{u}_j$ 为投资者根据企业 $j$ 披露的会计信息对其单位投资盈利性进行的估计；$\tilde{X}_{j2} = m\ (u_0 + \tilde{u}_j)\ + \tilde{X}\ (k)$，其中，$k$ 为企业第 1 期期末的投资调整额，$\tilde{X}\ (k)$ 为调整部分的投资在第 2 期产生的现金流。

会计信息披露对 $\tilde{u}_j$ 的影响可用下式表示：

$y_j = \tilde{u}_j + \tilde{a}_j$，其中，$y_j$ 表示企业 $j$ 在期末披露的用来估计 $\tilde{u}_j$ 的会计信息，并假定 $y_j$ 是判断 $\tilde{u}_j$ 的唯一信息来源；$\tilde{a}_j$ 表示会计计量误差，且服从 $\tilde{a}_j \sim N\ (0,\ \sigma^2\ (\tilde{a}_j))$ 分布。

为了引入会计准则的影响，进一步假定企业会计计量误差由会计准则产生的系统性会计误差和企业个体特质性带来的会计误差两个部分构成，具体形式如下：

$\tilde{a}_j = \varphi_j \tilde{A} + \tilde{\varepsilon}_j$，其中，$\tilde{A}$ 表示会计准则系统性误差，假定其服从 $\tilde{A} \sim N\ (0,\ \sigma^2\ (\tilde{A}))$ 分布，可以用 $1/\sigma^2\ (\tilde{A})$ 来度量会计准则的质量，其值越大，表示会计准则质量越高[①]；$\varphi_j \geqslant 0$ 表示企业 $j$ 相对于会计准则的会计敏感性（计量误差），其值越大，表示会计准则对企业会计计量的影响程度越大；$\tilde{\varepsilon}_j$ 表示由企业个体特质性带来的会计误差，比如受公司治理机制、实际经济状况等因素的影响，并假定其服从 $\tilde{\varepsilon}_j \sim N\ (0,\ \sigma\ (\tilde{\varepsilon}_j))$ 分布，且与 $\tilde{A}$ 相互独立，则有 $\sigma^2\ (\tilde{u}_j)\ =\ \sigma^2\ (\tilde{a}_j)\ =\ \varphi_j{}^2 \sigma^2\ (\tilde{A})\ +\ \sigma^2\ (\tilde{\varepsilon}_j)$。

## 二　投资固定时会计准则变革对权益资本成本的影响

根据大多数研究的界定，资本成本是指企业股票的预期回报率，或投资者对企业股票所要求的回报率。用 $R_j$ 表示企业 $j$ 的股票回报，$P_j$ 表示企业 $j$ 期初的股票价格，在不考虑股利的情况下，企业 $j$ 股票的预期回报率为：$E\ (\tilde{R}_j \mid y)\ =\ [E\ (\tilde{X}_j \mid y)\ -P_j]\ /P_j$，其中，$y$ 为投资者在评估企业现金流量分布时可以获得的信息，$E\ (\tilde{X}_j \mid y)$ 为预期的企业期末现金流。

假定经济体中 $J$ 个企业间的股票回报是相关的，根据著名的资产定价模型 CAPM（Sharpe，1964；Lintner，1965），首先给出资本成本传统基于"回报"的表达式：

---

① 用此表示会计准则质量，能够很好地刻画会计准则变革对企业财务报告的系统性影响。但是，这也具有一定的局限性，因为会计准则本身是一个非常复杂的动态演化过程，并受诸多制度因素的影响。

$$E\left(\tilde{R}_j \mid y\right) = R_f + \left[E\left(\tilde{R}_M \mid y\right) - R_f\right]\beta_j$$

$$= R_f + \frac{E\left(\tilde{R}_M \mid y\right) - R_f}{Var\left(\tilde{R}_M \mid y\right)}\left[Cov\left(\tilde{R}_j, \tilde{R}_M \mid y\right)\right] \quad (4\text{—}1)$$

其中，$R_f$ 为无风险利率，$E\left(\tilde{R}_M \mid y\right)$ 为市场预期回报。由（4—1）式可知，企业层面影响资本成本的因素主要为 $\beta$ 系数，更具体一点就是企业预期股票回报与市场组合的协方差。

参考 Lambert et al.（2007）的研究，为了在模型中更直观地引入会计信息因素的影响，可以重构基于"现金流"的 CAPM 模型。在不考虑企业投资变化时，分析模型为单期（第1期）。假定投资者为风险规避的，其效用函数为固定绝对风险规避（CARA）的负指数效用函数，$\tau$ 为投资者的风险容忍系数，企业现金流为正态分布，则股票价格可以表达为：

$$P_j = \frac{E\left(\tilde{X}_j \mid y\right) - \dfrac{1}{N\tau}\left[Cov\left(\tilde{X}_j, \sum_{n=1}^{J}\tilde{X}_n \mid y\right)\right]}{1 + R_f} \quad (4\text{—}2)^①$$

将（4—2）式代入前面预期回报率的计算式，则企业资本成本可以表达为：

$$E\left(\tilde{R}_j \mid y\right) = \frac{E\left(\tilde{X}_j \mid y\right) - P_j}{P_j} = \frac{R_f E\left(\tilde{X}_j \mid y\right) + \dfrac{1}{N\tau}\left[Cov\left(\tilde{X}_j, \sum_{n=1}^{J}\tilde{X}_n \mid y\right)\right]}{E\left(\tilde{X}_j \mid y\right) - \dfrac{1}{N\tau}\left[Cov\left(\tilde{X}_j, \sum_{n=1}^{J}\tilde{X}_n \mid y\right)\right]}$$

$$= R_f + \frac{R_f + 1}{H\left(y\right) - 1}, \text{ 其中 } H\left(y\right) = \frac{E\left(\tilde{X}_j \mid y\right)}{\dfrac{1}{N\tau}\left[Cov\left(\tilde{X}_j, \sum_{n=1}^{J}\tilde{X}_n \mid y\right)\right]}$$

$$(4\text{—}3a)^②$$

为了在模型中引入会计准则因素的影响，进一步计算企业 $j$ 在第1期期末现金流的均值、与市场组合的协方差（包括其自身的方差）分别为：

---

① 关于 CAPM 股价表达形式的推导过程及一般假设的论证，可以参考 Fama（1976）、Lambert et al.（2007）的研究。此表达式的直观经济含义为：股价等于预期未来现金流扣除一定风险因素后进行的折现。

② 利用（4—2）式，（4—3a）式也可写为如下形式：$E\left(\tilde{R}_j \mid y\right) = \dfrac{\dfrac{1}{N\tau}\left[Cov\left(\tilde{X}_j, \sum_{n=1}^{J}\tilde{X}_n \mid y\right)\right]}{P_j}$，其直观经济含义更好理解，即：资本成本 = 无风险利率 + 风险溢价与股票价格的比值。

$$E\left(\tilde{X}_{j1} \mid y\right) = m\left[u_0 + E\left(\tilde{u}_j \mid y\right)\right] = m\left(u_0 + y_j\right)$$

$$Cov\left(\tilde{X}_{j1}, \sum_{n=1}^{J} \tilde{X}_{n1} \mid y\right) = m^2\left[\sum_{n=1}^{J} \varphi_n \varphi_j \sigma^2\left(\tilde{A}\right) + \sigma^2\left(\tilde{\varepsilon}_j\right)\right] \qquad （见附$$

录中证明1)

将其代入（4—3a）式即可得：

$$E\left(\tilde{R}_j \mid y\right) = R_f + \frac{R_f + 1}{H\left(y\right) - 1}，其中\ H\left(y\right) = \cfrac{u_0 + y_j}{\dfrac{1}{N\tau}m\left[\sum_{n=1}^{J} \varphi_n \varphi_j \sigma^2\left(\tilde{A}\right) + \sigma^2\left(\tilde{\varepsilon}_j\right)\right]}$$

$$（4—3b）$$

由（4—3b）式可知，若 $m$ 和 $u_0$ 既定，则企业资本成本主要由无风险利率 $R_f$、单位投资的预期盈利性 $E\left(\tilde{u}_j \mid y\right) = y_j$、投资者风险容忍程度 $\tau$、会计准则质量 $\sigma^2\left(\tilde{A}\right)$ 和会计敏感性 $\varphi_j$ 五个因素决定，具体关系如下：

命题1：在投资固定（即假定企业投资不受会计准则等因素的影响）的情况下，若保持其他条件不变，无风险利率 $R_f$ 越高，资本成本越高；单位投资的预期盈利性 $E\left(\tilde{u}_j \mid y\right) = y_j$ 越高，资本成本越低；投资者风险容忍度 $\tau$ 越高，资本成本越低；会计准则质量越高（$\sigma^2\left(\tilde{A}\right)$ 越小），资本成本越低；会计敏感性 $\varphi_j$ 越高，资本成本降低得越明显。

# 第二节　投资内生时会计准则变革对权益资本成本的影响

若企业投资为内生，那么当会计准则变革带来资本成本的变化时，企业投资也会相应地发生变化。下面将具体阐述投资内生时会计准则变革的相关经济后果，主要包括会计准则变革对企业投资的影响及其对资本成本的反转效应。

## 一　会计准则变革与企业投资变化

根据以上分析，会计准则质量的提高会带来资本成本的降低，而资本成本又是企业投资决策的重要依据。在不存在代理问题时，企业主要运用 NPV 法进行投资决策，其选择的折现率会随着资本成本的降低而降低，或投资者对投资项目所要求的最低报酬率降低，进而导致企业接受的投资项目增加，即企业会在第 1 期期末进行增加投资的调整。

假设新增投资为 $k > 0$，参考 Gao（2010）中新增投资与产出（现金流）的二次函数关系形式，则企业 j 在第 2 期期末产生的现金流表达式为：

$$\tilde{X}_{j2} = m\ (u_0 + \tilde{u}_j)\ + \tilde{X}\ (k)\ = m\ (u_0 + \tilde{u}_j)\ + k\,\tilde{u}_j - \frac{z}{2}k^2 \qquad (4—4)$$

其中，$m\ (u_0 + \tilde{u}_j)$ 为已有投资产生的现金流，与第 1 期产生的现金流相同；$k\,\tilde{u}_j - \frac{z}{2}k^2$ 为第 2 期新增投资部分产生的现金流，$Z > 0$ 为新增投资的调整准备成本。

则企业 j 在第 2 期期末现金流的均值、与市场组合现金流的协方差分别为：

$$E\ (\tilde{X}_{j2} \mid y)\ = m\ (u_0 + y_j)\ + k\ (y)\ y_j - \frac{z}{2}k^2\ (y)$$

$$Cov\ (\tilde{X}_{j2},\ \sum_{n=1}^{J} \tilde{X}_{n2} \mid y)\ = [m + k\ (y)]^2\ [\sum_{n=1}^{J} \varphi_n \varphi_j \sigma^2\ (\tilde{A})\ + \sigma^2\ (\tilde{\varepsilon}_j)]$$  （证明过程同证明 1）

当企业不存在代理问题时，企业管理层与投资者的目标一致，因此，可以假设企业管理层为了实现企业在第 1 期期末股价最大化的目标而选择投资，即：

$$\underset{k(y)}{Maximize P_j} = \frac{E\ (\tilde{X}_j \mid y)\ - \frac{1}{N\tau}[Cov\ (\tilde{X}_j,\ \sum_{n=1}^{J} \tilde{X}_n \mid y)]}{1 + R_f}$$

$$= \frac{m\ (u_0 + y_j)\ + k\ (y)\ y_j - \frac{z}{2}k^2\ (y)\ - \frac{1}{N\tau}[m + k\ (y)]^2\ [\sum_{n=1}^{J} \varphi_n \varphi_j \sigma^2\ (\tilde{A})\ + \sigma^2\ (\tilde{\varepsilon}_j)]}{1 + R_f}$$

令上式为 $P\ (k)$，由 $P'\ (k)\ = 0$，且 $P''\ (k)\ < 0$，求得最优投资：

$$k^*\ (y)\ = \frac{y_j - \frac{2m}{N\tau}\ [\sum_{n=1}^{J} \varphi_n \varphi_j \sigma^2\ (\tilde{A})\ + \sigma^2\ (\tilde{\varepsilon}_j)]}{z + \frac{2}{N\tau}\ [\sum_{n=1}^{J} \varphi_n \varphi_j \sigma^2\ (\tilde{A})\ + \sigma^2\ (\tilde{\varepsilon}_j)]} \qquad (4—5)$$

由（4—5）式可知，若不考虑 $\sigma^2\ (\tilde{\varepsilon}_j)$，企业新增投资主要由初始投

资水平 $m$、单位投资的预期盈利性 $E$ $(\bar{u}_j \mid y)$ $=y_j$、投资者风险容忍程度 $\tau$、会计准则质量 $\sigma^2$ $(\tilde{A})$、会计敏感性 $\varphi_j$ 以及投资调整成本 $z$ 六个因素决定，具体关系如下：

命题 2：在投资内生的情况下，若保持其他条件不变，企业初始投资水平 $m$ 越低，新增投资越多；投资的预期盈利性 $E$ $(\bar{u}_j \mid y)$ $=y_j$ 越大，新增投资越多；投资者风险容忍度 $\tau$ 越高，新增投资越多；会计准则质量越高（$\sigma^2$ $(\tilde{A})$ 越小），新增投资越多；会计敏感性 $\varphi_j$ 越高，新增投资越多；投资调整成本 $z$ 越小，新增投资越多。

可以用投资调整成本 $z$ 衡量投资效应的强度（即企业投资变化的幅度）[①]，$z$ 值越大（小），投资效应越小（大），当其值为无穷大时，新增投资水平为零，这时整个经济体为一个纯交换经济。

## 二　企业投资变化对权益资本成本的反转效应

由前文分析可知，在不考虑投资变化的情况下，高质量的会计准则变革将促使资本成本降低，可将这种影响称之为直接效应。而在考虑投资变化的情况下，高质量的会计准则变革同时也会导致企业投资增加，即会计准则变革不仅改变了投资者对企业现金流的"感知"，还改变了企业现金流的"实际"水平，企业现金流的均值、方差和协方差因此也会发生变化，由（4—3a）式可知，资本成本将会因此发生变化，可将这种影响称之为间接效应。那么这种间接效应是促使资本成本降低（增强效应），还是带来资本成本提高（反转效应）呢？

首先，下面将单独分析这种间接效应对资本成本的影响。

由（4—3a）式可知，其他条件不变，若会计准则变革的间接效应使资本成本增加，需要使企业 $j$ 预期现金流均值与协方差（包含方差）的比值降低，即：

$$\frac{E\ (\tilde{X}_{j1} \mid y)}{Cov\ (\tilde{X}_{j1},\ \sum_{n=1}^{J} \tilde{X}_{n1} \mid y)} > \frac{E\ (\tilde{X}_{j2} \mid y)}{Cov\ (\tilde{X}_{j2},\ \sum_{n=1}^{J} \tilde{X}_{n2} \mid y)}$$

---

① 在后文中会看到用参数 $z$ 度量投资效应的优点，以及对其的进一步讨论。

将 $E\ (\tilde{X}_j \mid y)$ 和 $Cov\ (\tilde{X}_j, \sum\limits_{n=1}^{J} \tilde{X}_n \mid y)$ 的值分别代入得：

$$\frac{m\ (u_0+y_j)}{m^2\ [\sum\limits_{n=1}^{J}\varphi_n\varphi_j\sigma^2\ (\tilde{A})\ +\sigma^2\ (\tilde{\varepsilon}_j)]} > \frac{m\ (u_0+y_j)\ +k^*\ (y)\ y_j-\dfrac{z}{2}[k^*\ (y)]^2}{[m+k^*\ (y)]^2\ [\sum\limits_{n=1}^{J}\varphi_n\varphi_j\sigma^2\ (\tilde{A})\ +\sigma^2\ (\tilde{\varepsilon}_j)]}$$

即：

$$\frac{m\ (u_0+y_j)\ [m+k^*\ (y)]^2-m^2\ \{m\ (u_0+y_j)\ +k^*\ (y)\ y_j-\dfrac{z}{2}[k^*\ (y)]^2\}}{m^2\ [m+k^*\ (y)]^2\ [\sum\limits_{n=1}^{J}\varphi_n\varphi_j\sigma^2\ (\tilde{A})\ +\sigma^2\ (\tilde{\varepsilon}_j)]} >0$$

因上式中分母大于零，$m>0$，所以只需：

$$(u_0+y_j)\quad [m+k^*\ (y)]^2-m\ \{m\ (u_0+y_j)\ +k^*\ (y)\ y_j-\dfrac{z}{2}[k^*\ (y)]^2\}\ >0$$

整理得：$2m\ (u_0+y_j)\ +\ (u_0+y_j+\dfrac{z}{2}m)\ k^*\ (y)\ >0$

由 $m>0$，$u_0>0$，$k^*\ (y)\ >0\ (y_j>0)$ 知，上不等式恒成立。所以，高质量会计准则变革带来企业投资的增加会促使资本成本提高，即产生间接的反转效应。从风险与收益匹配的角度来理解，这种反转效应意味着企业增加投资的同时带来新增的风险，投资者因此会要求更高的投资回报，进而导致资本成本的增加。

接下来，再分析会计准则变革对资本成本直接与间接影响总的效应，即由于企业投资增加对资本成本的反转效应，是否存在一定的条件，使得这种间接效应超过直接效应，从而导致高质量的会计准则变革总的效应使得资本成本增加。

以（4—3a）式为基础，对资本成本 $E\ (\tilde{R}_j \mid y)$ 相对于会计准则质量 $\sigma^2\ (\tilde{A})$ 求偏导，若会计准则变革的总效应使资本成本增加，需满足 $\dfrac{\partial\ E\ (\tilde{R}_j \mid y)}{\partial\ \sigma^2\ (\tilde{A})} <0$，即等同于：

$$\frac{\partial\ H\ (y)}{\partial\ \sigma^2\ (\tilde{A})}=\partial\ \frac{m\ (u_0+y_j)\ +k^*\ (y)\ y_j-\dfrac{z}{2}[k^*\ (y)]^2}{\dfrac{1}{N_T}[m+k^*\ (y)]^2\ [\sum\limits_{n=1}^{J}\varphi_n\varphi_j\sigma^2\ (\tilde{A})\ +\sigma^2\ (\tilde{\varepsilon}_j)]}/\partial\ \sigma^2\ (\tilde{A})\ >0$$

$$\text{（4—6）}$$

如前文所述，因为投资调整成本 $z$ 衡量了投资效应的强度，$z$ 值越小，投资效应越大，对资本成本的反转效应就越大，则 $z$ 小于一定的临界值时资本成本增加，将（4—5）式代入（4—6）式可得临界条件 $z < z^*$，临界值 $z^*$ 的具体表达式较为复杂，在此省略。

命题 3：在投资内生的情况下，高质量会计准则变革带来企业投资的增加会促使资本成本提高，即产生间接的反转效应；总的来看，若保持其他条件不变①，高质量的会计准则变革带来资本成本的降低存在一定条件，即 $z > z^*$；否则，当 $z < z^*$ 时，高质量的会计准则变革会导致资本成本的增加；而当 $z = z^*$ 时，会计准则变革不会使资本成本发生变化。

以上分析的经济直觉也可做如下理解：资本成本衡量了单位资本的风险溢价，风险溢价水平随着公司现金流与市场组合协方差的增加而增加；而股票价格随着公司预期现金流量水平的增加而增加。如果会计准则变革增加了公司现金流的协方差，且协方差的增加速度大于预期现金流量水平（股票价格）增加的速度，则资本成本增加。一个充分小的投资调整成本 $z$，保证了会计准则变革促使公司现金流与市场组合协方差的增加速度。

# 第三节　存在代理问题时会计准则变革
# 对权益资本成本的影响

在企业所有权与控制权相分离的条件下，股东和管理层之间的代理问题称作第一类代理问题；在企业所有权结构有一定集中程度的条件下，大股东（控股股东）和中小股东之间的代理问题称作第二类代理问题。当存在两类代理问题时，因企业管理层、大小股东各自的目标存在差异，企业投资行为会相应发生变化。那么前文分析的基本结论是否仍然成立？下面将分别进一步阐述。

---

　　①　当然，除了投资调整成本 $z$ 外，若视其他因素为内生，比如单位投资的预期盈利性，也可求得相应的临界条件，其基本原理类似，本书主要讨论投资调整成本因素，它在本书的分析式中具有直观性的优点。

## 一 第一类代理问题的影响

当存在第一类代理问题时，管理层选择使自己效用最大化的自利行为。假设 $B$ 表示管理层可以选择的行为集合，$b \in B$ 表示管理层的一个特定行为，即 $b$ 是代表管理层为经营公司所付出的努力程度；$f(x)$ 表示管理层报酬合约，$x$ 为委托代理双方可以共同观测的契约变量，通常选择相关业绩指标；$C(f(x))$ 表示管理层因得到报酬预期所获得的效用，且满足 $C'(f(x)) > 0$，$C''(f(x)) < 0$，即管理层为风险规避者；$D(b)$ 表示管理层选择行为 $b$ 需付出的个人效用，意为由此放弃的个人闲暇等产生的负效用，假设 $D'(b) > 0$，$D''(b) > 0$，即负效用是边际递增的，在同样的收入条件下，管理层总是希望付出较低的努力程度。

为了简化分析，在不影响基本变量之间经济关系的前提下，进一步假设：

$f(x) = c_0 + \alpha x$，即管理层报酬为一部分固定报酬 $c_0$ 与业绩报酬 $\alpha x$ 之和[①]，根据业绩指标选择的不同，后文分别从会计业绩指标、会计与市场业绩指标加权进行分析[②]；

$C(f(x)) = U_0 - e^{-\frac{f(x)}{\tau'}} = U_0 - e^{-\frac{c_0 + \alpha x}{\tau'}}$，参见管理层的薪酬效用函数为固定绝对风险规避（CARA）效用函数，其中 $\tau'$ 为管理层的风险容忍系数，为简化处理取值为1；

$D(b) = e^b = e^{m+k(y)}$，即管理层的负效用函数为系数取1的简化指数函数，并且简化 $b = m + k(y)$，表示企业投资越多，管理层需要相应付出更大的努力来经营企业。

### （一）基于会计业绩评价的管理层投资决策

假设：$f(x) = c_0 + \alpha x = c_0 + \alpha \tilde{X}_{j2}$，即管理层报酬的一部分为固定报

---

[①] 此处为最常见的简化模型，关于管理层报酬合约的具体设计，可参考洪剑峭和李志文（2004）中对委托代理模型的分析。现实中的管理层激励则更加复杂，如授予管理层股份、股票期权等。

[②] 实际上，前者是后者的一种特例，为了便于理解，本章遵循由简单到复杂的原则进行逐步求解。

酬 $c_0$，另一部分为基于会计指标评价的业绩报酬 $\alpha x$，且 $x = \tilde{X}_{j2}$，即在忽略应计时会计盈余等于企业现金流，因此可用它表示企业业绩。管理层的总效用为：$U_M = U_0 - e^{-(c_0 + \alpha \tilde{X}_{j2})} - e^{m+k(y)}$。

在第 1 期期末，管理层选择使自己效用最大化进行投资，即：

$$\underset{k(y)}{Maximize} U_M = C\ (f\ (x))\ - D\ (b)$$

$$= U_0 - e^{-c_0 - \alpha[m(u_0 + y_j) + k(y)y_j - \frac{z}{2}k^2(y)]} - e^{m+k(y)}$$

求解得最优投资：$k^{**}\ (y)\ = \dfrac{\alpha y_j\ \lambda - e^m}{\alpha z\ \lambda + \alpha^2 y_j^{\ 2}\ \lambda + e^m}$，其中

$\lambda = e^{-c_0 - \alpha m(u_0 + y_j)}$　　　　　　　　　　　　　　　　　　　　　　　　(4—7)

关于此处最优投资 $k^{**}\ (y)$ 的具体求解过程见附录中证明 2。

由 (4—7) 式可知，若企业投资是增加的（即 $k^{**}\ (y)\ > 0$），则新增投资与投资调整成本 $z$ 明显负相关，与初始投资水平 $m$ 负相关，但它与单位投资的预期盈利性 $E\ (\tilde{u}_j \mid y)\ = y_j$、会计业绩评价的系数 $\alpha$ 等之间的关系均不明显。特别地，在仅基于会计业绩评价时，管理层的行为无市场约束，会计准则似乎对企业投资行为没有直接影响，但这也并不能说明此时会计准则对企业投资行为没有影响，因为会计准则还会通过其他非市场路径影响企业投资行为，比如准则变革影响管理层盈余管理行为，进而对企业投资行为产生影响等。

（二）基于会计与市场加权业绩评价的管理层投资决策

假设：$f\ (x)\ = c_0 + \alpha \tilde{X}_{j2} + \beta P_j$，即管理层报酬的一部分为固定报酬 $c_0$，另一部分为基于会计与市场指标加权评价的业绩报酬，即 $\alpha \tilde{X}_{j2} + \beta P_j$，$\alpha$ 和 $\beta$ 分别表示业绩评价时对会计指标和市场指标所赋予的权重。管理层的总效用为 $U_M = U_0 - e^{-(c_0 + \alpha \tilde{X}_{j2} + \beta P_j)} - e^{m+k(y)}$。

在第 1 期期末，管理层选择使自己效用最大化进行投资，即：

$$\underset{k(y)}{Maximize} U_M = C\ (f\ (x))\ - D\ (b)$$

$$= U_0 - e^{-\{c_0 + \alpha[m(u_0 + y_j) + k(y)y_j - \frac{z}{2}k^2(y)] + \beta \frac{m(u_0 + y_j) + k(y)y_j - \frac{z}{2}k^2(y)\ - \frac{1}{N\tau}[m+k(y)]^2[\sum_{n=1}^{J} \varphi_n \varphi_j \sigma^2(\tilde{A}) + \sigma^2(\tilde{\varepsilon}_j)]}{1 + R_f}\}}$$

$- e^{m+k(y)}$

求解得最优投资：

$$k^{***}(y) = \frac{\left(\alpha y_j + \beta \dfrac{y_j - 2Qm}{1 + R_f}\right) R - e^m}{\left[\left(\alpha z + \beta \dfrac{z + 2Q}{1 + R_f}\right) + \left(\alpha y_j + \beta \dfrac{y_j - 2Qm}{1 + R_f}\right)^2\right] R + e^m}$$

其中，$Q = \dfrac{1}{N\tau}\left[\sum\limits_{n=1}^{J} \varphi_n \, \varphi_j \sigma^2(\tilde{A}) + \sigma^2(\tilde{\varepsilon}_j)\right]$，$R =$

$e^{-\left[c_0 + \alpha m(u_0 + y_j) + \beta \frac{m(u_0 + y_j) - Qm^2}{1 + R_f}\right]}$ (4—8)

关于此处最优投资 $k^{***}(y)$ 的具体求解过程见附录中证明 3。

将 (4—7) 式和 (4—8) 式比较可知，前者是后者的一种特例，当 $\beta = 0$ 时，$k^{**}(y) = k^{***}(y)$，若此时投资是增加的，则需要满足一定条件；新增投资与投资调整成本 $z$ 明显负相关；会计准则质量 $\sigma^2(\tilde{A})$、企业会计敏感性 $\varphi_j$、初始投资水平 $m$、单位投资的预期盈利性 $E(\tilde{u}_j \mid y) = y_j$、会计与市场业绩评价的权重 $\alpha$ 和 $\beta$ 等因素均对管理层投资决策产生影响，管理层的行为受市场调节，但具体影响仍有待深入研究。

此时企业投资的变化对资本成本仍旧具有反转效应，虽然具体关系式有所变化，但基本影响的方向一致。同样，因为新增投资与投资调整成本 $z$ 具有明显的负向相关关系，仍旧可以用投资调整成本 $z$ 衡量投资效应的强度，$z$ 值越小，投资效应越大，对资本成本的反转效应就越大，即 $z$ 小于一定的临界值时，高质量会计准则变革总的效应使得资本成本增加。将 (4—7) 式和 (4—8) 式分别代入 (4—6) 式，可分别求得临界条件 $z < z^{**}$ 和 $z < z^{***}$。

命题 4：在投资内生的情况下，当仅存在第一类代理问题时，若保持其他条件不变，企业选择增加投资需要满足一定的条件；管理层业绩评价方式影响企业投资行为，当企业仅基于会计业绩评价时，会计准则通过非市场路径对企业投资行为产生间接影响，而当企业基于会计与市场加权业绩评价时，会计准则变革会对企业投资行为产生直接影响；但不管企业采用哪种业绩评价方式，企业投资增加额都与投资调整成本 $z$ 负相关，当 $z$ 小于一定的临界值时（$z < z^{**}$ 或 $z < z^{***}$），高质量会计准则变革总的效应仍会使资本成本增加。

### 二 第二类代理问题的影响

当存在第二类代理问题时，大股东控制企业选择使大股东效用最大化的行为。假设大股东拥有 $\theta < 1$ 比例的公司，$\theta$ 值固定不变，且大股东可以完全控制企业的投资和生产决策。期末时，大股东根据其现金流权（所有权）可以获得 $\theta$ 比例的企业产出，即 $\theta X$，$X$ 代表企业产出水平；同时，因大股东具有额外的控制权[①]，他们还会"偷走"公司一部分比例为 $s$ 的产出，即 $sX$，但这种行为也伴随着相应的利益侵占成本 $\Gamma(s, X)$。

参考 Albuquerue and Wang（2008）的研究，假设大股东利益侵占成本的表达式为：$\Gamma(s, X) = \frac{\eta}{2} s^2 X$，其中，$\eta$ 代表投资者保护程度的参数，其值越大，投资者保护程度越高，一个较高的 $\eta$ 意味着大股东转移现金用作私利的边际成本 $\eta s X$ 越高。从而，大股东所得的表达式为：$M(s, X) = \theta X + sX - \Gamma(s, X)$。

与前文分析管理层效用类似，假设大股东也为风险规避者，其效用函数为：

$$U_{\mathrm{L}} = U_0 - e^{-\frac{M(s,X)}{\tau'}} = U_0 - e^{-\frac{\theta X + sX - \Gamma(s,X)}{\tau'}}$$，即大股东的效用函数为固定绝对风险规避（CARA）效用函数，其中，大股东的风险容忍系数 $\tau'$ 同样简化取值为 1，并且假定企业产出 $X$ 为期末现金流 $\tilde{X}_{j2}$。

企业 $j$ 在第 1 期期末选择使大股东效用最大化进行投资，即：

$$\underset{k(y)}{Maximize} U_{\mathrm{L}} = U_0 - e^{-(\theta X + sX - \frac{\eta}{2}s^2 X)} = U_0 - e^{-(\theta + s - \frac{\eta}{2}s^2)\tilde{X}_{j2}}$$

$$= U_0 - e^{-(\theta + s - \frac{\eta}{2}s^2)[m(u_0 + y_j) + k(y)y_j - \frac{z}{2}k^2(y)]}$$

当 $\theta + s > \frac{\eta}{2} s^2$（或 $\eta < \frac{2(\theta + s)}{s^2}$，即投资者保护程度低于一定的值）时，利用指数函数的单调性，求得最优投资：

$$k^{****}(y) = \frac{y_j}{z}, \quad (\theta + s > \frac{\eta}{2} s^2) \tag{4—9}$$

---

① 即大股东对公司的控制权高于其现金流量权，具体实现途径包括持有双重投票权股份、构建金字塔所有权结构、控制董事会等（La Porta et al., 1999），大股东通过控制权获取私利的现象在新兴市场更为普遍。

由（4—9）式可知，大股东选择的最优投资是使得企业产出最大化的投资水平，而会计准则变革在此时对企业投资行为的选择没有直接影响。但是，这也并不表明会计准则变革不会对企业股东的利益产生影响。因为投资者保护程度 $\eta$ 受内部控制、会计信息质量、外部审计、法律环境等因素的影响，所以会计准则变革通过影响会计信息质量而影响投资者保护程度，进而影响企业股东的利益，高质量的会计准则增加了对中小股东利益的保护。

此时，企业新增投资与投资调整成本 $z$ 也呈明显负相关关系，企业投资的变化对资本成本的反转效应与前文分析类似，当 $z$ 小于一定的临界值时，高质量会计准则变革总的效应使得资本成本增加。将（4—9）式代入（4—6）式，可求得临界条件 $z < z^{****}$。

命题 5：在投资内生的情况下，当仅存在第二类代理问题时，若保持其他条件不变，大股东会选择使企业产出最大化的投资以最大化其效用；此时，会计准则变革不会对后续期间大股东控制的企业投资行为产生直接影响，但它会通过改变投资者保护程度 $\eta$ 增加中小股东的利益；企业投资增加额始终与投资调整成本 $z$ 负相关，当 $z$ 小于一定的临界值时（$z < z^{****}$），高质量会计准则变革总的效应仍会使资本成本增加。

# 第四节　本章小结

本章以资本市场资产定价模型为基础，在分析会计准则变革对权益资本成本产生直接效应的基础上，重点分析了会计准则变革对企业投资的影响，进而对权益资本成本产生间接效应；同时，本章进一步将代理问题引入分析模型，分别求出了不同情形下企业的最优投资水平，以深入分析准则变革对企业投资和权益资本成本的影响。

通过构建理论模型及相关分析，本章的主要结论可以概括为以下几点：（1）在不考虑企业投资变化的情况下，会计准则变革通过改变会计信息质量对权益资本成本产生直接影响，即高质量的会计准则会带来权益资本成本的降低；（2）在投资内生的情况下，若不考虑代理问题，高质量的会计准则会带来企业投资的增加，投资调整成本 $z$ 衡量了这种投资效应的强度，$z$ 值越小，投资效应越大；（3）会计准则变革带来企业投资的增加对权益资本成本具有间接的反转效应，当 $z$ 小于一定的临界值时，高质量会计准则变革总的效应将会使权益资本成本增加；（4）当进一步增加考虑股东和管理层之间的代理问题、大股东和中小股东之间的代理问题时，虽然企业投资行为与最优投资水平会发生变化，但前述基本结论仍然成立，当 $z$ 小于不同的临界值时，高质量会计准则变革总的效应仍有可能使权益资本成本增加。

　　本章的研究价值在于：第一，通过构建一个基于 CAPM 的理论分析模型，厘清了会计准则影响权益资本成本与企业投资的具体机理，在理论上建立了三者之间的直接联系，丰富和发展了 Lambert et al.（2007）、Gao（2010）和 Zhang（2013）等关于会计信息质量、资本成本与企业投资之间关系的研究。第二，通过强调会计准则变革带来的企业投资增加对资本成本的反转效应，进一步深化了会计准则变革的非预期效应，为相关实证研究奠定了基础。当然，由于构建模型时存在多个理想化假定，以及研究主题的限制，本章的理论模型也存在着一些客观的局限性，比如，本章模型为简单的两阶段模型，且以单个企业为主要分析对象，并未建立连续多期模型，以及整个市场的均衡条件；在将会计准则纳入模型分析时，仅考虑其产生的系统性会计误差，对于企业个体特质性会计误差没有深入分析，比如管理层盈余管理、企业债务契约与资本结构等；另外，会计准则是一种动态演化的制度，并受诸多因素的影响，如何将其以动态的形式进行模型化分析也有待完善。

# 第 五 章

# 会计准则变革对权益资本成本的
# 非预期效应实证检验<sup>*</sup>

上一章通过构建理论模型，在分析会计准则变革对权益资本成本直接效应的基础上，重点分析了会计准则变革对企业投资的影响，进而对权益资本成本产生间接效应。当把企业投资与资本成本结合起来分析会计准则变革的效应时，可以发现，由于企业投资变化对资本成本的反转效应，高质量的会计准则并不一定带来资本成本的降低。本章则以我国实施新会计准则的制度背景为基础，对相关问题进行了实证检验。特别地，已有关于我国会计准则变革对权益资本成本影响的研究（汪祥耀和叶正虹，2011；高芳和傅仁辉，2012；闫华红和张明，2012；孙枭飞和晏超，2015），大都聚焦于会计准则变革后短期内（最多至 2010 年）的变化，而忽略了会计准则实施时间效应的影响。作为一种强制性制度规范，会计准则的实施在变革后初期和稳定期会有所不同，相应地，在不同阶段我国上市公司的权益资本成本可能受准则的影响有所不同。因此，本章增加考虑了准则实施的时间效应，具体检验了不同阶段会计准则对权益资本成本的影响。具体来看，本章第一节为理论分析与研究假设，第二节为研究设计，第三节为实证结果分析，第四节为基于会计信息质量视角的进一步检验，第五节为稳健性检验，第六节为本章小结。

---

\* 与上一章类似，为了表述简化，如未加说明，本章中"资本成本"主要指"权益资本成本"。

# 第一节　理论分析与研究假设

## 一　会计准则变革对权益资本成本的直接效应

资本成本是投资者对其投资股票的预期回报率，或对投资风险的一种匹配性补偿。这种投资风险通常由被投资公司经营风险、财务风险、代理成本、市场风险等因素组成。由于信息不对称的存在或信息的不完全性，投资者并不能完全掌握和有效评估相关风险。而高质量的财务报告为投资者提供了与企业财务状况、经营成果和现金流量等有关的会计信息，以有效反映企业管理层受托责任履行情况，帮助投资者作出合理的经济决策。会计准则作为一种制度规范，约束着公司财务报告行为，旨在提高会计信息质量，以提高资本市场的运行效率。为了说明会计准则及会计信息质量的影响，首先回顾上一章的如下简化模型：

$$y_i = \tilde{y}_i + \tilde{a}_i \qquad (5\text{—}a)$$

其中，$y_i$ 为公司 $i$ 对外披露的会计信息，$\tilde{y}_i$ 为公司真实经营状况或风险的预期值，假定投资者主要根据公司披露的会计信息 $y_i$ 对其进行的估计，而则 $\tilde{a}_i$ 表示会计计量误差。高质量的会计信息意味着较高的可靠性和相关性，企业会计系统应真实、公允地确认和计量各项会计要素及其他相关信息，以帮助投资者对企业过去、现在或者未来的情况做出评价或者预测，即要求（5—a）中一个较小的会计计量误差 $\tilde{a}_i$。

为了引入会计准则的影响，假定企业会计计量误差 $\tilde{a}_i$ 由会计准则产生的系统性会计误差和企业个体特质性带来的会计误差两个部分构成，具体形式如下：

$$\tilde{a}_i = \varphi_i \tilde{A} + \tilde{\varepsilon}_i \qquad (5\text{—}b)$$

其中，$\tilde{A}$ 表示由会计准则产生的系统性会计误差，会计准则的质量越高，系统性误差越小；$\varphi_i \geq 0$ 表示企业 $i$ 相对于会计准则的会计敏感性，其值越大，表示会计准则对企业会计计量的影响程度越大；$\tilde{\varepsilon}_i$ 表示由企业个体特质性带来的会计误差，比如受公司经营特点、公司治理机制等因素的影响。由此可知，高质量的会计准则变革通过降低系统性会计误差（$\tilde{A}$），使得企业层面的会计计量误差（$\tilde{a}_i$）降低，进而降低了投资者

对 $\bar{y}_i$ 进行评估的风险，使得资本成本降低，并且会计敏感性（$\varphi_i$）越高，资本成本降低得越大。

随着 IFRS 在全球范围内的推广，一些文献研究了其对资本成本的影响。Daske et al.（2008）研究了 2001—2005 年间全球 26 个国家采用 IFRS 的经济后果，发现 IFRS 在总体上带来了股票流动性的增加、资本成本的降低以及公司权益价值的增加。Li（2010）则研究了欧盟 2005 年强制采用 IFRS 对资本成本的影响，发现资本成本在总体上得到降低，并认为增加披露以及可比性的提高是资本成本降低的两个主要原因。随着我国 2007 年新会计准则的实施，不少学者关注了我国会计准则变革对会计信息质量和资本成本的影响。在会计信息质量方面，过往研究主要关注价值相关性、盈余管理、盈余稳健性、可比性等涉及会计信息质量的诸多方面（薛爽等，2008；朱凯等，2009；刘永涛等，2011；李四海和刘晓艳，2012；陈旻和曲晓辉，2014），虽然研究结论不一，但多数研究支持会计信息质量提高的结论。汪祥耀和叶正虹（2011）考察了我国新准则实施前后两个年份（2006 年和 2009 年）上市公司资本成本的变化，发现实施新准则后我国资本市场整体资本成本有所下降，达到了预期目标，但是该结论并不适用于产业和行业的检验。高芳和傅仁辉（2012）以 2001—2010 年我国上市公司为样本的研究也发现，我国会计准则改革显著提高了上市公司的股票流动性，降低了权益资本成本，进而提高了企业价值。闫华红和张明（2012）则基于会计信息质量视角，以 2003—2010 年上市公司为样本的研究发现，在我国新会计准则实施后，会计信息质量显著提高、资本成本显著下降。孙枭飞和晏超（2015）进一步研究了我国新会计准则的实施前后三年（2004—2006 年和 2008—2010 年）不同特质上市公司资本成本的变化，发现会计准则变革虽然从整体上降低了我国上市公司的资本成本，但仅限于会计敏感性高的公司，而经济敏感性高的公司资本成本并未明显下降。

然而，鲜有研究关注我国新会计准则实施的时间效应。我国自 2007 年实施新会计准则以来已有 10 年，财政部于 2010 年印发《中国企业会计准则与国际财务报告准则持续趋同路线图》，进一步明确了我国企业会计准则与 IFRS 持续趋同的基本方略，2014 年又陆续修订和新增《公允价值计量》等 8 项具体会计准则，再不同阶段我国上市公司的资本成本可能受准则的影响有所不同。若以 2010 年为分界点，将我国会计准则变革后进一步分成准则变革后初期（图 5—1 中阶段 2）和准则变革后稳定期（图 5—1 中阶段 3）两个阶段，前述已有文献大都仅研究准则变革初期资本成本的变化，并且大都得出资本成本降低的结论，而未有研究涉及准则变革后稳定期资本成本的变化情况。会计准则作为一种规范企业财务报告行为的强制性制度规范，企业在实施新准则的不同阶段以及市场对其的反应会有所不同。

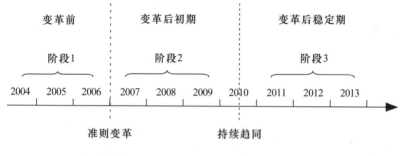

图 5—1　我国会计准则变革期间划分图

一方面，基于企业执行新准则的角度，由于关注度的聚集，新政策的执行往往在开始阶段比较"认真"，当企业管理者在经过一段时间适应新的会计准则后，会有更多的方法应对会计准则的强制性要求，选择对自己利益最大化的行为，并不一定真实、公允地确认和计量各项会计要素及其他相关信息。胥朝阳和刘睿智（2014）的研究就发现，虽然我国会计准则变革带来上市公司会计信息可比性的提高，对应计盈余管理具有一定程度的抑制作用，但也导致真实盈余管理现象的显著增加，促使管理者从应计盈余管理向真实盈余管理转变。

另一方面，基于投资者的角度，其对企业执行新准则的情况也会有相应的预期，市场的反应亦会根据不同阶段进行调整。在会计准则变革后初期，投资者预期企业会较认真地对待并执行新会计准则，资本市场信息环境得到改善，因此给予正面的市场反应，并进一步体现为资本成本的降低。在会计准则变革后稳定期，随着对新会计准则及企业财务报告的深入了解，投资者亦会努力地识别企业对新会计准则的执行力度，再做出是否将资本提供给企业的决策时，要求更高的投资回报。

基于以上分析，本书提出以下待检验的研究假设：

假设5—1：在我国执行新会计准则后，上市公司的资本成本在总体上得到显著降低，并且在准则变革初期降低相对明显，而在准则变革后稳定期又有所回升。

## 二 会计准则变革对权益资本成本的间接效应

Lambert et al.（2007）提出，会计信息质量不仅通过影响投资者对公司未来现金流量分布的评估对资本成本产生直接影响，还会通过影响公司的实际投资决策导致未来现金流发生真实的变化，从而对资本成本产生间接影响。根据前面的分析，高质量的会计准则变革使得公司资本成本降低，而资本成本是公司投资决策的重要参考指标。如果公司依据价值最大化的原则采用NPV法则进行投资决策，那么折现率应随着资本成本的降低而调低，进而导致公司接受更多的投资项目，公司投资因此出现增加的现象。伴随着公司投资的增加，公司未来现金流将发生真实的变化，投资者在对其评估时会调高预期存在的风险，并要求更高的投资的回报，资本成本因此又出现增加的现象。

Gao（2010）进一步研究了这种现象，认为投资变化对资本成本间接反转效应的大小取决于公司投资调整成本（参数$z$），投资调整成本越低的公司，其投资变化的幅度越大，资本成本的回增现象越明显。但是，Gao（2010）并未深入探讨投资调整成本的经济含义，仅仅指出它取决于公司的一般经济前景，经济前景好的公司，其投资调整成本相对较小。在此基础上，Zhang（2013）的理论研究认为，公司未来现金流的不确定性（风险）来自两个方面，一是如公式（5—a）所描述的公司会计计量误差，二是公司经济绩效本身的不确定性，具体表现为公司经济绩效受宏观经济波动的影响程度，具体形式如下：

$$\tilde{y}_i = \gamma_i \tilde{Y} + \tilde{e}_i \tag{5—c}$$

其中，$\tilde{y}_i$与公式（5—a）中的经济含义类似，表示公司真实经营状况（经济绩效）的预期值，$\bar{Y}$ 表示公司外部环境的宏观经济总体情况，$\tilde{e}_i$ 表示与公司个体特质性相关的误差项。而 $\gamma_i$ 表示公司的经济敏感性，其值越大，代表公司经济绩效受宏观经济波动的影响程度越大。因此，可以用具体化的经济敏感性（$\gamma_i$）来表示 Gao（2010）中投资调整成本（$z$）的抽象概念，经济敏感性（$\gamma_i$）越小，公司经济绩效受宏观经济波动的影响越低，公司投资调整成本（$z$）就越小，相应地，投资变化对资本成本的反转效应就越大。当然，由前述分析可知，会计敏感性（$\varphi_i$）越高的公司，会计准则变革对其资本成本的直接影响越大，企业投资变化的幅度自然也就越大，反过来对资本成本的反转效应就越大。综上所知，投资变化对资本成本反转效应的大小取决于会计敏感性（$\varphi_i$）和经济敏感性（$\gamma_i$）的大小，对于会计敏感性较高和经济敏感性较低的公司，资本成本回升得就越明显。

进一步结合我国会计准则变革的时间效应，在准则变革初期，预计会计准则变革对资本成本的直接效应比较明显，而资本成本的降低带来企业投资的变化往往需要一个过程，所以企业投资变化对资本成本的反转效应可能在准则变革后一定时间才得以体现，进入准则变革稳定期后，会计准则变革降低资本成本的直接效应在一定程度上可能被弱化。也就是说，如果资本成本在会计准则变革后稳定期有所回升，除了公司财务报告质量本身的变化，企业投资变化对资本成本的反转效应也可能是其中的因素之一。

基于以上分析，本书进一步提出：

假设 5—2：由于投资变化对资本成本的反转效应，对于会计敏感性较高和经济敏感性较低的公司，资本成本回升得相对较高，并且这种反转效应在准则变革后稳定期更加明显。

# 第二节　研究设计

## 一　样本与数据

本章选取我国 2004—2013 年的所有 A 股上市公司为初始样本，在此基础上，剔除了金融类上市公司、ST 类别公司、当年上市的公司以及计算相关变量时数据缺失的公司。本章所用的公司财务与资本市场数据来自 Wind 数据库，公司治理数据则主要来自国泰安"中国上市公司治理结构研究"数据库，分析师预测数据则来自国泰安"中国上市公司分析师预测研究"数据库。合并数据后，共得到 7918 个样本观测值。另外，为了消除极端值的影响，本章对所有连续型变量采取了上下百分之一的缩尾处理。

## 二　主要变量的度量

### （一）资本成本的度量

资本成本是企业投融资决策的重要参考指标，对资本成本的测度一直是财务学界的核心难题之一，并在不同阶段产生了诸多流行的估算方法。纵观对资本成本的度量方法，大体可以分为三类。第一类是早期使用较多的事后资本成本度量方法，包括资本资产定价模型（CAPM）、套利定价理论（APT）模型、Fama-French 三因素模型等。然而，大量的经验证据表明，事后资本成本往往并不准确，相关模型的估计标准误差都较大（Fama and French，1997），事前资本成本计算方法在后来逐渐受到更多的关注。第二类是基于股利折现的事前（隐含）资本成本度量方法，包括 Gordon and Gordon（1997）提出的戈登增长模型（GG 模型）、Boto-san（1997）及 Botosan and Plumlee（2002）为代表的股利折现模型（DIV 模型）等。第三类是近阶段较为流行的基于剩余收益的事前资本成本度量方法，包括 Gebhardt et al.（2001）提出的 GLS 模型、Claus and Thomas（2001）提出的 CT 模型、Easton（2004）提出的 PEG 模型、Ohlson and Juettner-Nauroth（2005）提出的 OJN 模型[①]等。

Botosan and Plumlee（2005）对采用较多的五种事前资本成本度量方法进行了比较评估，发现 PEG 模型和 DIV 模型的估算效果最佳。毛新述等（2012）从事前和事后两个角度测度了我国上市公司的权益资本成本，

---

① 虽然 OJN 模型正式发表于 2005 年，但它实际上早在 2003 年之前就已经以工作论文的形式被提出，PEG 模型亦是在 OJN 模型的基础上进行的改进。为了增强研究的可靠性，在稳健性检验部分用 OJN 模型重新计算资本成本，研究结论并未发生变化。

并从经济和统计两个角度对不同的测度进行了评价，他们发现，事前资本成本的测度效果要优于事后资本成本，在事前资本成本测度中，国内外文献中普遍运用的 GLS 模型表现不够理想，而 PEG 模型能更好地捕捉各个风险因素的影响，尽管其时间序列计量误差方差相对较大。方红星和施继坤（2011）、李姝等（2013）、杨忠海等（2015）等众多研究均采用 PEG 模型计算资本成本，其可靠性得到进一步验证。因此，本章主要选择 Easton（2004）提出的 PEG 模型计算资本成本，具体如下：

$$COST_{\text{PEG}} = \sqrt{\frac{\mid EPS_2 - EPS_1 \mid}{P_0}} \qquad (5\!-\!1)^{①}$$

其中，$Cost_{\text{PEG}}$ 为用 PEG 模型计算所得公司当期的资本成本；$EPS_1$、$EPS_2$ 分别为公司未来第一期（$t+1$）和未来第二期（$t+2$）的预测每股收益，用财务分析师盈余预测的结果表示；$P_0$ 为公司当年度末的股票收盘价。

（二）AE 指数的构建

为了计算会计敏感性（$\varphi_i$），本书借鉴原红旗等（2013）、孙枭飞和晏超（2015）的做法，用新旧会计准则下的净利润差异衡量公司受会计准则变革的影响程度，相关数据源自 Wind 数据库[②]。具体计算过程见公式（5—2），其中，$NI_{new}$ 为公司在新会计准则下财务报表的净利润数值，$NI_{old}$ 为在旧会计准则下财务报表的净利润数值，$Acc\_Sen_{it}$ 即为最终计算的会计敏感性数值，其值越大，表示受到会计准则变革的影响程度越大。

$$Acc\_Sen_{it} = Ln \left(1 + \left| \frac{NI_{new} - NI_{old}}{NI_{old}} \right| \right) \qquad (5\!-\!2)$$

为了计算经济敏感性（$\gamma_i$），参考孙枭飞和晏超（2015）的研究，本书选取国内生产总值（GDP）、财政收入、居民消费水平、居民消费价格指数（CPI）、固定资产投资和进出口总额六个宏观经济年度指标，计算每个指标的 2004—2013 年度环比增长率，并取每年度六个指标环

---

① 对于个别 EPS$_2$ − EPS$_1$ < 0 的情况，取其绝对值。对其取值为 0 结果也并没有显著差异。

② 2007 年是新会计准则执行的第一年，上市公司在 2007 年的财务报告中统一披露了新旧会计准则下 2006 年的净利润及其差异调节过程。

比增长率的算术平均值作为当年度宏观经济波动率，具体计算过程见公式（5—3）。同时，计算 2004—2013 年度各样本公司的主营业务收入的环比增长率，并与当年度宏观经济波动率做差，取各年度最后差值的算术平方和作为衡量的最终依据，具体计算过程见公式（5—4）。$Eco\_Sen_{it}$ 即为最终计算的经济敏感性数值，其值越大，表示受宏观经济的影响程度越大。

$$MacVol_t = \frac{\sum_{i=1}^{6} (Index_{i,t} - Index_{i,t-1})}{6} \qquad (5—3)$$

$$Eco\_Sen_{it} = -\sum_{t=2004}^{2013} (Growth_{it} - MacVol_t)^2 \qquad (5—4)$$

为了综合反映某一个公司的会计敏感性与经济敏感性的特征值，以及进一步检验企业投资变化对资本成本的间接反转效应，有必要以上述两个指标为基础构建反映公司特征的 AE 指数。为此，首先对 $Acc\_Sen_{it}$ 取相反数；然后，为了使得相关数值可加，分别对 $-Acc\_Sen_{it}$ 和 $Eco\_Sen_{it}$ 进行千分位数划分，并照从小到大的顺序进行 0—1 排序；最后，取二者的算术平均值记作 $AE_{it}$，具体计算过程见公式（5—5）。$AE_{it}$ 即为最终构建的反映企业会计与经济特征的指数，其值越小，表示企业的会计敏感性较高而经济敏感性较低，会计准则变革导致企业投资增加的变化程度越大，预计此类企业对资本成本的间接反转效应越大。

$$AE_{it} = \frac{\text{Quantile}_{1000}(-Acc\_Sen_{it}) + \text{Quantile}_{1000}(Eco\_Sen_{it})}{2} \qquad (5—5)$$

### 三　模型设计

为了检验本书的研究假设 5—1，建立如下实证模型：

$$Cost\_Capital_{it} = \alpha_0 + \alpha_1 Post_j + \alpha_2 Vol_{it} + \alpha_3 Beta_{it} + \alpha_4 Size_{it} + \alpha_5 Lev_{it} + \alpha_6 Liq_{it}$$
$$+ \alpha_7 Grow_{it} + \alpha_8 ocf_{it} + \alpha_9 Turn + \alpha_{10} Top1_{it} + INDUSTRY + \varepsilon_{it}$$

$$(5—6)$$

其中，$Cost\_Capital_{it}$ 为被解释变量资本成本，用前述用 $PEG$ 模型计算的 $COST_{PEG}$ 表示。$Post_j$ 为会计准则变革虚拟变量，会计准则变革后 $Post$ 取值为 1，否则为 0。同时，为了检验会计准则变革的时间效应，进一步构建了会计准则变革后初期（图 5—1 中阶段 2）和会计准则变革后稳定期（图 5—1 中阶段 3）虚拟变量 $Post_1$ 和 $Post_2$，当为准则变革后初期时，$Post_1$ 取值为 1，否则为 0；当为准则变革后稳定期时，$Post_2$ 取值为 1，否则为 0。其他为相关控制变量，本书主要参考叶康涛和陆正飞（2004）、曾颖和陆正飞（2006）、方红星和施继坤（2011）的研究，选取了反映企业经营风险、市场风险、财务风险、流动性、公司规模与相关能力特征、代理问题等影响资本成本的相关控制变量。$\varepsilon_{it}$ 为随机干扰项[①]。模型相关变量的含义和具体计算方法详见表 5—1。$Post_j$ 的系数 $\alpha_1$ 度量了会计准则变革对资本成本的总体影响，若会计准则变革使得资本成本降低，则 $\alpha_1$ 预计显著为负。

为了检验本书的研究假设 5—2，进一步建立如下实证模型：

$$Cost\_Capital_{it} = \alpha_0 + \alpha_1 Post_j + \alpha_2 D_{AZj} + \alpha_3 D_{AZj} \times Post_j + \alpha_4 Vol_{it} + \alpha_5 Beta_{it}$$
$$+ \alpha_6 Size_{it} + \alpha_7 Lev_{it} + \alpha_8 Liq_{it} + \alpha_9 Grow_{it} + \alpha_{10} Ocf_{it} + \alpha_{11} Turn_{it} + \alpha_{12} Top1_{it}$$
$$+ INDUSTRY + \varepsilon_{it}$$

$$(5—7)$$

其中，$Cost\_Capital_{it}$、$Post_j$ 以及控制变量与模型（5—6）相同，不同之处是模型（5—7）中增加了 $D_{AZj}$ 和 $D_{AEj} \times Post_j$。$D_{AZj}$ 为基于前文构建 AE 指数的虚拟变量，本书基于 AE 指数的中位数和四分位数构建了两个虚拟变量 $D_{AZ2}$ 和 $D_{AZ4}$ 分别进行检验，当 AE 指数小于其中位数时 $D_{AZ2}$ 取值为 1，否则为 0；当 AE 指数小于其下四分位数时 $D_{AZ4}$ 取值为 1，而当 AE 指数大于其上四分位数时 $D_{AZ4}$ 取值为 0。$D_{AZj}$ 的经济含义作如下理解，当其取值为 1 时，表示会计敏感性较高而经济敏感性较低的企业，它们的资本成本预计受企业投资变化的间接反转效应较大。$D_{AEj} \times Post_j$ 的系数 $\alpha_3$ 则度量了企业投资变化对资本成本的间接反转效应，预计 AE 指数较低的企业（$D_{AZ2}$ 或 $D_{AZ4}$ 取值为 1）较为明显，即 $\alpha_3$ 的值应显著为正。

---

① 它代表其他随机因素对因变量的影响。为了避免重复，后文再次出现时便不再解释说明。

表 5—1  变量定义与计算方法

| 变量名称 | 变量含义 | 计算方法 |
|---|---|---|
| $Cost\_Capital$ | 资本成本 | 用 PEG 模型计算的 $CSOT_{PEG}$ 值 |
| $Post_j$ | 会计准则变革虚拟变量 | (1) 准则变革后 $Post$ 取值为 1，否则为 0<br>(2) 准则变革后初期 $Post_1$ 取值为 1，否则为 0<br>(3) 准则变革后稳定期 $Post_2$ 取值为 1，否则为 0 |
| $D_{AZj}$ | 基于 AE 指数虚拟变量 | (1) AE 指数小于其中位数时 $D_{AZ2}$ 取值为 1，否则为 0<br>(2) AE 指数小于其下四分位数时 $D_{AZ4}$ 取值为 1，AE 指数大于其上四分位数时 $D_{AZ4}$ 取值为 0 |
| $Vol$ | 经营风险 | 近三年营业收入标准差与平均值的比值 |
| $Beta$ | 市场风险 | 用月收益（24 个月滚动）计算的 Beta 值 |
| $Size$ | 公司规模 | 期末资产总额的自然对数 |
| $Lev$ | 财务风险 | 资产负债率＝期末负债总额/期末总资产 |
| $Liq$ | 股票流动性 | 当期流通股年换手率 |
| $Grow$ | 发展能力 | 当期主营业务收入增长率 |
| $Ocf$ | 现金流能力 | 当期每股自由现金流 |
| $Turn$ | 营运能力 | 总资产周转率＝当期营业收入/当期总资产平均值 |
| $Top1$ | 代理问题 | 期末第一大股东持股比例 |
| $INDUSTRY$ | 行业控制变量 | 根据证监会 2012 年行业分类设置虚拟变量 |

# 第三节　实证结果分析

## 一　描述性统计

本章相关主要变量的描述性统计见表 5—2。可以发现，样本公司资本成本 $COST_{PEG}$ 的平均值为 11.5%，这与方红星和施继坤（2011）、李姝等（2013）的计算结果较为接近，但略高于叶康涛和陆正飞（2004）采用 GLS 方法计算的资本成本。其他变量在此便不一一详述。进一步观察变量的偏度和峰度，可知除了 $Beta$ 和 $Liq$ 较为接近正态分布外，其他变量的分布不明确，因此，后文相关性分析分别报告了 Pearson 相关系数和 Spearman 相关系数。

表 5—2　　　　　　　　　　　主要变量的描述性统计

| 变量 | 观测值 | 平均值 | 标准差 | 中位数 | 最小值 | 最大值 | 偏度值 | 峰度值 |
|---|---|---|---|---|---|---|---|---|
| $COST_{PEG}$ | 7918 | 0.115 | 0.048 | 0.110 | 0.020 | 0.275 | 0.794 | 4.054 |
| $D_{AZ2}$ | 7918 | 0.501 | 0.500 | 1.000 | 0.000 | 1.000 | −0.003 | 1.000 |
| $D_{AZ4}$ | 3955 | 0.500 | 0.500 | 0.000 | 0.000 | 1.000 | 0.002 | 1.000 |
| $Vol$ | 7918 | 0.185 | 0.129 | 0.156 | 0.018 | 0.690 | 1.516 | 5.810 |
| $Beta$ | 7918 | 1.046 | 0.403 | 1.040 | 0.070 | 2.078 | 0.075 | 2.938 |
| $Size$ | 7918 | 22.15 | 1.238 | 21.98 | 19.91 | 25.88 | 0.703 | 3.311 |
| $Lev$ | 7918 | 0.477 | 0.199 | 0.488 | 0.059 | 0.885 | −0.136 | 2.237 |
| $Liq$ | 7918 | 6.087 | 0.752 | 6.152 | 3.965 | 7.530 | −0.471 | 2.930 |
| $Grow$ | 7918 | 0.209 | 0.327 | 0.160 | −0.464 | 1.715 | 1.708 | 8.331 |
| $Ocf$ | 7918 | 0.138 | 0.761 | 0.040 | −1.736 | 3.284 | 1.276 | 7.056 |
| $Turn$ | 7918 | 0.394 | 0.270 | 0.327 | 0.049 | 1.491 | 1.651 | 6.249 |
| $Top1$ | 7918 | 0.387 | 0.157 | 0.375 | 0.094 | 0.760 | 0.281 | 2.287 |

　　为了进一步考察我国上市公司资本成本在会计准则变革后的变化趋势，可以对会计准则变革前（阶段1）、准则变革后初期（阶段2）和准则变革后稳定期（阶段3）资本成本的均值和中值进行差异检验，见表5—3。T检验结果显示，在我国会计准则变革后初期，上市公司资本成本的均值得到显著降低，Wilcoxon秩和检验（Mann-Whitney U 检验）结果也表明，资本成本的中值在此期间显著降低。但是，在我国会计准则变革后稳定期，差异检验结果均表明，无论是与准则变革前相比，还是与准则变革后初期相比，上市公司资本成本的均值和中值均显著增加。进而差异检验对本书的假设5—2提供了支持。另外，资本成本年度均值和中值的变化趋势图，如图5—2所示。可以直观地看到，在会计准则变革后初期，除了2008年可能受到金融危机的影响导致资本成本较高外，总体看来资本成本有所降低。而在会计准则变革后稳定期，资本成本呈现反弹上升的趋势。

表5—3　　　　　会计准则变革前后不同阶段权益资本成本差异检验

| 变量 | 阶段 1<br>2004—2006 年（N = 856） | | 阶段 2<br>2007—2009 年（N = 2218） | | 阶段 1 至 2 差异检验 | |
|---|---|---|---|---|---|---|
| | 平均值 | 中位数 | 平均值 | 中位数 | T | Z |
| $COST_{PEG}$ | 0.118 | 0.113 | 0.107 | 0.097 | 5.35*** | 6.72*** |

| 变量 | 阶段 3<br>2011—2013 年（N = 3812） | | 阶段 2 至 3 差异检验 | | 阶段 1 至 3 差异检验 | |
|---|---|---|---|---|---|---|
| | 平均值 | 中位数 | T | Z | T | Z |
| $COST_{PEG}$ | 0.122 | 0.118 | − 11.65*** | − 15.26*** | − 2.17** | − 2.99*** |

注：***、**、*分别表示在 1%、5% 和 10% 水平上显著。

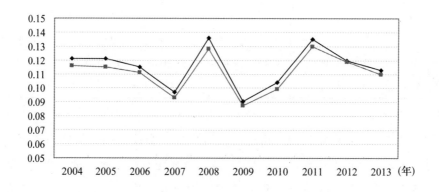

图5—2　权益资本成本年度均值和中值变化趋势图

## 二　相关性分析

表5—4 列示了本章主要相关连续变量（剔除了虚拟变量 $D_{AE2}$ 和 $D_{AE4}$）的 Pearson 和 Spearman 相关系数。分析可知，仅 *Vol* 和 *Grow* 之间因计算时均以公司营业收入为基础而具有相对较高的相关性（Pearson 和 Spearman 相关系数均超过 0.5），除此之外，其他变量之间的相关性系数均较小。另外，通过进一步计算本章所有回归方程的方差膨胀因子（VIF），可以发现 VIF 的平均值均小于 2，并且各个变量的最大值均小于 5。因此，多重共线性不会对本章的回归模型产生严重影响。

表5—4

主要连续变量相关性分析

| 变量 | $COST_{PEG}$ | Vol | Beta | Size | Lev | Liq | Grow | Ocf | Turn | Top 1 |
|---|---|---|---|---|---|---|---|---|---|---|
| $COST_{PEG}$ | 1 | 0.152*** | 0.142*** | 0.185*** | 0.198*** | -0.184*** | 0.053*** | 0.000 | -0.005 | -0.034*** |
| Vol | 0.134*** | 1.000 | -0.045*** | 0.056*** | 0.115*** | 0.049*** | 0.589*** | 0.099*** | 0.066*** | 0.042*** |
| Beta | 0.142*** | -0.023** | 1.000 | 0.161*** | 0.116*** | 0.002 | -0.125*** | -0.076*** | -0.065*** | 0.012 |
| Size | 0.173*** | 0.048*** | 0.151*** | 1.000 | 0.482*** | -0.388*** | 0.033*** | 0.133*** | -0.001 | 0.238*** |
| Lev | 0.211*** | 0.124*** | 0.110*** | 0.464*** | 1.000 | -0.074*** | 0.064*** | 0.145*** | 0.114*** | 0.045*** |
| Liq | -0.148*** | 0.070*** | 0.034*** | -0.438*** | -0.084*** | 1.000 | 0.050*** | 0.004 | -0.041*** | -0.139*** |
| Grow | 0.025** | 0.597*** | -0.086*** | 0.039*** | 0.078*** | 0.061*** | 1.000 | 0.142*** | 0.173*** | 0.014 |
| Ocf | -0.003 | 0.114*** | -0.075*** | 0.130*** | 0.141*** | -0.009 | 0.136*** | 1.000 | 0.114*** | 0.007 |
| Turn | -0.022* | 0.065*** | -0.064*** | 0.035*** | 0.155*** | -0.051*** | 0.134*** | 0.109*** | 1.000 | 0.034*** |
| Top1 | -0.025** | 0.057*** | 0.022* | 0.265*** | 0.048*** | -0.169*** | 0.017 | 0.009 | 0.035*** | 1.000 |

注：表左下和右上分别为 Pearson 和 Spearman 检验系数；***、**、* 分别表示在 1%、5% 和 10% 水平上显著。

### 三 多元回归分析

表 5—5 报告了本章模型（5—6）和模型（5—7）的三组回归结果。其中，第 1—3 列报告了对 2004—2013 年样本公司在会计准则变革前后（虚拟变量为 $Post$）的回归结果，第 4—6 列报告了会计准则变革前与变革后初期（虚拟变量为 $Post_1$）的回归结果，第 7—9 列报告了会计准则变革前与变革后稳定期（虚拟变量为 $Post_2$）的回归结果，并且每一组的第 1 列为模型（5—6）的回归结果，后两列为模型（5—7）$D_{AEj}$ 分别为 $D_{AE2}$ 和 $D_{AE4}$ 的回归结果。观察 $Post_j$ 的系数可以发现，第 1—6 列均在 1% 水平下显著为负，而第 7—9 列在统计上并不显著。由此可知，在我国执行新会计准则后，上市公司的资本成本在总体上得到显著降低，并且资本成本在准则变革初期降低得相对明显，而在准则变革后稳定期资本成本又出现回升，此阶段的资本成本与会计准则变革前相比并未显著降低。从而本书的假设 5—1 得到了验证。

$D_{AEj}$ 的系数均在不同的水平下显著为负，这表明 AE 指数较低（会计敏感性较高和经济敏感性较低）的公司，企业风险相对较小，它们的资本成本相对较低。进一步观察 $D_{AEj} \times Post_j$ 的系数，可以发现，若直接分为会计准则变革前后进行回归，第 3 列基于上下四分位数构建虚拟变量的交乘项 $D_{AE4} \times Post$ 的系数在 5% 水平显著为正，而第 2 列基于中位数构建虚拟变量的交乘项 $D_{AE2} \times Post$ 的系数并不显著；对于会计准则变革前与变革后初期的回归结果，第 5 和第 6 列交乘项 $D_{AE2} \times Post_1$ 和 $D_{AE4} \times Post_1$ 均不显著；而对于会计准则变革前与变革后稳定期的回归结果，第 5 和第 6 列交乘项 $D_{AE2} \times Post_2$ 和 $D_{AE4} \times Post_2$ 分别在 10% 和 1% 的水平下显著为正。由此可知，企业投资变化的确会对资本成本产生间接的反转效应，即对于 AE 指数较低（会计敏感性较高和经济敏感性较低）的公司，其资本成本回升得相对明显，并且这种反转效应主要存在于准则变革后稳定期。从而本书的假设 5—2 得到了验证。

控制变量方面，回归结果基本都符合预期，经济解释也比较容易理解。$Vol$、$Beta$ 和 $Lev$ 的系数在不同的水平下显著为正，表明经营风险、市场风险与财务风险较大的公司，其资本成本相对较高。$Size$ 的系数在准

表5—5　会计准则变革对权益资本成本（$COST_{PEG}$）的影响回归结果

| 变量 | (1) $Post$ | (2) $Post$, $D_{AE2}$ | (3) $Post$, $D_{AE4}$ | (4) $Post_1$ | (5) $Post_1$, $D_{AE2}$ | (6) $Post_1$, $D_{AE4}$ | (7) $Post_2$ | (8) $Post_2$, $D_{AE2}$ | (9) $Post_2$, $D_{AE4}$ |
|---|---|---|---|---|---|---|---|---|---|
| $Post_j$ | -0.008*** (-4.94) | -0.011*** (-4.58) | -0.015*** (-3.89) | -0.009*** (-4.17) | -0.011*** (-3.68) | -0.015*** (-3.12) | 0.001 (0.72) | -0.003 (-1.04) | -0.006 (-1.62) |
| $D_{AEj}$ | | -0.007** (-2.22) | -0.015*** (-3.24) | | -0.006* (-1.74) | -0.013** (-2.45) | | -0.008*** (-2.61) | -0.017*** (-3.76) |
| $D_{AEj} \times Post_j$ | | 0.005 (1.64) | 0.011** (2.16) | | 0.004 (0.97) | 0.009 (1.52) | | 0.006* (1.96) | 0.013*** (2.67) |
| $Vol$ | 0.055*** (11.04) | 0.052*** (10.39) | 0.048*** (6.92) | 0.068*** (8.00) | 0.065*** (7.34) | 0.069*** (5.59) | 0.046*** (7.09) | 0.044*** (6.59) | 0.036*** (3.92) |
| $Beta$ | 0.012*** (9.07) | 0.012*** (8.99) | 0.011*** (5.83) | 0.014*** (5.20) | 0.014*** (5.08) | 0.013*** (3.33) | -0.000 (-0.00) | -0.000 (-0.06) | -0.002 (-0.90) |
| $Size$ | 0.002*** (3.31) | 0.002*** (3.46) | 0.003*** (3.45) | -0.002** (-2.56) | -0.002** (-2.44) | -0.001 (-1.05) | 0.005*** (6.38) | 0.005*** (6.53) | 0.006*** (5.68) |
| $Lev$ | 0.030*** (9.73) | 0.031*** (9.80) | 0.036*** (7.89) | 0.049*** (8.70) | 0.049*** (8.74) | 0.051*** (6.19) | 0.034*** (8.53) | 0.034*** (8.56) | 0.037*** (6.36) |
| $Liq$ | -0.010*** (-12.78) | -0.010*** (-12.76) | -0.008*** (-7.48) | -0.013*** (-8.06) | -0.013*** (-8.09) | -0.012*** (-4.95) | -0.000 (-0.26) | -0.000 (-0.19) | 0.002 (1.29) |

续表

| 变量 | (1) $Post$ | (2) $Post$, $D_{AE2}$ | (3) $Post$, $D_{AE4}$ | (4) $Post_1$ | (5) $Post_1$, $D_{AE2}$ | (6) $Post_1$, $D_{AE4}$ | (7) $Post_2$ | (8) $Post_2$, $D_{AE2}$ | (9) $Post_2$, $D_{AE4}$ |
|---|---|---|---|---|---|---|---|---|---|
| Grow | -0.008*** | -0.009*** | -0.010*** | -0.012*** | -0.012*** | -0.016*** | -0.008*** | -0.009*** | -0.010*** |
|  | (-4.23) | (-4.43) | (-4.00) | (-3.57) | (-3.70) | (-3.73) | (-3.09) | (-3.33) | (-2.85) |
| Oef | -0.003*** | -0.003*** | -0.002** | -0.003** | -0.003** | -0.003* | -0.000 | -0.000 | 0.001 |
|  | (-3.79) | (-3.74) | (-2.46) | (-2.55) | (-2.53) | (-1.80) | (-0.51) | (-0.47) | (0.67) |
| Turn | -0.006*** | -0.006*** | -0.009*** | -0.005 | -0.004 | -0.007 | -0.005* | -0.005 | -0.009** |
|  | (-2.73) | (-2.59) | (-2.81) | (-1.33) | (-1.24) | (-1.19) | (-1.81) | (-1.63) | (-2.27) |
| Top1 | -0.020*** | -0.021*** | -0.021*** | -0.016*** | -0.016*** | -0.019** | -0.011*** | -0.012*** | -0.010* |
|  | (-5.96) | (-6.03) | (-4.32) | (-2.64) | (-2.70) | (-2.08) | (-2.67) | (-2.76) | (-1.66) |
| Constant | 0.112*** | 0.115*** | 0.100*** | 0.199*** | 0.202*** | 0.182*** | 0.005 | 0.008 | -0.010 |
|  | (7.70) | (7.84) | (4.71) | (7.78) | (7.87) | (4.78) | (0.28) | (0.40) | (-0.38) |
| INDUSTRY | 控制 | 控制 | 控制 | 控制 | 控制 | 控制 | 控制 | 控制 | 控制 |
| N | 7918 | 7918 | 3955 | 3074 | 3074 | 1524 | 4668 | 4668 | 2311 |
| Adjusted R² | 0.162 | 0.162 | 0.165 | 0.136 | 0.136 | 0.151 | 0.160 | 0.161 | 0.167 |
| F | 59.86*** | 55.85*** | 28.99*** | 20.34*** | 18.99*** | 11.04*** | 35.20*** | 32.99*** | 17.49*** |

注: 因变量为资本成本 $COST_{PEG}$; ***、**、*分别表示在1%、5%和10%水平上显著;括号中为T值。

则变革后初期显著为正，在准则变革后稳定期显著为负，说明不同阶段上市公司规模对资本成本的影响不同。*Liq*、*Grow*、*Ocf* 和 *Turn* 在不同的水平下显著为负，表明流动性较高、发展能力较好、现金流能力和营运能力较强的公司，其资本成本相对较低。*Top*1 的系数在不同的水平下显著为负，说明代理问题在我国上市公司并非意味着较为严重的风险，大股东持股较高的公司，其资本成本也可能相对较低。

## 第四节 基于会计信息质量视角的进一步检验

为了进一步说明会计准则变革对资本成本的影响，下面基于具体的会计信息质量视角，遵循"会计准则变革——会计信息质量——资本成本变化"这一路径，以进一步分析资本成本变化的原因。为此，在模型（5-7）的基础上建立如下实证模型：

$$Cost\_Capital_{it} = \alpha_0 + \alpha_1 Post_j + \alpha_2 AQ_{it} + \alpha_3 AQ_{it} \times Post_j + \alpha_4 Vol_{it} + \alpha_5 Beta_{it}$$
$$+ \alpha_6 Size_{it} + \alpha_7 Lev_{it} + \alpha_8 Liq_{it} + \alpha_9 Grow_{it} + \alpha_{10} Ocf_{it} + \alpha_{11} Turn_{it} + \alpha_{12} Top1_{it}$$
$$+ INDUSTRY + \varepsilon_{it}$$

$$(5—8)$$

其中，被解释变量 $Cost\_Capital_{it}$、会计准则变革虚拟变量 $Post_j$ 以及控制变量均与模型（5—7）相同，不同的是会计信息质量中介变量 $AQ_{it}$。$AQ_{it}$ 的系数 $\alpha_2$ 度量了会计信息质量对资本成本的影响，而交乘项 $AQ_{it} \times Post_j$ 的系数 $\alpha_3$ 则度量了会计准则变革对会计信息质量与资本成本关系的影响。根据国内外公认的财务报告概念框架[①]，相关性和可靠性是会计信息最基本的两个质量特征，它们是促使财务报告目标实现的基本保障。叶青等（2012）亦是从相关性和可靠性（更具体的非经常性损益项目）两个方面研究了富豪榜对会计信息质量的影响。所以，下面分别从相关性和可靠性两个方面度量 $AQ_{it}$，并以此检验会计准则变革对资本成本的影响。

---

[①] 比如趋于一致的国际会计准则理事会（IASB）"财务报告概念框架"和美国财务会计准则理事会（FASB）"概念公告"。我国企业会计准则基本准则中则涵盖了类似的相关内容。

## 一 会计准则变革、会计信息相关性与权益资本成本

参考叶青等（2012）的研究，并借鉴国际主流文献的通行做法，可以用盈余反应系数（Earnings Response Coefficient，简称 ERC）来代表会计信息的相关性程度。然而，已有研究主要度量样本公司总体的相关性，为了度量公司/年度层面的相关性指标，可以参考 Khan and Watts（2009）提出的公司/年度层面会计稳健性的 $C\_Score$ 方法，构建公司层面会计相关性的 $E\_Score$ 方法，具体过程如下：

$$Return_{it} = \beta_0 + \beta_1 \times \Delta Earning_{it} + \varepsilon_{it} \tag{5—9}$$

首先，根据上述 ERC 模型（$Return_{it}$ 为公司年度股票回报，$\Delta Earings_{it}$ 为公司当年度每股收益与去年每股收益的差值除以期初股价），把盈余反应系数 $\beta_1$ 记作 $E\_Score$，特别地，假定它们是公司特征（规模、市账比、资产负债率）的函数，如下：

$$E\_Score_{it} = \beta_1 = \mu_1 + \mu_2 Size_{it} + \mu_3 M/B_{it} + \mu_4 Lev_{it} \tag{5—10}$$

然后，把公式（5—10）带入到公式（5—9）中，即得到：

$$Return_{it} = \beta_0 + \Delta Earning_{it} \times (\mu_1 + \mu_2 Size_{it} + \mu_3 M/B_{it} + \mu_4 Lev_{it}) + \delta_1 Size_{it} + \delta_2 M/B_{it} + \delta_3 Lev_{it} + \varepsilon_{it} \tag{5—11}$$

利用所有样本公司的混合数据，分年度对公式（5—11）进行回归，得出 $\mu_1$、$\mu_2$、$\mu_3$ 和 $\mu_4$ 的值，然后带入公式（5—10）中，根据各个公司的 $Size$、$M/B$ 和 $Lev$ 计算出各个公司的 $E\_Score$，即代表了公司/年度层次的价值相关性水平，其值越大，代表相关性越高。

图5—3刻画了样本公司的会计信息相关性年度均值和中值变化趋势，可以清晰地看到，在2007年我国执行新会计准则的第一年，相关性得到非常显著的提升，而后有些回落。对会计准则变革前（阶段1）、准则变革后初期（阶段2）和准则变革后稳定期（阶段3）会计信息相关性的年度均值和中值进行的差异检验见表5—6。T检验和 Wilcoxon 秩和检验（Mann – Whitney U 检验）的结果均显示，在我国会计准则变革后初期，会计信息相关性得到显著提升，而在准则变革后稳定期（从阶段2到阶段3），会计信息相关性显著回落，但仍显著高于会计准则变革前的

相关性。

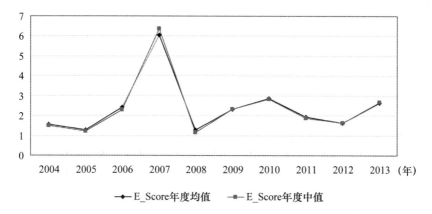

图 5—3　会计信息相关性年度均值和中值变化趋势图

表 5—6　　　会计准则变革前后不同阶段会计信息相关性差异检验

| 变量 | 阶段 1<br>2004—2006 年（N = 763） | | 阶段 2<br>2007—2009 年（N = 1938） | | 阶段 1 至 2 差异检验 | |
| --- | --- | --- | --- | --- | --- | --- |
| | 平均值 | 中位数 | 平均值 | 中位数 | T | Z |
| $E\_Score$ | 1.913 | 1.748 | 2.831 | 2.216 | − 11.85 *** | − 9.60 *** |

| 变量 | 阶段 3<br>2011—2013 年（N = 3483） | | 阶段 2 至 3 差异检验 | | 阶段 1 至 3 差异检验 | |
| --- | --- | --- | --- | --- | --- | --- |
| | 平均值 | 中位数 | T | Z | T | Z |
| $E\_Score$ | 2.088 | 1.844 | 17.92 *** | 10.07 *** | − 4.54 *** | − 4.91 *** |

注：***、**、* 分别表示在 1%、5% 和 10% 水平上显著。

表 5—7　　　会计准则变革、会计相关性与权益资本成本

（$COST_{PEG}$）回归结果

| 变量 | (1)<br>Post | (2)<br>Post | (3)<br>$Post_1$ | (4)<br>$Post_1$ | (5)<br>$Post_2$ | (6)<br>$Post_2$ |
| --- | --- | --- | --- | --- | --- | --- |
| $Post_j$ | − 0.006 *** | − 0.003 | − 0.007 *** | 0.001 | 0.002 | − 0.004 |
| | ( − 3.29 ) | ( − 0.66 ) | ( − 3.03 ) | ( 0.23 ) | ( 1.08 ) | ( − 0.86 ) |

续表

| 变量 | (1)<br>Post | (2)<br>Post | (3)<br>$Post_1$ | (4)<br>$Post_1$ | (5)<br>$Post_2$ | (6)<br>$Post_2$ |
|---|---|---|---|---|---|---|
| $E\_Score$ | -0.005 *** | -0.003 * | -0.004 *** | 0.000 | -0.005 *** | -0.008 *** |
|  | ( -10.84) | ( -1.80) | ( -6.42) | (0.01) | ( -6.14) | ( -3.63) |
| $E\_Score \times Post_j$ |  | -0.002 |  | -0.004 * |  | 0.003 |
|  |  | ( -0.83) |  | ( -1.82) |  | (1.54) |
| $Vol$ | 0.052 *** | 0.052 *** | 0.068 *** | 0.068 *** | 0.046 *** | 0.046 *** |
|  | (9.89) | (9.91) | (7.26) | (7.33) | (5.75) | (5.68) |
| $Beta$ | 0.008 *** | 0.009 *** | 0.006 * | 0.007 ** | -0.001 | -0.001 |
|  | (5.93) | (5.98) | (1.85) | (2.14) | ( -0.44) | ( -0.65) |
| $Size$ | 0.004 *** | 0.004 *** | 0.001 | 0.000 | 0.006 *** | 0.006 *** |
|  | (6.63) | (6.30) | (0.96) | (0.24) | (6.98) | (7.14) |
| $Lev$ | 0.010 *** | 0.011 *** | 0.027 *** | 0.030 *** | 0.018 *** | 0.018 *** |
|  | (2.85) | (2.92) | (4.15) | (4.44) | (3.30) | (3.38) |
| $Liq$ | -0.006 *** | -0.006 *** | -0.008 *** | -0.009 *** | 0.002 | 0.002 * |
|  | ( -7.37) | ( -7.41) | ( -4.61) | ( -4.93) | (1.37) | (1.65) |
| $Grow$ | -0.004 * | -0.004 * | -0.006 * | -0.006 * | -0.004 | -0.004 |
|  | ( -1.76) | ( -1.76) | ( -1.69) | ( -1.72) | ( -1.26) | ( -1.27) |
| $Ocf$ | -0.002 *** | -0.002 *** | -0.003 ** | -0.003 ** | -0.000 | 0.000 |
|  | ( -2.78) | ( -2.77) | ( -2.10) | ( -2.10) | ( -0.04) | (0.02) |
| $Turn$ | -0.005 ** | -0.006 ** | -0.004 | -0.004 | -0.006 ** | -0.006 * |
|  | ( -2.39) | ( -2.42) | ( -0.94) | ( -1.02) | ( -1.96) | ( -1.86) |
| $Top1$ | -0.018 *** | -0.018 *** | -0.016 ** | -0.016 ** | -0.009 ** | -0.009 ** |
|  | ( -5.09) | ( -5.10) | ( -2.52) | ( -2.50) | ( -2.03) | ( -1.99) |
| Constant | 0.064 *** | 0.064 *** | 0.118 *** | 0.131 *** | -0.014 | -0.018 |
|  | (4.05) | (4.04) | (4.08) | (4.40) | ( -0.68) | ( -0.87) |
| $INDUSTRY$ | 控制 | 控制 | 控制 | 控制 | 控制 | 控制 |
| N | 7169 | 7169 | 2701 | 2701 | 4246 | 4246 |
| Adjusted $R^2$ | 0.176 | 0.176 | 0.138 | 0.139 | 0.168 | 0.168 |
| F | 59.72 *** | 57.53 *** | 17.69 *** | 17.17 *** | 33.47 *** | 32.44 *** |

注：因变量为资本成本 $COST_{PEG}$；*** 、** 、* 分别表示在 1% 、5% 和 10% 水平上显著；括号中为 T 值。

表5—7报告了会计准则变革、会计信息相关性与资本成本（$COST_{PEG}$）三组回归结果。其中，第1—2列报告了对2004—2013年样本公司在会计准则变革前后（虚拟变量为$Post$）的回归结果，第3—4列报告了会计准则变革前与变革后初期（虚拟变量为$Post_1$）的回归结果，第5—6列报告了会计准则变革前与变革后稳定期（虚拟变量为$Post_2$）的回归结果。可以发现，$E\_Score$的系数显著为负，说明会计信息相关性越高的公司，其资本成本越低。交乘项$E\_Score \times Post_j$的系数仅在会计准则变革后初期（虚拟变量为$Post_1$）的回归结果中显著为负，而当虚拟变量为$Post$和$Post_2$时均不显著。这表明在会计准则变革后初期，随着会计信息相关性的提高，资本成本进一步得到降低，而在会计准则变革后稳定期，资本成本并未因会计信息相关性的变化而显著改变。其他控制变量的回归结果与前文基本一致。

## 二　会计准则变革、会计信息可靠性与权益资本成本

为了度量会计信息可靠性，本书借鉴 Dechow et al.（1995）模型（截面修正的 Jones 模型）计算企业操纵性应计利润（$DA_t$），其值越大，表示可靠性越低。具体计算过程如下：

$$TA_t/A_{t-1} = \alpha_1 \left(1/A_{t-1}\right) + \alpha_2 \left(\Delta REV_t/A_{t-1}\right) + \alpha_3 \left(PPE_t/A_{t-1}\right) + \varepsilon_t$$
$$(5—12)$$

$$NDA_t = \alpha_1 \left(1/A_{t-1}\right) + \alpha_2 \left(\Delta REV_t - \Delta REC_t\right)/A_{t-1} + \alpha_3 \left(PPE_t/A_{t-1}\right)$$
$$(5—13)$$

$$DA_t = TA_t/A_{t-1} - NDA_t \qquad\qquad (5—14)$$

首先，利用样本公司不同年度和行业的数据，估计公式（5—12）中相关项目的系数$\alpha_1$、$\alpha_2$和$\alpha_3$。其中，$TA_t$为公司当期总的应计利润，其值等于公司当期的净利润减去当期的经营活动现金净流量；$A_{t-1}$为公司当期期初的总资产金额；$\Delta REV_t$为公司当期营业收入与上期营业收入的差额；$PPE_t$为公司当期的固定资产原值。然后，将用公式（5—12）估计出的系数$\alpha_1$、$\alpha_2$和$\alpha_3$带入公司（5—13），计算出公司当期的非操纵性应计利润$NDA_t$，其中，$\Delta REC_t$为公司当期应收账款与上期应收账款的差

额。最后，如公式（5—14）所示，用公司当期总的应计利润减去非操纵性应计利润，即可得操纵性应计 $DA_t$。

图 5—4 刻画了样本公司的会计信息可靠性年度均值和中值变化趋势，可以清晰地看到，在 2007 年我国执行新会计准则后，上市公司操纵性应计出现增加的趋势，会计信息可靠性在一定程度上受到损害；在我国会计准则变革初期的第一年（2007 年）和稳定期的第一年（2011 年），会计信息可靠性降低得尤其明显。对会计准则变革前（阶段 1）、准则变革后初期（阶段 2）和准则变革后稳定期（阶段 3）会计信息可靠性的年度均值和中值进行的差异检验见表 5—8。T 检验和 Wilcoxon 秩和检验（Mann-Whitney U 检验）的结果均显示，在我国会计准则变革后初期，上市公司的会计信息可靠性得到显著降低，在我国会计准则变革后稳定期仍显著高于会计准则变革前的会计信息可靠性。

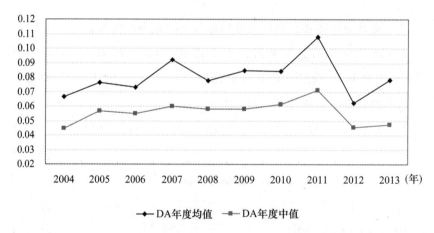

图 5—4    会计信息可靠性年度均值和中值变化趋势图

表 5—8        会计准则变革前后不同阶段会计信息可靠性差异检验

| 变量 | 阶段 1 2004—2006 年（N = 727） | | 阶段 2 2007—2009 年（N = 1961） | | 阶段 1 至 2 差异检验 | |
|---|---|---|---|---|---|---|
| | 平均值 | 中位数 | 平均值 | 中位数 | T | Z |
| DA | 0.073 | 0.053 | 0.084 | 0.058 | -2.96*** | -2.34** |

| 变量 | 阶段 3 2011–2013 年（N = 3462） | | 阶段 2 至 3 差异检验 | | 阶段 1 至 3 差异检验 | |
|---|---|---|---|---|---|---|
| | 平均值 | 中位数 | T | Z | T | Z |
| DA | 0.082 | 0.052 | − 2.08 ** | 0.043 | − 2.17 ** | − 2.99 *** |

注：***、**、* 分别表示在 1%、5% 和 10% 水平上显著。

表 5—9 报告了会计准则变革、会计信息可靠性与资本成本（$COST_{PEG}$）三组回归结果。其中，第 1—2 列报告了对 2004—2013 年样本公司在会计准则变革前后（虚拟变量为 Post）的回归结果，第 3—4 列报告了会计准则变革前与变革后初期（虚拟变量为 $Post_1$）的回归结果，第 5—6 列报告了会计准则变革前与变革后稳定期（虚拟变量为 $Post_2$）的回归结果。可以发现，在第 1 列回归结果中，DA 的系数在 10% 的水平下显著为正，这说明会计信息可靠性越高（操纵性应计利润越低）的公司，其资本成本越低。交乘项 $DA \times Post_j$ 的系数在会计准则变革后（虚拟变量为 Post）的回归结果中显著为正，并且当虚拟变量为 $Post_2$ 时显著为正，而当虚拟变量为 $Post_1$ 时并不显著。这表明在会计准则变革后，资本成本因会计信息可靠性的降低而提升，并且资本成本因此的回升在会计准则变革后稳定期更加明显。其他控制变量与前文基本一致。

**表 5—9　会计准则变革、会计可靠性与权益资本成本（$COST_{PEG}$）回归结果**

| 变量 | (1) Post | (2) Post | (3) $Post_1$ | (4) $Post_1$ | (5) $Post_2$ | (6) $Post_2$ |
|---|---|---|---|---|---|---|
| $Post_j$ | − 0.009 *** | − 0.012 *** | − 0.009 *** | − 0.011 *** | 0.000 | − 0.003 |
| | ( − 4.90) | ( − 4.80) | ( − 3.74) | ( − 3.61) | (0.20) | ( − 1.09) |
| DA | 0.011 * | − 0.027 | − 0.007 | − 0.033 | 0.012 * | − 0.027 |
| | (1.95) | ( − 1.21) | ( − 0.59) | ( − 1.36) | (1.77) | ( − 1.25) |
| $DA \times Post_j$ | | 0.041 * | | 0.034 | | 0.044 * |
| | | (1.79) | | (1.22) | | (1.93) |

续表

| 变量 | (1)<br>Post | (2)<br>Post | (3)<br>$Post_1$ | (4)<br>$Post_1$ | (5)<br>$Post_2$ | (6)<br>$Post_2$ |
|---|---|---|---|---|---|---|
| Vol | 0.051 *** | 0.051 *** | 0.070 *** | 0.070 *** | 0.044 *** | 0.044 *** |
| | (10.06) | (10.04) | (7.89) | (7.88) | (6.53) | (6.49) |
| Beta | 0.012 *** | 0.012 *** | 0.016 *** | 0.016 *** | 0.000 | 0.000 |
| | (8.51) | (8.54) | (5.30) | (5.34) | (0.14) | (0.18) |
| Size | 0.002 *** | 0.002 *** | -0.002 ** | -0.002 ** | 0.005 *** | 0.005 *** |
| | (3.85) | (3.85) | (-2.28) | (-2.28) | (6.58) | (6.59) |
| Lev | 0.030 *** | 0.030 *** | 0.048 *** | 0.049 *** | 0.033 *** | 0.033 *** |
| | (9.04) | (9.07) | (7.76) | (7.80) | (7.59) | (7.62) |
| Liq | -0.009 *** | -0.009 *** | -0.013 *** | -0.013 *** | -0.000 | -0.000 |
| | (-11.42) | (-11.42) | (-7.62) | (-7.61) | (-0.19) | (-0.18) |
| Grow | -0.008 *** | -0.008 *** | -0.011 *** | -0.011 *** | -0.008 *** | -0.008 *** |
| | (-3.84) | (-3.82) | (-3.27) | (-3.27) | (-2.95) | (-2.89) |
| Ocf | -0.003 *** | -0.003 *** | -0.004 *** | -0.003 *** | -0.001 | -0.001 |
| | (-3.87) | (-3.79) | (-2.71) | (-2.66) | (-0.69) | (-0.57) |
| Turn | -0.006 *** | -0.006 *** | -0.005 | -0.005 | -0.006 * | -0.006 * |
| | (-2.77) | (-2.75) | (-1.29) | (-1.28) | (-1.86) | (-1.82) |
| Top1 | -0.019 *** | -0.019 *** | -0.013 ** | -0.014 ** | -0.010 ** | -0.010 ** |
| | (-5.31) | (-5.33) | (-2.06) | (-2.08) | (-2.16) | (-2.18) |
| Constant | 0.082 *** | 0.085 *** | 0.208 *** | 0.210 *** | -0.032 | -0.029 |
| | (5.17) | (5.32) | (7.29) | (7.34) | (-1.55) | (-1.41) |
| INDUSTRY | 控制 | 控制 | 控制 | 控制 | 控制 | 控制 |
| N | 7082 | 7082 | 2688 | 2688 | 4189 | 4189 |
| Adjusted $R^2$ | 0.156 | 0.157 | 0.124 | 0.124 | 0.159 | 0.159 |
| F | 60.69 *** | 58.21 *** | 20.03 *** | 19.15 *** | 36.97 *** | 35.55 *** |

注：因变量为资本成本 $COST_{PEG}$；***、**、*分别表示在1%、5%和10%水平上显著；括号中为 T 值。

## 第五节　稳健性检验

为了增强研究结论的可靠性，借鉴 Ohlson and Juettner-Nauroth（2005）的方法（即 OJN 模型），重新计算资本成本，对本章进行稳健性检验。该模型计算如下：

$$COST_{OJN} = A + \sqrt{A^2 + \frac{EPS_1}{P_0}\left[\frac{EPS_2 - EPS_1}{EPS_1} - (r - 1)\right]} \qquad (5—15)$$

其中，$COST_{OJN}$ 为用 OJN 模型计算所得公司当期的资本成本；$EPS_1$、$EPS_2$ 分别为公司未来第一期（t + 1）和未来第二期（t + 2）的预测每股收益，用财务分析师盈余预测的结果表示；$P_0$ 为公司当年度末的股票收盘价；$A = \frac{1}{2}\left[(r - 1) + \frac{DPS_1}{P_0}\right]$；$DPS_1$ 为公司未来第一期的息税前每股股利；$r = \lim\limits_{t \to \infty}\frac{EPS_{t+1}}{EPS_t} = g_p + 1$，$g_p$ 为每股收益的长期增长率，借鉴沈洪波（2007）、杨忠海等（2015）的做法，取值为 5%。

在极个别情况下，当模型（5—15）中根号下的数值为负数时，则取其绝对值。由于相关变量数值的缺失，在合并数据后，与前文相比总的样本量仅存在微小的增减。用 $COST_{OJN}$ 替换 $COST_{PEG}$ 对前面主要模型进行重新回归，模型（5—6）和模型（5—7）的回归结果见表 5—10，模型（5—8）的回归结果分别见表 5—11 和表 5—12。可以发现，相关回归结果仅有表 5—12 中交乘项 $DA \times Post$ 的显著性水平降低，但其符号仍然为正。从而，本章的研究结论并未发生变化，本章的研究假设得到了进一步的验证。

表5—10　会计准则变革对权益资本成本（$COST_{OJN}$）的影响回归结果

| 变量 | (1) $Post$ | (2) $Post$, $D_{AE2}$ | (3) $Post$, $D_{AE4}$ | (4) $Post_1$ | (5) $Post_1$, $D_{AE2}$ | (6) $Post_1$, $D_{AE4}$ | (7) $Post_2$ | (8) $Post_2$, $D_{AE2}$ | (9) $Post_2$, $D_{AE4}$ |
|---|---|---|---|---|---|---|---|---|---|
| $Post_j$ | -0.014*** (-8.23) | -0.017*** (-6.68) | -0.021*** (-5.42) | -0.013*** (-6.11) | -0.016*** (-5.04) | -0.019*** (-4.00) | -0.006*** (-3.06) | -0.009*** (-3.51) | -0.014*** (-3.41) |
| $D_{AEj}$ | | -0.006* (-1.88) | -0.014*** (-2.92) | | -0.005 (-1.38) | -0.011** (-2.12) | | -0.007** (-2.17) | -0.015*** (-3.26) |
| $D_{AEj} \times Post_j$ | | 0.005 (1.63) | 0.011** (2.21) | | 0.004 (1.08) | 0.009 (1.52) | | 0.006* (1.84) | 0.013*** (2.64) |
| $Vol$ | 0.051*** (10.34) | 0.050*** (9.90) | 0.049*** (6.91) | 0.066*** (7.76) | 0.065*** (7.32) | 0.066*** (5.36) | 0.045*** (6.71) | 0.043*** (6.35) | 0.041*** (4.43) |
| $Beta$ | 0.011*** (8.06) | 0.011*** (8.01) | 0.010*** (5.16) | 0.015*** (5.67) | 0.015*** (5.60) | 0.016*** (4.01) | -0.000 (-0.24) | -0.000 (-0.29) | -0.003 (-1.17) |
| $Size$ | 0.002*** (3.74) | 0.002*** (3.81) | 0.003*** (3.46) | -0.002* (-1.69) | -0.002 (-1.62) | -0.001 (-0.69) | 0.005*** (7.03) | 0.005*** (7.12) | 0.006*** (5.96) |
| $Lev$ | 0.026*** (8.16) | 0.026*** (8.14) | 0.031*** (6.81) | 0.040*** (7.05) | 0.040*** (7.04) | 0.044*** (5.22) | 0.027*** (6.61) | 0.027*** (6.58) | 0.030*** (5.04) |
| $Liq$ | -0.010*** (-12.38) | -0.009*** (-12.35) | -0.008*** (-7.34) | -0.013*** (-8.17) | -0.013*** (-8.17) | -0.013*** (-5.31) | -0.001 (-1.08) | -0.001 (-1.01) | 0.001 (0.53) |

续表

| 变量 | (1) Post | (2) Post, $D_{AE2}$ | (3) Post, $D_{AE4}$ | (4) $Post_1$ | (5) $Post_1$, $D_{AE2}$ | (6) $Post_1$, $D_{AE4}$ | (7) $Post_2$ | (8) $Post_2$, $D_{AE2}$ | (9) $Post_2$, $D_{AE4}$ |
|---|---|---|---|---|---|---|---|---|---|
| Grow | -0.008*** | -0.009*** | -0.010*** | -0.013*** | -0.013*** | -0.017*** | -0.008*** | -0.008*** | -0.010*** |
| | (-4.27) | (-4.38) | (-4.11) | (-3.83) | (-3.92) | (-3.88) | (-2.77) | (-2.94) | (-2.68) |
| Ocf | -0.003*** | -0.003*** | -0.003*** | -0.003*** | -0.003*** | -0.004** | -0.001 | -0.001 | 0.000 |
| | (-3.95) | (-3.93) | (-2.72) | (-2.85) | (-2.83) | (-2.14) | (-0.65) | (-0.63) | (0.38) |
| Turn | -0.005** | -0.004** | -0.008** | -0.003 | -0.003 | -0.006 | -0.004 | -0.004 | -0.010** |
| | (-2.05) | (-1.97) | (-2.57) | (-0.76) | (-0.70) | (-1.00) | (-1.41) | (-1.29) | (-2.37) |
| Top1 | -0.018*** | -0.019*** | -0.019*** | -0.013** | -0.013** | -0.015 | -0.011** | -0.011** | -0.009 |
| | (-5.39) | (-5.43) | (-3.84) | (-2.17) | (-2.21) | (-1.63) | (-2.43) | (-2.50) | (-1.41) |
| Constant | 0.135*** | 0.137*** | 0.126*** | 0.214*** | 0.216*** | 0.205*** | 0.028 | 0.031 | 0.015 |
| | (9.20) | (9.32) | (5.88) | (8.33) | (8.40) | (5.35) | (1.45) | (1.57) | (0.53) |
| INDUSTRY | 控制 | 控制 | 控制 | 控制 | 控制 | 控制 | 控制 | 控制 | 控制 |
| N | 7915 | 7915 | 3948 | 3071 | 3071 | 1518 | 4667 | 4667 | 2309 |
| Adjusted R² | 0.152 | 0.152 | 0.156 | 0.135 | 0.135 | 0.151 | 0.148 | 0.149 | 0.158 |
| F | 55.47*** | 51.65*** | 27.08*** | 20.12*** | 18.70*** | 10.97*** | 32.20*** | 30.09*** | 16.46*** |

注：因变量为资本成本 $COST_{OJN}$；***、**、* 分别表示在1%、5%和10%水平上显著；括号中为 T 值。

表 5—11　　会计准则变革、会计相关性与权益资本成本
（$COST_{OJN}$）回归结果

| 变量 | (1) Post | (2) Post | (3) $Post_1$ | (4) $Post_1$ | (5) $Post_2$ | (6) $Post_2$ |
|---|---|---|---|---|---|---|
| $Post_j$ | -0.011*** | -0.008* | -0.011*** | -0.002 | -0.005** | -0.010** |
| | (-6.51) | (-1.84) | (-4.87) | (-0.39) | (-2.29) | (-2.04) |
| $E\_Score$ | -0.005*** | -0.003 | -0.004*** | 0.001 | -0.005*** | -0.007*** |
| | (-10.64) | (-1.51) | (-6.60) | (0.22) | (-5.81) | (-3.15) |
| $E\_Score \times Post_j$ | | -0.002 | | -0.005** | | 0.003 |
| | | (-1.06) | | (-2.07) | | (1.18) |
| $Vol$ | 0.053*** | 0.053*** | 0.067*** | 0.068*** | 0.049*** | 0.048*** |
| | (9.72) | (9.75) | (7.01) | (7.09) | (5.76) | (5.71) |
| $Beta$ | 0.007*** | 0.007*** | 0.008** | 0.009*** | -0.001 | -0.001 |
| | (4.89) | (4.96) | (2.39) | (2.71) | (-0.64) | (-0.80) |
| $Size$ | 0.004*** | 0.004*** | 0.002* | 0.001 | 0.006*** | 0.007*** |
| | (7.20) | (6.81) | (1.92) | (1.05) | (7.57) | (7.67) |
| $Lev$ | 0.006* | 0.006* | 0.017*** | 0.020*** | 0.011** | 0.012** |
| | (1.66) | (1.76) | (2.65) | (3.03) | (2.06) | (2.12) |
| $Liq$ | -0.006*** | -0.006*** | -0.009*** | -0.010*** | 0.001 | 0.001 |
| | (-6.87) | (-6.95) | (-4.68) | (-5.07) | (0.62) | (0.84) |
| $Grow$ | -0.007*** | -0.007*** | -0.008** | -0.008** | -0.007** | -0.007** |
| | (-3.55) | (-3.56) | (-2.49) | (-2.52) | (-2.25) | (-2.24) |
| $Ocf$ | -0.002*** | -0.002*** | -0.003** | -0.003** | -0.000 | -0.000 |
| | (-3.13) | (-3.13) | (-2.58) | (-2.57) | (-0.30) | (-0.25) |
| $Turn$ | -0.004* | -0.004* | -0.002 | -0.002 | -0.005 | -0.005 |
| | (-1.81) | (-1.84) | (-0.45) | (-0.53) | (-1.63) | (-1.55) |
| $Top1$ | -0.016*** | -0.016*** | -0.013** | -0.012** | -0.009* | -0.008* |
| | (-4.54) | (-4.55) | (-2.00) | (-1.98) | (-1.83) | (-1.79) |
| Constant | 0.083*** | 0.083*** | 0.127*** | 0.142*** | 0.007 | 0.004 |
| | (5.23) | (5.22) | (4.42) | (4.79) | (0.33) | (0.18) |
| INDUSTRY | 控制 | 控制 | 控制 | 控制 | 控制 | 控制 |
| N | 7203 | 7203 | 2712 | 2712 | 4266 | 4266 |

续表

| 变量 | （1）Post | （2）Post | （3）$Post_1$ | （4）$Post_1$ | （5）$Post_2$ | （6）$Post_2$ |
|---|---|---|---|---|---|---|
| Adjusted $R^2$ | 0.168 | 0.168 | 0.141 | 0.142 | 0.159 | 0.159 |
| F | 56.94*** | 54.88*** | 18.17*** | 17.68*** | 31.12*** | 30.18*** |

注：因变量为资本成本 $COST_{OJN}$；***、**、* 分别表示在1%、5%和10%水平上显著；括号中为 T 值。

**表5—12　　　会计准则变革、会计可靠性与权益资本成本**

**（COST$_{OJN}$）回归结果**

| 变量 | （1）Post | （2）Post | （3）$Post_1$ | （4）$Post_1$ | （5）$Post_2$ | （6）$Post_2$ |
|---|---|---|---|---|---|---|
| $Pos_j$ | −0.015*** | −0.016*** | −0.013*** | −0.015*** | −0.007*** | −0.008*** |
|  | （−8.04） | （−6.56） | （−5.63） | （−4.73） | （−3.36） | （−3.22） |
| DA | 0.011** | −0.009 | 0.000 | −0.016 | 0.012* | −0.009 |
|  | （2.05） | （−0.41） | （0.02） | （−0.65） | （1.78） | （−0.40） |
| $DA \times Post_j$ |  | 0.022 |  | 0.020 |  | 0.023 |
|  |  | （0.97） |  | （0.74） |  | （1.01） |
| Vol | 0.053*** | 0.053*** | 0.073*** | 0.073*** | 0.046*** | 0.046*** |
|  | （10.07） | （10.05） | （7.92） | （7.91） | （6.57） | （6.55） |
| Beta | 0.011*** | 0.011*** | 0.016*** | 0.016*** | −0.000 | 0.000 |
|  | （7.54） | （7.56） | （5.52） | （5.54） | （−0.01） | （0.00） |
| Size | 0.003*** | 0.003*** | −0.002 | −0.002 | 0.006*** | 0.006*** |
|  | （4.16） | （4.16） | （−1.46） | （−1.46） | （7.05） | （7.06） |
| Lev | 0.026*** | 0.026*** | 0.039*** | 0.039*** | 0.026*** | 0.026*** |
|  | （7.72） | （7.74） | （6.26） | （6.28） | （6.01） | （6.03） |
| Liq | −0.009*** | −0.009*** | −0.013*** | −0.013*** | −0.001 | −0.001 |
|  | （−11.18） | （−11.17） | （−7.66） | （−7.66） | （−0.99） | （−0.98） |
| Grow | −0.010*** | −0.010*** | −0.013*** | −0.013*** | −0.009*** | −0.009*** |
|  | （−5.71） | （−5.71） | （−4.29） | （−4.31） | （−3.90） | （−3.89） |
| Ocf | −0.003*** | −0.003*** | −0.004*** | −0.004*** | −0.001 | −0.001 |
|  | （−3.99） | （−3.95） | （−3.08） | （−3.04） | （−0.72） | （−0.65） |

| 变量 | (1) Post | (2) Post | (3) $Post_1$ | (4) $Post_1$ | (5) $Post_2$ | (6) $Post_2$ |
|---|---|---|---|---|---|---|
| Turn | $-0.005^{**}$ | $-0.005^{**}$ | $-0.003$ | $-0.003$ | $-0.005$ | $-0.005$ |
| | $(-2.18)$ | $(-2.16)$ | $(-0.85)$ | $(-0.85)$ | $(-1.62)$ | $(-1.60)$ |
| Top1 | $-0.019^{***}$ | $-0.019^{***}$ | $-0.012^{*}$ | $-0.012^{*}$ | $-0.010^{**}$ | $-0.010^{**}$ |
| | $(-5.10)$ | $(-5.11)$ | $(-1.79)$ | $(-1.80)$ | $(-2.23)$ | $(-2.24)$ |
| Constant | $0.107^{***}$ | $0.109^{***}$ | $0.220^{***}$ | $0.221^{***}$ | $-0.005$ | $-0.004$ |
| | $(6.73)$ | $(6.79)$ | $(7.73)$ | $(7.76)$ | $(-0.26)$ | $(-0.19)$ |
| INDUSTRY | 控制 | 控制 | 控制 | 控制 | 控制 | 控制 |
| N | 7142 | 7142 | 2712 | 2712 | 4222 | 4222 |
| Adjusted $R^2$ | 0.151 | 0.151 | 0.127 | 0.127 | 0.152 | 0.152 |
| F | $58.74^{***}$ | $56.22^{***}$ | $20.71^{***}$ | $19.75^{***}$ | $35.30^{***}$ | $33.81^{***}$ |

注：因变量为资本成本 $COST_{OJN}$；$^{***}$、$^{**}$、$^{*}$ 分别表示在 1%、5% 和 10% 水平上显著；括号中为 T 值。

# 第六节　本章小结

本章以 2004—2013 年我国 A 股上市公司为样本，基于会计准则变革的时间效应，深入检验了我国会计准则变革对权益资本成本的影响，主要结论可以概括为以下三点：在我国执行新会计准则后，上市公司的权益资本成本在总体上得到显著降低，并且权益资本成本在准则变革后初期（2007—2009 年）降低得相对明显，而在准则变革后稳定期（2011—2013 年）又有所回升；会计准则变革不仅通过改变会计信息质量对资本成本具有直接效应，还通过企业投资变化对资本成本产生间接的反转效应，这种反转效应对于会计敏感性较高和经济敏感性较低的公司更加明显，并且主要存在于我国会计准则变革后稳定期；基于会计信息质量视角的进一步分析发现，虽然准则变革带来会计信息相关性的显著提升，降低了权益资本成本，但是会计信息可靠性在一定程度上被损害，进而减弱了权益资本成本的降低趋势。

本章的研究价值主要体现在：第一，进一步理清了会计准则与资本成本之间的关系，不仅关注了会计准则变革对权益资本成本的直接效应，还分析了企业投资变化对权益资本成本的间接反转效应，并通过构建 AE 指数对其进行了检验。第二，本章增加考虑了准则实施的时间效应，将 2007—2009 年界定为准则变革后初期，将 2011—2013 年界定为准则变革后稳定期，具体检验了不同阶段会计准则对权益资本成本的影响。第三，本章基于会计信息质量视角进一步分析了权益资本成本变化的原因，即会计信息相关性和可靠性的不同变化及其对权益资本成本的不同影响。

# 第 六 章

# 会计准则变革对权益成本与
# 债务成本的非对称效应

新会计准则增加强调了决策有用的财务报告目标，其最大变化体现在公允价值的引入，旨在提高会计信息的相关性。然而，作为公认的会计信息两大主要质量特征，相关性与可靠性总有冲突或不一致之处（葛家澍和徐跃，2006）。虽然众多研究表明，我国会计准则变革显著提高了上市公司会计信息的相关性，但同时，会计信息可靠性在一定程度上被损害（王虹和杨丹，2011；张先治和季侃，2012），包括常被视为可靠性特征代表之一的会计稳健性的降低（刘斌和徐先知，2010；赵西卜和王军会，2010；李四海和刘晓艳，2013），这势必带来非预期的影响。

关于会计准则变革对资本成本的影响，现有研究主要从会计信息相关性、股票流动性等角度考察会计准则变革对权益资本成本的影响，缺乏从会计信息可靠性的角度考察资本成本的变化情况，特别是对准则变革带来可靠性的损害可能对资本成本的不利影响关注不够；并且已有研究主要关注会计准则变革对权益成本的影响，会计准则变革对债务成本的影响研究鲜有涉及。

蒋琰（2009）、罗进辉（2012）等的研究发现，由于债权人和投资者面临的信息环境与风险不同，权益成本与债务成本受公司治理、媒体报道等因素的影响存在显著差异。已有研究也表明，权益市场与债务市场对会计信息质量的需求存在着显著差异（Beneish et al.，2012），因此，会计准则变革对权益成本与债务成本的影响可能会有所不同，所以有必要比较分析会计准则变革对权益成本和债务成本的不同影响。稳健性是财务报告遵循的一个重要传统原则，它意味着会计师在面对不确定性时保持谨慎的态度，不应高估资产或者收益、低估负债或者费用（Watts，1993）。较高的稳健性在一定程度上意味着较高的可靠性，并有利于企业债务融资。因此，本章选取反映会计信息可靠性的稳健性特征为视角，以 2004—2013 年我国 A 股上市公司为样本，深入考察了我国会计准则变革对权益成本与债务成本的影响及其差异。具体来看，本章第一节为理论分析与研究假设，第二节为研究设计，第三节为实证结果分析，第四节为进一步分析及稳健性检验，第五节为本章小结。

# 第一节　理论分析与研究假设

## 一　会计准则变革与会计稳健性

稳健性原则要求，企业对交易或者事项进行会计确认、计量和报告应当保持应有的谨慎，不应高估资产或者收益、低估负债或者费用，会计盈余对坏消息的确认应比好消息更加及时（Basu，1997）。会计稳健性产生的动因包括契约动因、股东诉讼动因、税收动因及会计管制动因等（Watts，2003）。在绝大多数情况下，会计稳健性被认为是会计信息可靠性的一个主要特征。会计准则作为一种制度规范，约束着企业财务报告行为，自然影响着会计稳健性。2006 年 2 月我国发布了新企业会计准则体系，自 2007 年起在上市公司实施。新会计准则下财务报告目标增加强调了决策有用的观点，资产计价方面扩大了公允价值应用的范围，收益确定方面也由收入费用观转向资产负债观，这必然导致会计稳健性的变化。

受托责任观和决策有用观则是两种不同的财务报告目标。受托责任观认为，财务报告的目的是向资源的所有者如实反映受托资源的管理和使用情况，财务报告应该主要反映企业历史的客观的信息，更加强调会计信息的可靠性。而决策有用观则认为，财务报告目标在于向会计信息使用者提供决策有用的信息，其核心是提高会计信息的相关性。我国在会计准则变革过程中，财务报告目标从过去的一直强调受托责任观，增加强调了决策有用的观点，将保护投资者利益、满足投资者经济决策的信息需求放在了突出位置，其核心是提高会计信息的相关性，稳健性原则在一定程度上被弱化。在收益确定方面，基本观点开始由收入费用观向资产负债观转变。收入费用观认为，企业的收益应该通过计算收入与费用之间的差额确定，会计确认与计量应该以利润表为中心，它主要强调历史成本与实现原则。资产负债观则认为应该基于企业资产与负债的变动来计算收益，会计确认与计量应该更加关注资产负债表，它更强调资产计价时采用多种计量属性，提供更加相关的信息。

不论是财务报告目标的决策有用观，还是收益确定的资产负债观，在计量属性应用方面都要求扩大公允价值的应用范围。我国新会计准则在许多方面实现了历史性的突破，其中最大的创新就是公允价值计量属性的运用。在2006年颁布的企业会计准则中，公允价值被应用于长期股权投资、投资性房地产、生物资产、债务重组和非货币性资产交换等17项具体会计准则，并且其应用范围呈逐步扩大趋势。公允价值计量要求企业对自身资产价值进行最准确地估计，不论资产价值变化是增加（利得）还是减少（损失），这显然有悖于稳健性原则下确认收益的标准应比确认损失的标准更加严格的要求，这在一定程度上使盈余稳健性下降。姜国华和张然（2007）、张荣武和伍中信（2010）、刘斌和吴娅玲（2010）等的研究也都支持了公允价值应用与会计稳健性对立冲突的观点。

总体而言，新会计准则遵循了适度稳健原则，把会计信息的相关性放在了首要位置，而将稳健性作为次要信息质量要求。以此为背景，相关实证研究也为我国会计准则变革后会计信息相关性和稳健性的变化情况提供了经验证据。罗婷等（2008）、薛爽等（2008）、王建新和赵君双（2010）、刘永泽和孙蒿（2011）等众多研究均发现，我国2007年新会计准则实施后，会计信息（价值）相关性得到显著提高。基于相关性与可靠性之间的矛盾，与相关性的变化相反，已有研究大多发现我国会计准则变革带来了稳健性的显著降低。刘斌和徐先知（2010）以2005—2008年我国A股上市公司为研究样本，检验了新会计准则的实施对盈余稳健性的影响，发现在新会计准则实施前后均存在盈余稳健性，但是与新会计准则实施前相比，新会计准则实施后盈余稳健性显著降低，新会计准则的国际趋同对会计盈余稳健性产生了一定的负面影响。赵西卜和王军会（2010）以2001—2008年我国 A 股上市公司为样本的研究进一步发现，新会计准则实施后上市公司整体盈余稳健性下降主要由亏损公司会计稳健性的大幅下降造成。李四海和刘晓艳（2013）以1998—2009年我国 A 股上市公司为样本，考察了我国会计准则变迁对会计稳健性的影响以及其影响路径，发现会计制度改革对稳健性的影响主要是来源于操纵性应计，2001年会计准则变迁后盈余稳健性的提高是由于坏消息的及时确认而不是好消息的推迟确认，2007年会计准则变迁后盈余稳健性的降低既是因为坏消息的推迟确认也是因为好消息的提前确认。

然而，我国自2007年实施新会计准则已有10年，财政部于2010年印发《中国企业会计准则与国际财务报告准则持续趋同路线图》，进一步明确了我国企业会计准则与 IFRS 持续趋同的基本方略。考虑到会计准则变革的时间效应，2010年以来我国上市公司的会计稳健性可能会有所不同。在会计准则变革后初期，在推广应用公允价值时，其外部定价环境稳定性可能相对较差，在这种环境下应用公允价值，势必会对会计稳健性造成较为严重的损害。当会计准则变革进入稳定期后，随时公允价值应用环境趋于稳定，公允价值与会计稳健性之间的冲突会相应缓解。另外，2008年前后的金融危机对上市公司的财务报告行为也可能产生一定影响。在金融危机后，公允价值会计一度被认为是引发金融危机的重要诱因而饱受指责，这势必会促使企业在后期采取相对稳健的会计政策，以避免激进会计政策所造成的不利影响。因此，上市公司的会计稳健性在2010年以后应该会有所回升。

基于以上分析，本书提出以下第一个假设：

假设6—1：在2007年新会计准则实施后，我国上市公司的会计稳健性显著降低，并且在准则变革后初期降低得较为明显，经过一段时间后（2010年以后）会计稳健性又有所回升。

## 二　会计准则变革、会计稳健性与资本成本

契约对会计稳健性的需求是稳健性产生的首要动因，尤其是企业债

务契约的需求（Watts, 2003）。企业在与其债权人签订债务契约时，往往以会计盈余为基础订立相关限制性条款，比如若会计盈余小于一定的临界值则不允许企业发放股利或再次举债，以保护债权人受偿的利益。如果企业采用稳健的会计政策，企业报告的资产和盈余则相对保守，考虑到企业债务契约条款，则降低了企业发放股利或再次举债的倾向，进而有利于维护债权人的利益。所以，会计稳健性较高的企业往往更容易获得债务资金，并伴随着相对较低的债务成本。Ahmed et al.（2002）首次检验了会计稳健性在债务契约中的作用，发现企业与债权人之间关于股利政策的冲突越严重，企业的会计稳健性相应就越高，并且较高的会计稳健性能够降低企业债务成本。Zhang（2008）通过考察会计稳健性的事前和事后效应，进一步检验了会计稳健性对债务人和债权人的好处。研究发现，会计稳健性之所以使债权人受益是因为它及时传递了事后违约风险的信号，债务人受益于会计稳健性是因为事前较低的债务成本。吴娅玲（2012）以 2001—2009 年我国上市公司为样本的研究发现，稳健的会计政策可以降低债权人面临的债务契约的违约风险，会计稳健性的提升有助于提高公司债务融资效率。郑登津和闫天一（2016）则研究了 2003—2013 年间我国上市公司会计稳健性对债务成本的影响，研究发现，企业会计稳健性程度越高，企业的债务成本就越低，并且企业外部审计质量对会计稳健性降低债务成本的作用具有替代作用。

与会计稳健性对债务契约的作用相比，会计稳健性对企业权益融资的作用相对较弱，但仍有一些文献研究了其对权益成本的影响。Francis et al.（2004）检验了包括稳健性在内的七个盈余特征与权益成本之间的关系，研究发现，众多盈余特征与权益成本均为负相关关系，然而会计稳健性与权益成本之间并没有显著的关系。García Lara et al.（2011）进一步实证检验了条件稳健性与权益成本之间的关系，发现稳健性能够降低权益成本，因为及时确认坏消息降低了投资者对信息的不确定性以及未来股价的波动。国内研究方面，李琳（2011）以 2002—2008 年我国沪深两市实施股权再融资的 A 股上市公司作为研究样本，考察了我国上市公司会计稳健性程度与权益融资成本之间的关系，研究发现会计稳健性与权益融资成本呈现显著负相关关系，会计稳健性有助于上市公司获得较低的权益融资成本。李伟和曾建光（2012）以 2003—2009 年我国 A 股上市公司为样本，研究了我国上市公司会计稳健性与权益成本之间的关系，发现会计稳健性与公司的权益成本显著负相关，并且与非国有企业相比，国有企业的会计稳健性更能降低权益成本。张淑英和杨红艳（2014）以 2009—2011 年我国 A 股上市公司为样本的研究则发现，会计稳健性对权益资本成本并没有显著的影响。这可能跟 2007 年实施新会计准则后会计稳健性的下降有关，也从一定程度上说明会计稳健性与权益成本之间的关系并不稳定。

如前所述，由于会计信息相关性和可靠性之间的内在矛盾，会计准则变革在提升会计信息价值相关性的同时（罗婷等，2008；薛爽等，2008；王建新和赵君双，2010；刘永泽和孙嚞，2011），往往会伴随着会计稳健性的降低（刘斌和徐先知，2010；赵西卜和王军会，2010；李四海和刘晓艳，2013）。会计信息价值相关性是一个与权益市场相关的概念，它是股票市场对会计信息质量特征的主要需求，以满足投资者估值的需要。Ball et al.（2008）则比较研究了权益市场和债务市场对会计稳健性的需求，他们发现，会计稳健性主要源自债务市场的报告需求，而非股票市场的报告需求。因此，由于权益市场与债务市场对会计信息质量需求的差异，会计准则变革对权益成本与债务成本的影响会有所不同。

在会计准则变革对权益成本的影响经验研究方面，Daske et al.（2008）研究了全球范围 26 个国家采用 IFRS 的经济后果，发现 IFRS 在总体上带来了股票市场流动性的增加、权益资本成本的降低以及公司权益价值的增加。Li（2010）研究了欧盟 2005 年强制采用 IFRS 对权益资本成本的影响，发现权益成本在总体上得到降低，并认为增加信息披露以及可比性的提高是资本成本降低的两个主要原因。汪祥耀和叶正虹（2011）、高芳和傅仁辉（2012）、孙枭飞和晏超（2015）等研究了我国 2007 年实施新会计准则后权益成本的变化，发现我国会计准则变革带来了上市公司整体权益成本的降低，但是不同行业、不同特征公司权益成本的变化不同。可见，已有研究基本全部支持会计准则变革在总体上降低了权益成本的结论，这也与会计准则变革的预期目标一致，会计信息相关性的提升使得权益市场受益。

　　在会计准则变革对债务成本的影响方面，鲜有文献直接进行研究，但有些研究涉及会计准则对企业债务契约的影响，并且多数文献认为会计准则变革并未使债务市场受益。Christensen et al.（2009）首次考察了采用 IFRS 对企业债务契约的影响，发现英国与 IFRS 的趋同对企业违反债务契约的可能性产生影响，如果企业债务契约条款未及时进行调整，会导致投资者和债权人之间财富的重新分配，并在市场上产生显著的反应。Demerjian（2011）的研究则发现，新会计准则环境下资产负债观的增强使得资产负债表会计信息在债务契约中的有用性降低。Ball et al.（2015）的研究同样发现在 IFRS 环境下会计信息的债务契约有用性得到了降低，公允价值会计的扩大应用及增加管理层会计选择的空间是其中的主要原因，他们总结认为，IFRS 为了增强会计信息对估值的相关性，牺牲了会计信息对债务契约的有用性。Chen et al.（2012）进一步研究了强制采用 IFRS 对企业银行借款的影响，研究发现，随着采用 IFRS 后会计信息契约有用性的降低，公司借款的利率会提高，并且抵押条款也会增加。原红旗等（2013）则考察了我国 2007 年会计准则变动后会计盈余在债务合约中的作用，他们发现，2007 年执行新会计准则后，由于会计信息可靠性弱化、噪音增大、稳健性降低，会计盈余在债务合约中的有用性显著下降。

　　简而言之，会计准则变革带来相关性提高的同时，也伴随着可靠性（稳健性）的下降；会计相关性的提高预期主要对权益市场发挥作用，权益成本因此得到降低；而会计稳健性的降低预期主要对债务市场发挥作用，债务成本预期因稳健性的降低而增加；另外，如果会计稳健性对权益成本产生影响，则其主要对权益成本的变化起缓冲作用。如图 6—1 所示。

　　基于以上分析，本书提出以下两个主要研究假设：

　　假设 6—2：在 2007 年新会计准则实施后，虽然我国上市公司的权益成本在总体上得到降低，但是会计稳健性的降低使得权益成本在一定程度上提高。

　　假设 6—3：在 2007 年新会计准则实施后，我国上市公司的债务成本显著提高，会计稳健性的降低是导致债务成本提高的主要原因之一。

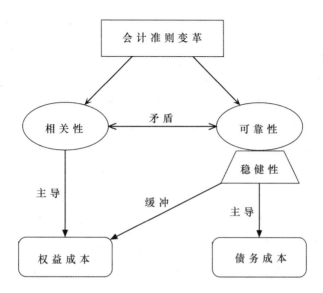

**图 6—1　会计准则变革、会计信息质量与资本成本示意图**

　　如前所述，会计稳健性在 2010 年会计准则变革后稳定阶段预期有所回升，那么权益成本和债务成本对此如何进行调整呢？按照前述分析，会计稳健性的提高应该伴随着权益成本和债务成本的降低。然而，蒋琰（2009）、罗进辉（2012）的研究均认为，债权人（主要为商业银行）获取信息的能力要明显高于广大中小股东，并且企业债务契约的诸多条款对债权人已经构成了一种保护，因此公司治理、媒体报道等因素对权益成本的影响要大于债务成本。类似的情况，具体到会计稳健性的回升对权益成本和债务成本的影响，一方面，站在权益投资者的角度，因其相对较弱的信息获得能力，并且投资者本身是企业的剩余收益索取者，所以他们面临的信息不对称风险要远大于债权人，在这种情况下，会计稳健性的回升则能够及时反应到投资者的预期中去，进而降低信息不对称的程度①；另外，由于公司股票具备市场交易的流动性，权益契约本身的调整直接反应在股票价格中，这也使得权益成本的调整在交易机制上不存在障碍。另一方面，站在债权人的角度，由于其具有相对较强的信息

----

　　①　我国上市公司公开发行债券的融资比例相对较小，债务融资主要为银行贷款融资。

搜寻能力，且前期对企业的财务状况（包括会计信息质量）已经有了一定的了解，企业会计稳健性的增加并不能获得新的债权人的充分认可；同时，债权人虽然可能从提高的会计稳健性中受益，但由于企业债务契约通常具有事前订立好的若干年限及利息支付要求，因此很难要求债权人重新签订债务契约并降低债务成本，企业债务契约的刚性通常远大于权益契约；另外，相对于会计稳健性由低到高"好"的变化，债权人通常情况下对稳健性由高到低"坏"的变化更加敏感。因此，预期权益成本对会计稳健性回升的调整要比债务成本更加及时。

基于以上分析，本书进一步提出以下待检验的假设：

假设6—4：随着我国会计准则变革稳定期内会计稳健性的回增，上市公司的权益成本得到及时的回落与调整，但上市公司的债务成本并未因此得到类似的及时调整。

# 第二节 研究设计

## 一 样本与数据

本章以我国2004—2013年的所有A股上市公司为初始样本，在此基础上，剔除了金融类上市公司、ST类别公司、当年上市的公司以及计算相关变量时数据缺失的公司。其中，2004—2006年为会计准则变革前的三个年度，2007—2013年为会计准则变革后七个年度，为了研究设计的需要，会计准则变革后又进一步分为两个阶段，2007—2009年为会计准则变革后初期的三个年度，2011—2013年为会计准则变革后稳定期的三个年度。本章所用的公司财务与资本市场数据、中国人民银行公布的基准贷款利率数据均来自Wind数据库，公司治理数据则主要来自国泰安"中国上市公司治理结构研究"数据库，分析师预测数据则来自国泰安"中国上市公司分析师预测研究"数据库。合并数据后，分别得到7498个和11422个关于权益成本和债务成本的样本观测值，样本分布见表6—1。另外，为了消除极端值的影响，本章对除债务成本之外的所有连续型变量采取了上下百分之一的缩尾处理，考虑债务成本的计算可能存在相对较大的噪音，对其采取了上下百分之五的缩尾处理。

**表6—1**　　　　　　　　**样本按年度与行业分布情况**

Panel A：样本按年度分布情况

| 年度 | 关于权益成本的样本 | | 关于债务成本的样本 | |
|---|---|---|---|---|
| | 样本数 | 百分比 | 样本数 | 百分比 |
| 2004 | 103 | 1.37 | 1058 | 9.26 |
| 2005 | 233 | 3.11 | 1047 | 9.17 |
| 2006 | 440 | 5.87 | 999 | 8.75 |
| 2007 | 519 | 6.92 | 821 | 7.19 |
| 2008 | 688 | 9.18 | 910 | 7.97 |
| 2009 | 946 | 12.62 | 808 | 7.07 |
| 2010 | 1002 | 13.36 | 842 | 7.37 |
| 2011 | 1079 | 14.39 | 1529 | 13.39 |
| 2012 | 1234 | 16.46 | 1720 | 15.06 |
| 2013 | 1254 | 16.72 | 1688 | 14.78 |
| 合计 | 7498 | 100.00 | 11422 | 100.00 |

Panel B：样本按行业分布情况

| 行业代码及名称 | 关于权益成本的样本 | | 关于债务成本的样本 | |
|---|---|---|---|---|
| | 样本数 | 百分比 | 样本数 | 百分比 |
| A 农、林、牧、渔业 | 115 | 1.53 | 190 | 1.66 |
| B 采矿业 | 277 | 3.69 | 390 | 3.41 |
| C 制造业 | 4549 | 60.67 | 6781 | 59.37 |
| D 电力、热力、燃气及水生产和供应业 | 354 | 4.72 | 601 | 5.26 |
| E 建筑业 | 175 | 2.33 | 314 | 2.75 |
| F 批发和零售业 | 504 | 6.72 | 846 | 7.41 |
| G 交通运输、仓储和邮政业 | 398 | 5.31 | 468 | 4.10 |
| H 住宿和餐饮业 | 43 | 0.57 | 67 | 0.59 |
| I 信息传输、软件和信息技术服务业 | 285 | 3.80 | 291 | 2.55 |
| K 房地产业 | 459 | 6.12 | 851 | 7.45 |
| L 租赁和商务服务业 | 89 | 1.19 | 127 | 1.11 |
| M 科学研究和技术服务业 | 21 | 0.28 | 30 | 0.26 |
| N 水利、环境和公共设施管理业 | 94 | 1.25 | 141 | 1.23 |

续表

Panel B：样本按行业分布情况

| 行业代码及名称 | 关于权益成本的样本 | | 关于债务成本的样本 | |
|---|---|---|---|---|
| | 样本数 | 百分比 | 样本数 | 百分比 |
| P 教育 | 0 | 0.00 | 8 | 0.07 |
| Q 卫生和社会工作 | 14 | 0.19 | 12 | 0.11 |
| R 文化、体育和娱乐业 | 72 | 0.96 | 128 | 1.12 |
| S 综合 | 49 | 0.65 | 177 | 1.55 |
| 合计 | 7498 | 100.00 | 11422 | 100.00 |

## 二　主要变量的度量

### （一）权益成本与债务成本的度量

对权益成本的度量曾有事后和事前多种计算方法，在近阶段，基于剩余收益的事前资本成本度量方法较为流行，包括 Gebhardt et al. (2001) 提出的 GLS 模型、Claus and Thomas （2001） 提出的 CT 模型、Easton （2004） 提出的 PEG 模型、Ohlson and Juettner - Nauroth （2005） 提出的 OJN 模型[①]等。毛新述等 （2012） 从事后和事前两个角度测度了我国上市公司的权益资本成本，并从经济和统计两个角度对不同的测度进行了评价，他们发现，事前资本成本的测度效果要优于事后资本成本，在事前资本成本测度中，国内外文献中普遍运用的 GLS 模型表现不够理想，而 PEG 模型能更好地捕捉各个风险因素的影响，尽管其时间序列计量误差方差相对较大。因此，本书主要选择 PEG 模型计算权益资本成本，另外，为了增强研究的可靠性，后文也同时采用 OJN 模型进行补充对照分析。

Easton （2004） 提出的 PEG 模型具体计算如下：

$$Cost\_PEG = \sqrt{\frac{EPS_2 - EPS_2}{P_0}} \qquad (6\text{—}1)[②]$$

---

[①]　虽然 OJN 模型正式发表于 2005 年，但它实际上早在 2003 年之前就已经以工作论文的形式被提出，PEG 模型亦是在 OJN 模型的基础上进行的改进。为了增强研究的可靠性，在稳健性检验部分用 OJN 模型重新计算资本成本，研究结论并未发生变化。

[②]　对于个别 EPS₂ - EPS₁ < 0 的情况，取其绝对值。对其取值为 0 的结果也并没有显著差异。

其中，$Cost\_PEG$ 为用 PEG 模型计算所得公司当期的资本成本；$EPS_1$、$EPS_2$ 分别为公司未来第一期（$t+1$）和未来第二期（$t+2$）的预测每股收益，用财务分析师盈余预测的结果表示；$P_0$ 为公司当年度末的股票收盘价。

Ohlson and Juettner-Nauroth（2005）提出的 OJN 模型具体计算如下：

$$Cost\_OJN = A + \sqrt{A^2 + \frac{EPS_1}{P_0}\left[\frac{EPS_2 - EPS_1}{EPS_1} - (r-1)\right]} \qquad (6—2)[1]$$

其中，$Cost\_OJN$ 为用 OJN 模型计算所得公司当期的资本成本；$EPS_1$、$EPS_2$ 分别为公司未来第一期（$t+1$）和未来第二期（$t+2$）的预测每股收益，用财务分析师盈余预测的结果表示；$P_0$ 为公司当年度末的股票收盘价；$A = \frac{1}{2}\left[(r-1) + \frac{DPS_1}{P_0}\right]$；$DPS_1$ 为公司未来第一期的息税前每股股利；$r = \lim\limits_{t \to \infty} \frac{EPS_{t+1}}{EPS_t} = g_p + 1$，$g_p$ 为每股收益的长期增长率，借鉴沈洪波（2007）、杨忠海等（2015）的做法，取值为 5%。

企业的债务成本分为事前债务成本和事后债务成本。事前债务成本通过信用评级机构发布的公司信用评级进行替代，债务评级较高的企业获得债务资金的利率较低。Ahmed et al.（2002）就采用了标准普尔发布的信用评级衡量企业的事前债务成本，并据以研究会计稳健性与债务成本的关系。但在我国，尚未有权威、可信的评级机构对公司信用进行评级[2]，因此，本书放弃采用企业事前债务成本，而采用事后债务成本。事后债务成本是公司实际的债务成本，借鉴李广子和刘力（2009）、蒋琰（2009）的研究，本书分别采用利息费用指标和净财务费用指标计算债务成本，具体如下：

$Cost\_Debt_1$ = 利息支出/长短期债务总额平均值

$Cost\_Debt_2$ = （利息支出 + 手续费 + 其他财务费用）/长短期债务总

---

① 在极个别情况下，当模型（6—2）中根号下的数值为负数时，则取其绝对值。

② 盛达公司曾提供了 2002—2003 年度我国上市公司的信用评级数据，也有学者（毛新述和戴德明，2007；于富生和张敏，2007；等）采用过此数据计算事前债务成本，但其评级数据时间已久远，适用性较差。

额平均值

其中，*Cost_Debt* 即为债务成本，利息支出、手续费和其他财务费用的计算数据均取自公司财务报表附注中的财务费用明细科目，长短期债务总额平均值 =（t－1 和 t 年度短期借款、一年内到期的长期负债、长期借款、应付债券、长期应付款及其他长期负债）/2。

（二）会计稳健性的度量

对会计稳健性的度量也曾出现多种计算方法，其中，Basu（1997）模型的应用最为广泛，但其主要用于计算国家整体层面的稳健性水平，难以对每个公司的年度数据进行回归得出公司层次的稳健性水平。Khan and Watts（2009）在 Basu（1997）模型的基础上，从一系列企业特性中选择公司规模（*Size*）、权益市值与账面价值比率（*MB*）和资产负债率作（*Lev*）为估计稳健性指数的工具变量，设计出度量公司层面稳健性程度的指标——稳健性指数（*C_Score*）。此方法被提出后同样得到了广泛应用和认可，因此，本书亦采用这种方法度量公司层面的会计稳健性。*C_Score* 的具体计算过程如下：

$$\frac{EPS_{it}}{P_{i,t-1}} = \beta_0 + \beta_1 \times D_{it} + \beta_2 R_{it} + \beta_3 R_{it} \times D_{it} + \varepsilon_{it} \qquad (6—3)$$

其中，$EPS_{it}/P_{i,t-1}$ 表示 $i$ 公司经年初股价调整后的 t 年度每股收益；$R_{it}$ 表示 $i$ 公司 t 年 5 月到 t＋1 年 4 月经过市场调整后的累计年度股票回报率[①]；$D_{it}$ 为虚拟变量，如果 $R_{it} < 0$，$D_{it} = 1$，否则 $D_{it} = 0$。与李伟和曾建光（2012）的表达相同，$R_{it}$ 的具体计算如下：

$$R_{it} = [\prod_{j=1}^{12}(1+R_{ij})-1] - [\prod_{j=1}^{12}(1+R_{mj})-1] \qquad (6—4)$$

其中，$R_{ij}$ 和 $R_{mj}$ 分别表示考虑现金红利再投资的月个股回报率和按市值加权计算的考虑红利再投资的月市场回报率。

在模型（6—3）经典 Basu（1997）模型中，$\beta_2$ 表示盈余对好消息确认的及时性，$\beta_2 + \beta_3$ 表示盈余对坏消息确认的及时性，则 $\beta_3$ 表示坏消息比

---

① 之所以选取 t 年 5 月到 t＋1 年 4 月计算年报酬率，主要是为了消除上一年度年报信息公布的信息干扰。之所以取经过市场调整后的报酬率，主要是为了避免在个别年份个股回报率普遍为正或为负的现象。

好消息确认及时性的增量效应，所以用 $\beta_3$ 是否显著大于零来衡量会计稳健性。为了度量公司层面的会计稳健性，Khan and Watts（2009）选取三个反映公司特征的变量来表示 $\beta_2$ 和 $\beta_3$，分别记作 $G\_Score$ 和 $C\_Score$，如下：

$$G\_Score = \beta_2 = \mu_1 + \mu_2 Size_i + \mu_3 MB_i + \mu_4 Lev_i \qquad (6—5)$$

$$C\_Score = \beta_2 = \lambda_1 + \lambda_2 Size_i + \lambda_3 MB_i + \lambda_4 Lev_i \qquad (6—6)$$

将（6—5）式和（6—6）式带入到模型（6—3）中，即得到模型（6—7），同时在模型（6—7）中控制了公司特征的影响。运用模型（6—7），采用年度截面数据进行数据回归，估计出每年的系数 $\lambda_1$、$\lambda_2$、$\lambda_3$ 和 $\lambda_4$，再将各年的系数带入（6—6）式，就可以估算出每个公司在各年度的会计稳健性指标，$C\_Score$ 的值越大，代表公司会计稳健性水平越高。

$$\frac{EPS_{it}}{P_{i,t-1}} = \beta_0 + \beta_1 \times D_i + R_i \ (\mu_1 + \mu_2 Size_i + \mu_3 MB_i + \mu_4 Lev_i)$$

$$+ R_i \times D_i \ (\lambda_1 + \lambda_2 Size_i + \lambda_3 MB_i + \lambda_4 Lev_i)$$

$$+ \ (\delta_1 Size_i + \delta_2 MB_i + \delta_3 Lev_i)$$

$$+ D_i \ (\delta_1 Size_i + \delta_2 MB_i + \delta_3 Lev_i) \ + \varepsilon_{it} \qquad (6—7)$$

### 三　模型设计

为了检验会计稳健性在准则变革不同阶段的变化趋势（假设 6—1），可在经典 Basu（1997）模型的基础上，加入准则变革时间虚拟变量 $Post_j$，即将模型（6—3）改为如下模型：

$$\frac{EPS_{it}}{P_{i,t-1}} = \beta_0 + \beta_1 \times D_{it} + \beta_2 R_{it} + \beta_3 R_{it} \times D_{it} + \beta_4 Post_j + \beta_5 D_{it} \times Post_j \qquad (6—8)$$

$$+ \beta_6 R_{it} \times Post_j + \beta_7 R_{it} \times D_{it} \times Post_j + \varepsilon_{it}$$

其中，$Post_j$ 为会计准则变革虚拟变量，会计准则变革后（2007—2013年）$Post$ 取值为 1，准则变革前则取值为 0。同时，为了检验会计准则变革的时间效应，参考图 5—1，进一步构建了会计准则变革后初期（2007—2009 年）和会计准则变革后稳定期（2011—2013 年）虚拟变量 $Post_1$ 和 $Post_2$，当为准则变革后初期时，$Post_1$ 取值为 1，否则为 0；当为准则变革后稳定期时，$Post_2$ 取值为 1，否则为 0。其他变量与模型（6—3）

相同。在模型（6—8）中，交叉项 $R_{it} \times D_{it} \times Post_j$ 的系数 $\beta_7$ 度量了会计准则变革对会计稳健性的影响，若会计准则变革使得我国上市公司的会计稳健性降低，则 $\beta_7$ 显著为负，若会计稳健性提高，则 $\beta_7$ 显著为正。

为了检验权益成本的变化及会计稳健性的影响（假设 6—2 与假设 6—4），建立如下模型：

$$Cost\_Equity_{it} = \alpha_0 + \alpha_1 Post_j + \alpha_2 AC_{it} + \alpha_3 AC_{it} \times Post_j + \alpha_4 Vol_{it} + \alpha_5 Beta_{it}$$
$$+ \alpha_6 Liq_{it} + \alpha_7 Ocf_{it} + \alpha_8 Top1_{it} + \alpha_9 Size_{it} + \alpha_{10} Lev_{it} + \alpha_{11} Grow_{it} + \alpha_{12} Turn_{it}$$
$$+ INDUSTRY + \varepsilon_{it}$$

$$(6—9)$$

其中，$Cost\_Equity_{it}$ 为被解释变量权益成本，分别用前述计算的 $Cost\_PEG$ 和 $Cost\_OJN$ 表示。$Post_j$ 为准则变革虚拟变量，与模型（6—8）相同。$AC_{it\,t-1}$ 代表会计稳健性，用前述计算的 $C\_Score$ 表示。其他为相关控制变量，本书主要参考叶康涛和陆正飞（2004）、曾颖和陆正飞（2006）、方红星和施继坤（2011）等的研究，选取了反映企业经营风险、市场风险、财务风险、流动性、公司规模与相关能力特征、代理问题等的相关控制变量。模型变量含义和具体计算方法详见表 6—2。在模型（6—9）中，$Post_j$ 的系数 $\alpha_1$ 度量了会计准则变革对权益成本的总体影响，若会计准则变革使得权益成本降低，则 $\alpha_1$ 预计显著为负；$AC_{it}$ 的系数 $\alpha_2$ 度量了会计稳健性对权益成本的影响，若会计稳健性能够促进权益成本降低，则 $\alpha_2$ 预计显著为负；交乘项 $AC_{it} \times Post_j$ 的系数 $\alpha_3$ 则度量了由于准则变革带来的会计稳健性变化对权益成本的影响，若随着会计稳健性的降低，权益成本提高，则 $\alpha_3$ 预计显著为正。

为了检验债务成本的变化及会计稳健性的影响（假设 6—3 与假设 6—4），建立如下模型：

$$Cost\_Debt_{it} = \alpha_0 + \beta_1 Post_j + \beta_2 AC_{it} + \beta_3 AC_{it} \times Post_j + \beta_4 ROA_{it} + \beta_5 Cur_{it}$$
$$+ \beta_6 Tan_{it} + \beta_7 Long_{it} + \beta_8 Prime_{it} + \beta_9 Size_{it} + \beta_{10} Lev_{it} + \beta_{11} Grow_{it} + \beta_{12} Turn_{it}$$
$$+ INDUSTRY + \varepsilon_{it}$$

$$(6—10)$$

其中，$Cost\_Debt_{it}$ 为被解释变量债务成本，分别用前述计算的

$Cost\_Debt_1$ 和 $Cost\_Debt_2$ 表示。$Post_j$ 和 $AC_{it}$ 与模型（6—9）相同，分别表示准则变革虚拟变量和会计稳健性。在控制变量方面，除了与影响权益成本的共同因素 $Size$、$Lev$、$Grow$ 和 $Turn$ 之外，参考 Ahmed et al.（2002）、毛新述和戴德明（2007）、郝东洋和张天西（2011）等的研究，进一步选取了与公司盈利能力、偿债能力、债务期限结构、贷款基准利率等相关指标作为控制变量。模型变量含义和具体计算方法详见表6—2。

类似地，在模型（6—10）中，$Post_j$ 的系数 $\beta_1$ 度量了会计准则变革对债务成本的总体影响，若会计准则变革使得债务成本降低，则 $\beta_1$ 预计显著为负；$AC_{it}$ 的系数 $\beta_2$ 度量了会计稳健性对债务成本的影响，若会计稳健性能够促进债务成本降低，则 $\beta_2$ 预计显著为负；交乘项 $AC_{it} \times Post_j$ 的系数 $\beta_3$ 则度量了由于准则变革带来的会计稳健性变化对债务成本的影响，若随着会计稳健性的降低债务成本提高，则 $\beta_3$ 预计显著为正。

表6—2　　　　　　　　　　　　　变量定义与计算方法

| 变量名称 | 变量含义 | 计算方法 |
|---|---|---|
| $Cost\_Equity_j$ | 权益成本 | （1）用 PEG 模型计算的权益成本 $Cost\_PEG$<br>（2）用 OJN 模型计算的权益成本 $Cost\_OJN$ |
| $Cost\_Debt_j$ | 债务成本 | （1）$Cost\_Debt_1$ = 利息支出/平均带息债务总额<br>（2）$Cost\_Debt_2$ = 净财务费用/平均带息债务总额 |
| $Post_j$ | 会计准则变革<br>虚拟变量 | （1）准则变革后 $Post$ 取值为1，否则为0<br>（2）准则变革后初期 $Post_1$ 取值为1，否则为0<br>（3）准则变革后稳定期 $Post_2$ 取值为1，否则为0 |
| $AC$ | 会计稳健性 | 用 Khan 和 Watts（2009）模型计算的 $C\_Score$ |
| $Vol$ | 经营风险 | 近三年营业收入标准差与平均值的比值 |
| $Beta$ | 市场风险 | 用月收益（24个月滚动）计算的 Beta 值 |
| $Liq$ | 股票流动性 | 当期流通股年换手率 |
| $Ocf$ | 现金流能力 | 当期每股自由现金流 |
| $Top1$ | 代理问题 | 期末第一大股东持股比例 |
| $Size$ | 公司规模 | 期末资产总额的自然对数 |
| $Lev$ | 财务风险 | 资产负债率 = 期末负债总额/期末总资产 |
| $Grow$ | 发展能力 | 当期主营业务收入增长率 |

续表

| 变量名称 | 变量含义 | 计算方法 |
|---|---|---|
| Turn | 营运能力 | 总资产周转率 = 当期营业收入/当期总资产平均值 |
| ROA | 盈利能力 | 净利润/当期总资产平均值 |
| Cur | 流动比率 | 期末流动资产/期末流动负债 |
| Tan | 有形资产比 | 期末有形资产/期末总资产 |
| Long | 债务期限结构 | 期末长期负债/期末总负债 |
| Prime | 基准利率 | 中国人民银行年初公布的中长期贷款基准利率 |
| INDUSTRY | 行业控制变量 | 根据证监会 2012 年行业分类设置虚拟变量 |

# 第三节　实证结果分析

## 一　描述性统计

表 6—3　　　　　　　　主要变量的描述性统计

| Panel A：模型（6—9）相关变量——权益成本组样本 | | | | | | | | |
|---|---|---|---|---|---|---|---|---|
| 变量 | 观测值 | 平均值 | 标准差 | 中位数 | 最小值 | 最大值 | 偏度值 | 峰度值 |
| Cost_PEG | 7498 | 0.115 | 0.048 | 0.110 | 0.022 | 0.268 | 0.763 | 3.913 |
| Cost_OJN | 7498 | 0.138 | 0.048 | 0.132 | 0.048 | 0.298 | 0.849 | 4.087 |
| C_Score | 7498 | 0.041 | 0.070 | 0.031 | −0.130 | 0.259 | 0.279 | 2.821 |
| Vol | 7498 | 0.191 | 0.146 | 0.156 | 0.014 | 1.010 | 2.205 | 10.27 |
| Beta | 7498 | 1.050 | 0.405 | 1.044 | −0.174 | 2.073 | 0.031 | 3.071 |
| Liq | 7498 | 568.6 | 393.1 | 471.8 | 64.29 | 2229 | 1.258 | 4.742 |
| Ocf | 7498 | −0.212 | 1.004 | −0.079 | −3.879 | 2.232 | −0.892 | 5.474 |
| Top1 | 7498 | 38.14 | 15.70 | 36.77 | 9.087 | 77.83 | 0.323 | 2.384 |
| Size | 7498 | 22.16 | 1.226 | 22.00 | 18.83 | 25.39 | 0.590 | 3.018 |
| Lev | 7498 | 0.479 | 0.201 | 0.490 | 0.048 | 1.644 | −0.002 | 2.924 |
| Grow | 7498 | 0.242 | 0.497 | 0.162 | −0.725 | 4.330 | 4.775 | 36.03 |
| Turn | 7498 | 0.780 | 0.522 | 0.654 | 0.039 | 2.741 | 1.528 | 5.614 |

| Panel A：模型（6—9）相关变量——权益成本组样本 | | | | | | | |
|---|---|---|---|---|---|---|---|
| 变量 | 观测值 | 平均值 | 标准差 | 中位数 | 最小值 | 最大值 | 偏度值 | 峰度值 |

| Panel B：模型（6—10）相关变量——债务成本组样本 | | | | | | | |
|---|---|---|---|---|---|---|---|
| 变量 | 观测值 | 平均值 | 标准差 | 中位数 | 最小值 | 最大值 | 偏度值 | 峰度值 |
| $Cost\_Debt_1$ | 11422 | 0.057 | 0.024 | 0.056 | 0.015 | 0.112 | 0.394 | 3.017 |
| $Cost\_Debt_2$ | 11422 | 0.063 | 0.027 | 0.061 | 0.019 | 0.135 | 0.813 | 3.652 |
| $C\_Score$ | 11422 | 0.063 | 0.081 | 0.058 | -0.130 | 0.259 | 0.206 | 2.586 |
| $ROA$ | 11422 | 0.032 | 0.067 | 0.032 | -0.312 | 0.232 | -1.612 | 10.62 |
| $Cur$ | 11422 | 1.630 | 1.578 | 1.245 | 0.179 | 17.71 | 5.140 | 42.12 |
| $Tan$ | 11422 | 0.950 | 0.060 | 0.968 | 0.607 | 1 | -2.764 | 13.07 |
| $Long$ | 11422 | 0.148 | 0.179 | 0.075 | 0 | 0.714 | 1.332 | 3.992 |
| $Prime$ | 11422 | 0.061 | 0.006 | 0.058 | 0.054 | 0.076 | 1.086 | 3.652 |
| $Size$ | 11422 | 21.78 | 1.236 | 21.63 | 18.83 | 25.39 | 0.626 | 3.442 |
| $Lev$ | 11422 | 0.518 | 0.219 | 0.516 | 0.048 | 1.644 | 0.998 | 7.116 |
| $Grow$ | 11422 | 0.208 | 0.518 | 0.135 | -0.725 | 4.330 | 4.491 | 33.07 |
| $Turn$ | 11422 | 0.721 | 0.506 | 0.598 | 0.0390 | 2.741 | 1.668 | 6.336 |

本章相关主要变量的描述性统计见表6—3，其中，Panel A 为模型（6—9）相关变量，Panel B 为模型（6—10）相关变量。总体上看，权益成本组样本的数量要小于债务成本组样本数量，这主要是因为在计算权益成本时要用到以往两个年度的分析师盈余预测数据。具体观察各变量，可以发现，用 OJN 模型计算的权益成本要略大于用 PEG 模型计算的权益成本，样本平均值分别为 11.5% 和 13.8%，这与已有研究的计算结果相近。采用利息费用指标和净财务费用指标计算债务成本平均值分别为 5.7% 和 6.3%，后者略大于前者，但两者均明显小于权益成本。在 Panel A 和 Panel B 中，C_Score 的平均值和中位数均大于零，说明我国上市公司普遍存在会计稳健性特征。其他控制变量在此便不一一详述。进一步观察变量的偏度和峰度，可知除了 C_Score、Beta 和 Lev 比较接近正态分布外，其他变量的分布较偏，因此，后文的相关性分析分别报告了 Pearson 相关系数和 Spearman 相关系数。

为了进一步考察我国上市公司资本成本在会计准则变革后的变化趋势，下面分别对会计准则变革前（图5—1中阶段1）、准则变革后初期（图5—1中阶段2）和准则变革后稳定期（图5—1中阶段3）权益成本和债务成本的均值和中值进行了差异检验，见表6—4。T检验结果显示，在我国会计准则变革后初期，上市公司权益成本的均值得到显著降低，而债务成本的均值显著提高，Wilcoxon秩和检验（Mann-Whitney U检验）的结果为相同的变化趋势。而在我国会计准则变革后稳定期，差异检验结果均表明，权益成本出现显著的回升趋势，但债务成本却有所降低，进而差异检验对本书的研究假设提供了初步的支持。

表6—4　　　　　　会计准则变革前后不同阶段主要变量差异检验

| 变量 | 阶段1（2004—2006） | | | 阶段2（2007—2009） | | | 阶段1至2差异检验 | |
|---|---|---|---|---|---|---|---|---|
| | N | 均值 | 中值 | N | 均值 | 中值 | T | Z |
| $Cost\_PEG$ | 776 | 0.118 | 0.097 | 2153 | 0.107 | 0.114 | 5.39*** | 6.64*** |
| $Cost\_OJN$ | 776 | 0.146 | 0.140 | 2153 | 0.131 | 0.122 | 7.26*** | 8.36*** |
| $Cost\_Debt_1$ | 3104 | 0.055 | 0.054 | 2539 | 0.062 | 0.061 | -12.34*** | -12.28*** |
| $Cost\_Debt_2$ | 3104 | 0.059 | 0.057 | 2539 | 0.068 | 0.065 | -13.40*** | -13.69*** |

| 变量 | 阶段3（2011—2013） | | | 阶段2至3差异检验 | | 阶段1至3差异检验 | |
|---|---|---|---|---|---|---|---|
| | N | 均值 | 中值 | T | Z | T | Z |
| $Cost\_PEG$ | 3567 | 0.123 | 0.119 | -12.66*** | -16.12*** | -2.69*** | -3.45*** |
| $Cost\_OJN$ | 3567 | 0.145 | 0.140 | -10.81*** | -14.31*** | 0.77 | -0.18 |
| $Cost\_Debt_1$ | 4937 | 0.057 | 0.057 | 7.87*** | 8.07*** | -5.05*** | -5.00*** |
| $Cost\_Debt_2$ | 4937 | 0.065 | 0.062 | 4.70*** | 5.41*** | -9.87*** | -9.91*** |

注：***、**、*分别表示在1%、5%和10%水平上显著。

## 二　相关性分析

表6—5和表6—6分别列示了模型（6—9）和模型（6—10）主要相关连续变量的Pearson和Spearman相关系数。由表6—5可知，用PEG模型和OJN模型计算的权益成本之间具有较强的相关性，Pearson相关系数

表6—5　　模型（6—9）主要连续变量相关性分析

| 变量 | Cost_PEG | Cost_OJN | C_Score | Vol | Beta | Liq | Ocf | Top1 | Size | Lev | Grow | Turn |
|---|---|---|---|---|---|---|---|---|---|---|---|---|
| Cost_PEG | 1.000 | 0.962*** | 0.151*** | 0.148*** | 0.148*** | -0.189*** | -0.147*** | -0.038*** | 0.185*** | 0.197*** | 0.051*** | -0.016 |
| Cost_OJN | 0.966*** | 1.000 | 0.138*** | 0.139*** | 0.129*** | -0.189*** | -0.115*** | -0.0276 | 0.182*** | 0.181*** | 0.053*** | -0.013 |
| C_Score | 0.144*** | 0.133*** | 1.000 | -0.038*** | 0.183*** | -0.319*** | -0.121*** | 0.066*** | 0.354*** | 0.230*** | -0.015 | -0.002 |
| Vol | 0.120*** | 0.112*** | -0.003 | 1.000 | -0.040*** | 0.044*** | -0.109*** | 0.046*** | 0.057*** | 0.116*** | 0.599*** | 0.058*** |
| Beta | 0.149*** | 0.131*** | 0.159*** | -0.010 | 1.000 | -0.009 | -0.103*** | 0.031*** | 0.172*** | 0.125*** | -0.126*** | -0.065*** |
| Liq | -0.186*** | -0.184*** | -0.280*** | 0.031*** | -0.005 | 1.000 | -0.026** | -0.154*** | -0.387*** | -0.068*** | 0.043*** | -0.035*** |
| Ocf | -0.154*** | -0.127*** | -0.116*** | -0.096*** | -0.095*** | -0.0130 | 1.000 | 0.033** | -0.087*** | -0.142*** | -0.057*** | 0.164*** |
| Top1 | -0.029* | -0.019* | 0.073*** | 0.083*** | 0.040*** | -0.121*** | 0.027** | 1.000 | 0.254*** | 0.055*** | 0.021* | 0.038* |
| Size | 0.177*** | 0.172*** | 0.364*** | 0.053*** | 0.162*** | -0.373*** | -0.112*** | 0.280*** | 1.000 | 0.487*** | 0.036*** | -0.008 |
| Lev | 0.211*** | 0.196*** | 0.279*** | 0.128*** | 0.117*** | -0.064*** | -0.160*** | 0.056*** | 0.460*** | 1.000 | 0.069*** | 0.101*** |
| Grow | 0.020* | 0.018 | 0.015 | 0.681*** | -0.048*** | 0.014 | -0.039*** | 0.063*** | 0.049*** | 0.078*** | 1.000 | 0.160*** |
| Turn | -0.032*** | -0.029** | 0.026** | 0.044*** | -0.062*** | -0.048*** | 0.141*** | 0.041*** | 0.032*** | 0.149*** | 0.087*** | 1.000 |

注：表左下和右上分别为 Pearson 和 Spearman 检验系数；***、**、* 分别表示在 1%、5% 和 10% 水平上显著。

表6—6　　　　模型（6—10）主要连续变量相关性分析

| 变量 | Cost_Debt₁ | Cost_Debt₂ | C_Score | ROA | Cur | Tan | Long | Prime | Size | Lev | Grow | Turn |
|---|---|---|---|---|---|---|---|---|---|---|---|---|
| Cost_Debt₁ | 1.000 | 0.909*** | -0.010 | -0.152*** | -0.164*** | -0.095*** | -0.210*** | 0.193*** | -0.152*** | 0.088*** | -0.047*** | 0.147*** |
| Cost_Debt₂ | 0.888*** | 1.000 | -0.047*** | -0.086*** | -0.086*** | -0.098*** | -0.293*** | 0.197*** | -0.159*** | 0.023** | -0.032*** | 0.229*** |
| C_Score | -0.020** | -0.060*** | 1.000 | -0.199*** | -0.207*** | 0.070*** | 0.134*** | 0.109*** | 0.184*** | 0.310*** | 0.006 | -0.011 |
| ROA | -0.153*** | -0.086*** | -0.190*** | 1.000 | 0.338*** | -0.021* | -0.017* | 0.005 | 0.129*** | -0.399*** | 0.357*** | 0.217*** |
| Cur | -0.136*** | -0.045*** | -0.208*** | 0.215*** | 1.000 | 0.077*** | -0.156*** | 0.066*** | -0.156*** | -0.639*** | 0.052*** | -0.011 |
| Tan | -0.066*** | -0.051*** | 0.064*** | 0.026*** | 0.055*** | 1.000 | 0.034*** | -0.109*** | 0.091*** | 0.122*** | 0.027*** | -0.014 |
| Long | -0.225*** | -0.293*** | 0.081*** | 0.035*** | -0.052*** | -0.052*** | 1.000 | -0.021 | 0.433*** | 0.252*** | 0.059*** | -0.243* |
| Prime | 0.196*** | 0.186*** | -0.058*** | 0.002 | 0.031*** | -0.056*** | -0.011 | 1.000 | 0.102*** | -0.051*** | -0.098*** | 0.02** |
| Size | -0.164*** | -0.166*** | 0.164*** | 0.182*** | -0.161*** | 0.064*** | 0.379*** | 0.061*** | 1.000 | 0.298*** | 0.109*** | 0.090*** |
| Lev | 0.113*** | 0.035*** | 0.300*** | -0.442*** | -0.536*** | 0.038*** | 0.129*** | -0.036*** | 0.185*** | 1.000 | 0.002 | 0.057*** |
| Grow | 0.004 | 0.008 | 0.015 | 0.260*** | -0.018* | 0.002 | 0.041*** | -0.059*** | 0.076*** | 0.01 | 1.000 | 0.208*** |
| Turn | 0.160*** | 0.247*** | 0.008 | 0.183*** | -0.097*** | 0.101*** | -0.268*** | 0.017 | 0.109*** | 0.065*** | 0.125*** | 1.000 |

注：表左下和右上分别为 Pearson 和 Spearman 检验系数；***、**、* 分别表示在 1%、5%和10%水平上显著。

和 Spearman 相关系数均超过 0.9；但会计稳健性与权益成本之间存在明显的正相关关系，这从一定程度上说明，会计稳健性不一定对权益成本具有降低作用。由表 6—6 可知，用利息费用指标和净财务费用指标计算的债务成本之间同样具有较强的相关性，Pearson 相关系数和 Spearman 相关系数均约等于 0.9；会计稳健性与债务成本之间具有明显的负相关关系，这从一定程度上说明，会计稳健性对降低债务成本具有一定作用。其他变量之间的相关性系数均较小。另外，通过进一步计算本章所有回归方程的方差膨胀因子（VIF），发现 VIF 的平均值均小于 2，并且各个变量的最大值均小于 5。因此，多重共线性不会对本章的回归模型产生严重影响。

### 三 多元回归分析

#### （一）会计准则变革与会计稳健性

利用样本数据对模型（6—8）的分阶段回归结果见表 6—7。由第 1 列 $\beta_7$ 显著为负可知，在我国新会计准则实施后，上市公司的会计稳健性水平得到显著降低。由第 2 列 $\beta_7$ 显著为负可知，在准则变革后初期，会计稳健性显著降低，且非常明显。由第 3 列 $\beta_7$ 显著为正可知，在准则变革后稳定期，会计稳健性又得到了显著提高。而第 4 列中 $\beta_7$ 并不显著，说明从会计准则变革前到会计准则变革后稳定期，随着会计稳健性的先降低再提高，会计稳健性并未发生显著差异。从而本书的研究假设 6—7 得到了验证。

表 6—7 会计准则变革不同阶段会计稳健性的变化趋势

| 变量 | (1) Post | (2) Post$_1$ | (3) Post$_1 \rightarrow$ Post$_2$ | (4) Post$_2$ |
|------|----------|--------------|-----------------------------------|--------------|
| D | - 0.012 *** | - 0.012 *** | 0.008 *** | - 0.012 *** |
|   | ( - 3.81 ) | ( - 3.11 ) | ( 2.92 ) | ( - 3.72 ) |
| R | - 0.004 * | - 0.004 | 0.023 *** | - 0.004 * |
|   | ( - 1.88 ) | ( - 1.53 ) | ( 7.55 ) | ( - 1.83 ) |

| 变量 | （1）<br>$Post$ | （2）<br>$Post_1$ | （3）<br>$Post_1 \rightarrow Post_2$ | （4）<br>$Post_2$ |
|---|---|---|---|---|
| $R \times D$ | 0.079 *** | 0.079 *** | 0.010 | 0.079 *** |
| | （11.39） | （9.30） | （0.95） | （11.14） |
| $Post_j$ | − 0.007 *** | − 0.013 *** | 0.013 *** | − 0.001 |
| | （− 2.78） | （− 3.88） | （6.29） | （− 0.20） |
| $D \times Post_j$ | 0.013 *** | 0.020 *** | − 0.010 *** | 0.010 ** |
| | （3.73） | （3.72） | （− 2.80） | （2.56） |
| $R \times Post_j$ | 0.015 *** | 0.027 *** | − 0.020 *** | 0.007 * |
| | （4.93） | （5.46） | （− 4.77） | （1.83） |
| $R \times D \times Post_j$ | − 0.037 *** | − 0.069 *** | 0.070 *** | 0.001 |
| | （− 3.72） | （− 4.22） | （5.07） | （0.08） |
| Constant | 0.036 *** | 0.036 *** | 0.023 *** | 0.036 *** |
| | （16.07） | （13.12） | （14.82） | （15.71） |
| N | 15128 | 7447 | 10166 | 9517 |
| Adjusted $R^2$ | 0.040 | 0.042 | 0.029 | 0.058 |
| F | 91.33 *** | 47.07 *** | 43.87 *** | 84.32 *** |

注：（1）***、**、*分别表示在1%、5%和10%水平上显著；（2）括号中为 T 值。

（二）会计准则变革、会计稳健性与权益成本

表6—8 报告了模型（6—9）的相关回归结果，其中，第1—4列为用 PEG 模型度量权益成本的回归结果，第5—8列为用 OJN 模型度量权益成本的回归结果。在第1列和第5列回归结果中，$Post$ 的系数在1%水平下显著为负，这说明在我国新会计准则实施后，上市公司的权益成本在总体上得到降低。在第3列和第7列回归结果中，交乘项 $AC \times Post_1$ 的系数分别在5%和10%的水平下显著为正，这说明在我国会计准则变革后初期，虽然我国上市公司的权益成本在总体上得到降低，但是会计稳健性的降低使得权益成本在一定程度上提高，从而研究假设6—2得到了验证。

表6—8　　　　　　会计准则变革、会计稳健性与权益成本回归结果

| 变量 | 因变量为 $Cost\_PEG$ | | | | 因变量为 $Cost\_OJN$ | | | |
|---|---|---|---|---|---|---|---|---|
| | (1) | (2) | (3) | (4) | (5) | (6) | (7) | (8) |
| | $Post$ | $Post$ | $Post_1$ | $Post_2$ | $Post$ | $Post$ | $Post_1$ | $Post_2$ |
| $Post_j$ | −0.007*** | −0.008*** | −0.008*** | 0.006** | −0.012*** | −0.012*** | −0.012*** | −0.001 |
| | (−3.95) | (−4.21) | (−3.44) | (2.47) | (−6.87) | (−6.59) | (−5.05) | (−0.22) |
| $AC$ | | −0.014 | −0.032 | 0.008 | | −0.005 | −0.025 | 0.016 |
| | | (−0.70) | (−1.40) | (0.41) | | (−0.22) | (−1.07) | (0.79) |
| $AC \times Post_j$ | | 0.032 | 0.059** | −0.081*** | | 0.018 | 0.048* | −0.084*** |
| | | (1.46) | (2.14) | (−3.18) | | (0.79) | (1.74) | (−3.22) |
| $Vol$ | 0.047*** | 0.048*** | 0.055*** | 0.039*** | 0.045*** | 0.046*** | 0.052*** | 0.039*** |
| | (9.71) | (9.85) | (6.52) | (5.87) | (9.15) | (9.23) | (6.19) | (5.75) |
| $Beta$ | 0.010*** | 0.010*** | 0.014*** | −0.000 | 0.009*** | 0.009*** | 0.016*** | −0.001 |
| | (7.34) | (7.23) | (4.78) | (−0.05) | (6.49) | (6.38) | (5.13) | (−0.50) |
| $Liq$ | −0.000*** | −0.000*** | −0.000*** | −0.000*** | −0.000*** | −0.000*** | −0.000*** | −0.000*** |
| | (−15.81) | (−15.22) | (−11.29) | (−3.26) | (−14.92) | (−14.39) | (−11.20) | (−3.44) |
| $Ocf$ | −0.004*** | −0.004*** | −0.004*** | −0.004*** | −0.003*** | −0.003*** | −0.003*** | −0.003*** |
| | (−8.12) | (−7.97) | (−4.04) | (−5.71) | (−6.04) | (−5.93) | (−3.01) | (−3.72) |
| $Top1$ | −0.000*** | −0.000*** | −0.000*** | −0.000*** | −0.000*** | −0.000*** | −0.000*** | −0.000*** |
| | (−5.92) | (−5.88) | (−3.74) | (−3.46) | (−5.20) | (−5.17) | (−3.21) | (−2.98) |
| $Size$ | 0.001* | 0.001 | −0.006*** | 0.004*** | 0.001** | 0.001** | −0.005*** | 0.005*** |
| | (1.93) | (1.46) | (−5.18) | (5.63) | (2.33) | (1.98) | (−4.36) | (6.26) |
| $Lev$ | 0.025*** | 0.024*** | 0.044*** | 0.038*** | 0.021*** | 0.020*** | 0.036*** | 0.031*** |
| | (7.78) | (7.53) | (7.47) | (7.85) | (6.50) | (6.30) | (6.14) | (6.22) |
| $Grow$ | −0.008*** | −0.008*** | −0.008*** | −0.008*** | −0.008*** | −0.008*** | −0.009*** | −0.008*** |
| | (−5.98) | (−6.08) | (−3.48) | (−4.15) | (−5.73) | (−5.79) | (−3.54) | (−3.86) |
| $Turn$ | −0.003** | −0.003** | −0.004* | −0.004** | −0.003** | −0.003** | −0.004* | −0.004** |
| | (−2.41) | (−2.39) | (−1.87) | (−2.24) | (−2.44) | (−2.42) | (−1.83) | (−2.50) |
| Constant | 0.072*** | 0.078*** | 0.217*** | −0.008 | 0.098*** | 0.102*** | 0.233*** | 0.013 |
| | (5.16) | (5.48) | (8.58) | (−0.43) | (6.91) | (7.07) | (9.10) | (0.72) |
| $INDUSTRY$ | 控制 | 控制 | 控制 | 控制 | 控制 | 控制 | 控制 | 控制 |

| 变量 | 因变量为 $Cost\_PEG$ | | | | 因变量为 $Cost\_OJN$ | | | |
|---|---|---|---|---|---|---|---|---|
| | (1)<br>$Post$ | (2)<br>$Post$ | (3)<br>$Post_1$ | (4)<br>$Post_2$ | (5)<br>$Post$ | (6)<br>$Post$ | (7)<br>$Post_1$ | (8)<br>$Post_2$ |
| N | 7498 | 7498 | 2929 | 4343 | 7498 | 7498 | 2929 | 4343 |
| Adjusted $R^2$ | 0.193 | 0.194 | 0.169 | 0.193 | 0.175 | 0.175 | 0.162 | 0.174 |
| F | 24.03*** | 23.50*** | 8.924*** | 13.99*** | 21.42*** | 20.92*** | 8.520*** | 12.47*** |

注：因变量为权益成本 $Cost\_Equity$；***、**、* 分别表示在1%、5%和10%水平上显著；括号中为T值。

在表6—8第4列和第8列回归结果中，交乘项的系数 $AC \times Post_2$ 均在1%水平下显著为负，这说明在准则变革后稳定期，会计稳健性在此期间的回增促使上市公司的权益成本在一定程度上降低。而第2列和第6列中交乘项 $AC \times Post$ 为符号正，但在统计上并非显著，说明综合准则变革后初期和稳定期两个阶段，会计稳健性对权益成本的正向和负向作用在一定程度上被相互抵消。进一步对比 $Post_j$ 和 $AC \times Post_j$ 的系数，可以发现两者的符号几乎同步相反，这在一定程度上说明，会计准则变革带来会计信息相关性的变化主导权益成本的变化，而会计可靠性（稳健性）的反向变化对权益成本的变化产生缓冲作用。

在控制变量方面，$Vol$、$Beta$ 和 $Lev$ 几乎在不同的水平下均显著为正，这说明经营风险、市场风险和财务风险越大的公司，其权益成本越高，这与理论预期一致。$Size$ 的系数在准则变革后初期显著为正，在准则变革后稳定期显著为负，说明在不同阶段上市公司规模对资本成本的影响不同。$Liq$、$Ocf$、$Grow$ 和 $Turn$ 几乎在不同的水平下显著为负，这说明流动性越强、现金流能力、发展能力和营运能力越高的公司，其权益成本越低，这也与理论预期一致。$Top1$ 的系数在不同的水平下均显著为负，说明代理问题在我国上市公司并非意味着较为严重的风险，大股东持股较高的公司，其资本成本也可能相对较低。

（三）会计准则变革、会计稳健性与债务成本

表6—9报告了模型（6—10）的相关回归结果，其中，第1—4列为

用利息费用指标度量债务成本的回归结果，第5—8列为用净财务费用指标度量债务成本的回归结果。在第1列和第5列回归结果中，$Post$ 的系数在1%水平下显著为负，这说明在我国新会计准则实施后，上市公司的债务成本在总体上得到降低。$AC$ 的系数在不同回归中均在1%水平下显著为负，这说明较高的会计稳健性能够降低债务成本。在第3列和第7列回归结果中，交乘项 $AC \times Post_1$ 的系数均在1%的水平下显著为正，这说明在我国会计准则变革后初期，债务成本随着会计稳健性的降低而提高。进一步对比 $Post_j$ 和 $AC \times Post_j$ 的系数，可以发现两者的符号几乎同步一致，这在一定程度上说明，会计准则变革带来会计稳健性的变化对债务成本的变化产生主导作用，从而研究假设6—3得到了验证。在第4列和第8列回归结果中，交乘项的系数 $AC \times Post_2$ 分别在1%和5%的水平下显著为正，这说明在准则变革后稳定期，会计稳健性在此期间的回增并未促使上市公司的债务成本降低，这与模型（6—9）权益成本不同，说明权益市场对会计稳健性变化的反应要比债务市场更敏感，从而使研究假设6—4得到了验证。

表6—9　　　　会计准则变革、会计稳健性与债务成本回归结果

| 变量 | 因变量为 $Cost\_Debt_1$ | | | | 因变量为 $Cost\_Debt_2$ | | | |
|---|---|---|---|---|---|---|---|---|
| | (1)<br>$Post$ | (2)<br>$Post$ | (3)<br>$Post_1$ | (4)<br>$Post_2$ | (5)<br>$Post$ | (6)<br>$Post$ | (7)<br>$Post_1$ | (8)<br>$Post_2$ |
| $Post_j$ | 0.003 ***<br>(5.51) | 0.001<br>(1.52) | 0.002 **<br>(2.18) | 0.002 **<br>(2.29) | 0.006 ***<br>(9.12) | 0.003 ***<br>(4.41) | 0.003 ***<br>(3.37) | 0.005 ***<br>(5.06) |
| $AC$ | | −0.021 ***<br>(−5.14) | −0.018 ***<br>(−4.73) | −0.023 ***<br>(−5.45) | | −0.027 ***<br>(−5.72) | −0.023 ***<br>(−5.34) | −0.029 ***<br>(−5.99) |
| $AC \times Post_j$ | | 0.026 ***<br>(4.84) | 0.029 ***<br>(4.77) | 0.024 ***<br>(3.13) | | 0.028 ***<br>(4.63) | 0.031 ***<br>(4.52) | 0.018 **<br>(2.07) |
| $ROA$ | −0.039 ***<br>(−10.14) | −0.040 ***<br>(−10.46) | −0.042 ***<br>(−9.10) | −0.040 ***<br>(−8.30) | −0.038 ***<br>(−8.79) | −0.040 ***<br>(−9.22) | −0.046 ***<br>(−8.87) | −0.039 ***<br>(−7.16) |
| $Cur$ | −0.001 ***<br>(−8.46) | −0.001 ***<br>(−8.36) | −0.001 ***<br>(−3.22) | −0.001 ***<br>(−7.60) | −0.000<br>(−1.28) | −0.000<br>(−1.22) | 0.000<br>(0.37) | −0.000<br>(−1.57) |

续表

| 变量 | 因变量为 $Cost\_Debt_1$ | | | | 因变量为 $Cost\_Debt_2$ | | | |
|---|---|---|---|---|---|---|---|---|
| | (1) | (2) | (3) | (4) | (5) | (6) | (7) | (8) |
| | Post | Post | $Post_1$ | $Post_2$ | Post | Post | $Post_1$ | $Post_2$ |
| Tan | -0.016*** | -0.016*** | -0.022*** | -0.019*** | -0.015*** | -0.015*** | -0.021*** | -0.019*** |
| | (-4.26) | (-4.35) | (-4.39) | (-4.26) | (-3.63) | (-3.70) | (-3.68) | (-3.80) |
| Long | -0.022*** | -0.022*** | -0.027*** | -0.022*** | -0.032*** | -0.032*** | -0.035*** | -0.032*** |
| | (-15.15) | (-15.23) | (-14.31) | (-12.98) | (-19.90) | (-19.99) | (-15.91) | (-16.61) |
| Prime | 0.735*** | 0.714*** | 0.706*** | 0.483*** | 0.706*** | 0.686*** | 0.711*** | 0.482*** |
| | (19.67) | (18.98) | (16.02) | (5.33) | (16.64) | (16.05) | (14.20) | (4.68) |
| Size | -0.003*** | -0.003*** | -0.002*** | -0.003*** | -0.003*** | -0.003*** | -0.002*** | -0.003*** |
| | (-12.61) | (-12.73) | (-6.73) | (-9.87) | (-10.66) | (-10.61) | (-5.29) | (-8.55) |
| Lev | 0.009*** | 0.009*** | 0.007*** | 0.009*** | 0.006*** | 0.007*** | 0.004** | 0.007*** |
| | (6.82) | (7.11) | (4.32) | (5.63) | (3.96) | (4.41) | (2.28) | (3.75) |
| Grow | 0.002*** | 0.002*** | 0.001** | 0.003*** | 0.002*** | 0.002*** | 0.001* | 0.003*** |
| | (5.15) | (5.30) | (2.13) | (5.32) | (4.54) | (4.72) | (1.77) | (5.06) |
| Turn | 0.005*** | 0.005*** | 0.006*** | 0.005*** | 0.010*** | 0.010*** | 0.011*** | 0.010*** |
| | (10.70) | (10.59) | (8.95) | (8.50) | (18.00) | (17.88) | (15.56) | (14.56) |
| Constant | 0.078*** | 0.084*** | 0.080*** | 0.098*** | 0.076*** | 0.081*** | 0.074*** | 0.097*** |
| | (12.55) | (12.98) | (9.42) | (10.87) | (10.78) | (11.09) | (7.64) | (9.42) |
| INDUSTRY | 控制 | 控制 | 控制 | 控制 | 控制 | 控制 | 控制 | 控制 |
| N | 11422 | 11422 | 5643 | 8041 | 11422 | 11422 | 5643 | 8041 |
| Adjusted $R^2$ | 0.183 | 0.185 | 0.250 | 0.152 | 0.211 | 0.213 | 0.272 | 0.185 |
| F | 32.93*** | 32.55*** | 24.76*** | 18.51*** | 39.09*** | 38.65*** | 27.64*** | 23.33*** |

注：因变量为债务成本 $Cost\_Debt$；\*\*\*、\*\*、\* 分别表示在 1%、5% 和 10% 水平上显著；括号中为 T 值。

在控制变量方面，ROA、Cur、Tan 和 Long 的系数均显著为负，说明盈利能力较强、流动比率较高、有形资产比较高、长期负债比较高的公司，其债务成本相对较低；而 Prime 的系数显著为正，说明贷款基准利率越高，债务成本就越高。对于其他与模型（6—9）相同控制变量，Size 的符号显著为负，表明规模较大的公司债务成本相对较低；Lev 的符号显著为正，表明财务风险较高的公司债务成本相对较高；而 Grow 和 Turn 的符号却显著为正，这表明增长较高和营运速度较快的公司，取得的债务成本反而越高，可能的解释是，对于此类公司，其对于资金较为紧缺，所以宁愿付出高成本获得资金以支持公司的发展机会。

## 第四节　进一步分析与稳健性检验

### 一　基于双时间虚拟变量的进一步分析

为了进一步说明权益成本和债务成本在不同阶段的变化趋势，以及会计稳健性对其的影响，基于模型（6—9）和模型（6—10），可构建如下双时间虚拟变量模型：

$$Cost\_Equity_{it} \left[ or \ Debt_{it} \right] = \alpha_0 + \alpha_1 AC_{it} + \alpha_2 Post_1 + \alpha_3 Post_2$$

$$+ \alpha_4 AC_{it} \times Post_1 + \alpha_5 AC_{it} \times Post_2 + \sum_{k=6}^{14} \alpha_k \ Controls_{it} + \varepsilon_{it} \qquad (6\text{—}11)$$

在上述模型中，变量的经济含义与模型（6—9）和模型（6—10）相同，不同之处是将会计准则变革分阶段虚拟变量（$Post_1$ 和 $Post_2$）同时放入模型，则 $AC_{it}$ 的系数 $\alpha_1$ 度量了会计稳健性对资本成本的影响；$Post_1$ 的系数 $\alpha_2$ 度量了会计准则变革后初期资本成本的变化，$Post_2$ 的系数 $\alpha_3$ 度量准则变革后稳定期在初期的基础上资本成本的增量变化，$AC \times Post_1$ 的系数 $\alpha_4$ 度量了会计准则变革后初期会计稳健性对资本成本的影响，$AC \times Post_2$ 的系数 $\alpha_5$ 度量了准则变革后稳定期在初期的基础上会计稳健性对资本成本的增量影响。

该模型的回归结果见表6—10。$AC$ 的系数为负，表明较高的会计稳健性能够降低资本成本。$Post_1$ 的系数在权益成本回归中显著为负，而在债务成本回归中显著为正，这表明在会计准则变革后初期，我国上市公司的权益成本显著降低，但债务成本显著增加。$Post_2$ 的系数在 PEG 模型计算的权益成本回归中为正且不显著，但在 OJN 模型计算的权益成本回归中显著为负，而在净财务费用指标计算的债务成本回归中显著为正，这表明在准则变革后稳定期，我国上市公司的权益成本的变化并不明朗，而债务成本进一步增加。$AC \times Post_1$ 的系数在权益成本回归中为正但并不显著，而在债务成本回归中显著为正；$AC \times Post_2$ 的系数在权益成本回归中为负且显著性水平较低，而在债务成本回归中显著为正；这表明虽然会计稳健性对债务契约所起的作用更加主导，但权益市场对会计稳健性的调整却更为及时。从而本书的各研究假设在不同程度上进一步得到了验证。

表6—10　　会计准则变革、会计稳健性与资本成本回归结果

| 变量 | (1)<br>Cost_PEG | (2)<br>Cost_OJN | 变量 | (3)<br>Cost_Debt1 | (4)<br>Cost_Debt2 |
|---|---|---|---|---|---|
| $AC$ | -0.013<br>(-0.61) | -0.004<br>(-0.21) | $AC$ | -0.021 ***<br>(-5.07) | -0.027 ***<br>(-5.72) |
| $Post_1$ | -0.010 ***<br>(-4.95) | -0.014 ***<br>(-6.59) | $Post_1$ | 0.002 ***<br>(2.80) | 0.003 ***<br>(3.86) |
| $Post_2$ | 0.002<br>(0.90) | -0.004 *<br>(-1.80) | $Post_2$ | 0.001<br>(1.19) | 0.004 ***<br>(4.41) |
| $AC \times Post_1$ | 0.015<br>(0.60) | 0.003<br>(0.11) | $AC \times Post_1$ | 0.030 ***<br>(4.70) | 0.033 ***<br>(4.54) |
| $AC \times Post_2$ | -0.038<br>(-1.52) | -0.043 *<br>(-1.67) | $AC \times Post_2$ | 0.026 ***<br>(3.43) | 0.019 **<br>(2.27) |
| $Vol$ | 0.048 ***<br>(8.87) | 0.046 ***<br>(8.46) | $ROA$ | -0.040 ***<br>(-10.00) | -0.041 ***<br>(-9.09) |
| $Beta$ | 0.007 ***<br>(4.15) | 0.006 ***<br>(3.78) | $Cur$ | -0.001 ***<br>(-8.40) | -0.000 **<br>(-1.97) |
| $Liq$ | -0.000 ***<br>(-11.30) | -0.000 ***<br>(-11.16) | $Tan$ | -0.016 ***<br>(-4.22) | -0.016 ***<br>(-3.55) |
| $Ocf$ | -0.004 ***<br>(-6.93) | -0.003 ***<br>(-5.03) | $Long$ | -0.022 ***<br>(-15.11) | -0.032 ***<br>(-19.23) |
| $Top1$ | -0.000 ***<br>(-5.27) | -0.000 ***<br>(-4.80) | $Prime$ | 0.657 ***<br>(15.49) | 0.660 ***<br>(13.72) |
| $Size$ | 0.001<br>(1.46) | 0.001 **<br>(2.05) | $Size$ | -0.003 ***<br>(-11.40) | -0.002 ***<br>(-9.54) |
| $Lev$ | 0.037 ***<br>(9.54) | 0.032 ***<br>(8.08) | $Lev$ | 0.008 ***<br>(6.06) | 0.006 ***<br>(3.79) |

续表

| 变量 | （1） | （2） | 变量 | （3） | （4） |
|---|---|---|---|---|---|
| | Cost_PEG | Cost_OJN | | Cost_Debt1 | Cost_Debt2 |
| Grow | − 0. 008 *** | − 0. 008 *** | Grow | 0. 002 *** | 0. 002 *** |
| | （ − 5. 39） | （ − 5. 33） | | （5. 40） | （5. 09） |
| Turn | − 0. 003 ** | − 0. 003 ** | Turn | 0. 005 *** | 0. 010 *** |
| | （ − 2. 38） | （ − 2. 46） | | （10. 52） | （17. 52） |
| Constant | 0. 070 *** | 0. 094 *** | Constant | 0. 086 *** | 0. 081 *** |
| | （4. 53） | （5. 98） | | （12. 62） | （10. 61） |
| INDUSTRY | 控制 | 控制 | INDUSTRY | 控制 | 控制 |
| N | 6496 | 6496 | N | 10580 | 10580 |
| Adjusted R² | 0. 196 | 0. 177 | Adjusted R² | 0. 185 | 0. 213 |
| F | 20. 25 *** | 18. 02 *** | F | 29. 58 *** | 35. 16 *** |

注：因变量为权益成本和债务成本；***、**、* 分别表示在 1%、5% 和 10% 水平上显著；括号中为 T 值。

## 二　基于内生转换模型的进一步分析

表 6—11　　　　盈余稳健性对权益成本与债务成本的影响差异

| 变量 | （1） | T 值 | （2） | T 值 |
|---|---|---|---|---|
| AC | − 0. 020 *** | （ − 4. 98） | − 0. 012 *** | （ − 2. 93） |
| D | | | − 0. 021 * | （ − 1. 86） |
| D × AC | 0. 052 *** | （7. 47） | 0. 027 *** | （3. 82） |
| Size | − 0. 001 *** | （ − 2. 87） | − 0. 003 *** | （ − 8. 85） |
| Lev | 0. 018 *** | （12. 19） | 0. 003 * | （1. 68） |
| Grow | − 0. 002 *** | （ − 2. 96） | 0. 002 *** | （2. 84） |
| Turn | 0. 002 *** | （3. 06） | 0. 006 *** | （9. 09） |
| D × Size | | | 0. 004 *** | （7. 45） |
| D × Lev | | | 0. 031 *** | （10. 73） |
| D × Grow | | | − 0. 011 *** | （ − 9. 25） |
| D × Turn | | | − 0. 011 *** | （ − 11. 12） |
| D × Vol | 0. 041 *** | （14. 44） | 0. 056 *** | （15. 79） |

| 变量 | （1） | T 值 | （2） | T 值 |
|------|------|------|------|------|
| $D \times Beta$ | 0.015 *** | (15.58) | 0.012 *** | (12.16) |
| $D \times Liq$ | -0.000 *** | (-21.64) | -0.000 *** | (-20.74) |
| $D \times Ocf$ | -0.005 *** | (-13.75) | -0.004 *** | (-11.16) |
| $D \times Top1$ | -0.000 *** | (-6.28) | -0.000 *** | (-8.58) |
| $D \times ROA$ | -0.015 *** | (-2.94) | -0.040 *** | (-7.21) |
| $D \times Cur$ | -0.001 *** | (-4.29) | -0.002 *** | (-8.08) |
| $D \times Tan$ | -0.080 *** | (-27.28) | -0.037 *** | (-7.28) |
| $D \times Long$ | -0.030 *** | (-15.79) | -0.017 *** | (-8.64) |
| $D \times Prime$ | 0.530 *** | (12.68) | 0.823 *** | (16.57) |
| Constant | 0.107 *** | (17.69) | 0.092 *** | (10.91) |
| $INDUSTRY$ | 控制 | | 控制 | |
| N | 19931 | | 19931 | |
| Adjusted $R^2$ | 0.476 | | 0.489 | |
| F | 211.6 *** | | 210.4 *** | |

注：因变量为 $Cost_{\lambda pq}$；***、**、* 分别表示在1%、5%和10%水平上显著；括号中为 T 值。

为了进一步说明会计稳健性对权益成本和债务成本的影响差异，参考蒋琰（2009）的研究方法，可对模型（6—9）和模型（6—10）进行融合建立内生转换模型，具体如下：

$$Y_i \left( Cost_{\lambda pq}, \lambda = 1, 2 \right) =$$

$$\left\{ \begin{array}{l} AC_{pq}, \ D_1 \times AC_{pq} \\ Size_{pq}, \ Lev_{pq}, \ Grow_{pq}, \ Turn_{pq} \\ D_2 \times Vol_{pq}, \ D_3 \times Beta_{pq}, \ D_4 \times Liq_{pq}, \ D_5 \times Ocf_{pq}, \ D_6 \times Top1_{pq} \\ D_7 \times ROA_{pq}, \ D_8 \times Cur_{pq}, \ D_9 \times Tan_{pq}, \ D_{10} \times Long_{pq}, \ D_{11} \times Prime_{pq} \end{array} \right\} + \mu_p + \eta_p + \varepsilon_{pq}$$

If $\lambda = 1$, then $Cost\_PEG$, $D_1 = D_2 = D_3 = D_4 = D_5 = D_6 = 1$, $D_7 = D_8 = D_9 = D_{10} = D_{11} = 0$

If $\lambda = 2$, then $Cost\_Debt_1$, $D_1 = D_2 = D_3 = D_4 = D_5 = D_6 = 0$, $D_7 = D_8 = D_9 = D_{10} = D_{11} = 1$ 　　　　　　　　（6—12）

在上述模型中，解释变量仍为 $C\_Score$ 表示的会计稳健性 $AC$；被解

释变量 $Y$ （$Cost$）分为两个部分，前半部分为用 PEG 模型计算的权益成本，后半部分为用利息费用指标计算的债务成本[①]。关键是在模型中设置了一个虚拟变量与会计稳健性的交叉变量 $D_1 \times AC$，当被解释变量为权益成本时，则虚拟变量 $D_1 = 1$，当被解释变量为债务成本时，则虚拟变量 $D_1 = 0$。对于权益成本和债务成本的共同控制变量 $Size$、$Lev$、$Grow$ 和 $Turn$ 直接引入模型，其他控制变量则分别设置虚拟变量加以选择。在该模型中，当交叉变量 $D_1 \times AC$ 的系数显著为正时，表明会计稳健性对债务成本的作用要比对权益成本的作用更显著。模型回归结果见表 6—11，和预期一致，$D_1 \times AC$ 的系数在 1% 的水平下显著为正，从而进一步说明会计稳健性的变化对债务成本的主导作用。

### 三　会计稳健性度量的替换

对于会计稳健性的度量，除了 Khan and Watts（2009）提出的稳健性指数（$C\_Score$）法外，Givoly and Hayn（2000）负的累积应计法（$NA$）在国外文献中也常被使用。Givoly and Hayn（2000）认为，正常情况下，在长期内扣除折旧和摊销后的利润应该与经营活动现金流量相等，即长期累积应计总会反转为零，但因为会计稳健性的存在，长期累积应计呈现长期为负的现象，因此，可以用非经营累积应计的符号和大小来判断会计稳健性，具体计算过程如下：

$$Opacc = \Delta Rec + \Delta Inv + \Delta Prep - \Delta Pay - \Delta Taxp - \Delta Prer \qquad (6-13)$$

$$Taccbd = NI + Depr - CFO \qquad (6-14)$$

$$Nopacc = Taccbd - Opacc \qquad (6-15)$$

先由（6—13）式计算出经营性应计 $Opacc$，其中 $\triangle Rec$ 代表应收账款的变化，$\triangle Inv$ 代表存货的变化，$\triangle Prep$ 代表预付账款的变化，$\triangle Pay$ 代表应付账款的变化，$\triangle Taxp$ 代表应交税费的变化，$\triangle Prer$ 代表预收账款的变化。再由（6—14）式计算出扣除折旧、摊销后的总的应计 $Taccbd$，其中，$NI$ 表示净利润，$Depr$ 表示折旧与摊销，$CFO$ 表示经营活动现金流量。最后，由（6—15）式可计算出经期末总资产平滑过的非经营累积应

---

① 本书用 OJN 模型计算的权益成本、净财务费用指标计算的债务成本，结果并无显著差别。

计 $Nopacc$，将其三年累计平均数计作 $NA$，若公司具备会计稳健性，其值应该为负，$NA$ 越小代表稳健性越高。为了便于理解与对比，本书对 $NA$ 取相反数（乘以 $* -1$），如此处理后，其值越大，代表稳健性水平越高。

以 $NA$ 为基础，模型（6—9）和模型（6—10）的重新回归结果分别见表6—12和表6—13。可以发现，在权益成本回归中，相关变量的回归结果与前文基本一致，但交乘项 $NA \times Post_j$ 在 $Post_2$ 阶段并不显著为负。在债务成本回归中，会计准则变革虚拟变量 $Post_j$ 的回归结果与前文一致，但 $NA$ 和 $NA \times Post_j$ 的回归结果在统计上却并不显著，这表明当利用负的累积应计法（$NA$）度量会计稳健性时，会计稳健性与债务成本之间的关系并不稳定。可能的解释是，负的累积应计法（$NA$）本身度量会计稳健性的效果在我国上市公司可能并不理想，在一定程度上，$NA$ 的大小并不能很好地描述公司会计稳健性水平，也可能表示公司较低的盈利水平或者一定程度上的盈余管理行为。

表6—12　　　　　　　　会计稳健性替代后权益成本回归结果

| 变量 | 因变量为 Cost_PEG | | | 因变量为 Cost_OJN | | |
|---|---|---|---|---|---|---|
| | (1) Post | (2) Post₁ | (3) Post₂ | (4) Post | (5) Post₁ | (6) Post₂ |
| $Post_j$ | -0.007*** (-3.70) | -0.006*** (-2.81) | -0.000 (-0.09) | -0.012*** (-6.84) | -0.011*** (-4.85) | -0.007*** (-3.36) |
| $NA$ | -0.000 (-0.00) | -0.031 (-0.72) | -0.005 (-0.14) | -0.015 (-0.38) | -0.043 (-0.99) | -0.016 (-0.41) |
| $NA \times Post_j$ | 0.059 (1.45) | 0.105** (2.19) | 0.043 (1.00) | 0.063 (1.52) | 0.104** (2.16) | 0.048 (1.10) |
| $Vol$ | 0.047*** (9.62) | 0.057*** (6.73) | 0.042*** (6.38) | 0.046*** (9.23) | 0.055*** (6.48) | 0.043*** (6.37) |
| $Beta$ | 0.011*** (7.80) | 0.014*** (4.93) | 0.001 (0.34) | 0.010*** (6.93) | 0.015*** (5.28) | -0.000 (-0.13) |
| $Liq$ | -0.000*** (-14.46) | -0.000*** (-10.06) | -0.000** (-2.34) | -0.000*** (-13.67) | -0.000*** (-10.11) | -0.000*** (-2.66) |

续表

| 变量 | 因变量为 Cost_PEG | | | 因变量为 Cost_OJN | | |
|---|---|---|---|---|---|---|
| | (1) | (2) | (3) | (4) | (5) | (6) |
| | Post | Post₁ | Post₂ | Post | Post₁ | Post₂ |
| $Ocf$ | -0.004*** | -0.004*** | -0.004*** | -0.003*** | -0.003*** | -0.002*** |
| | (-7.23) | (-3.99) | (-5.26) | (-5.20) | (-2.81) | (-3.40) |
| $Top1$ | -0.000*** | -0.000*** | -0.000*** | -0.000*** | -0.000*** | -0.000*** |
| | (-6.10) | (-3.82) | (-3.39) | (-5.52) | (-3.36) | (-3.17) |
| $Size$ | 0.002*** | -0.005*** | 0.004*** | 0.002*** | -0.005*** | 0.005*** |
| | (2.69) | (-5.09) | (5.86) | (2.88) | (-4.48) | (6.32) |
| $Lev$ | 0.022*** | 0.039*** | 0.024*** | 0.019*** | 0.032*** | 0.019*** |
| | (6.58) | (6.55) | (5.47) | (5.56) | (5.34) | (4.12) |
| $Grow$ | -0.008*** | -0.008*** | -0.007*** | -0.008*** | -0.008*** | -0.007*** |
| | (-5.65) | (-3.34) | (-3.76) | (-5.57) | (-3.57) | (-3.71) |
| $Turn$ | -0.002* | -0.004** | -0.002 | -0.002* | -0.004* | -0.002 |
| | (-1.91) | (-2.01) | (-1.35) | (-1.84) | (-1.79) | (-1.41) |
| Constant | 0.062*** | 0.213*** | -0.009 | 0.092*** | 0.234*** | 0.016 |
| | (4.38) | (8.44) | (-0.50) | (6.34) | (9.22) | (0.82) |
| INDUSTRY | 控制 | 控制 | 控制 | 控制 | 控制 | 控制 |
| N | 7182 | 2841 | 4121 | 7182 | 2841 | 4121 |
| Adjusted R² | 0.193 | 0.172 | 0.188 | 0.177 | 0.166 | 0.172 |
| F | 22.24*** | 8.988*** | 12.76*** | 20.01*** | 8.664*** | 11.58*** |

注：因变量为权益成本 Cost_Equity；***、**、*分别表示在1%、5%和10%水平上显著；括号中为 T 值。

表6—13　　　　　　　会计稳健性替代后债务成本回归结果

| 变量 | 因变量为 Cost_Debt₁ | | | 因变量为 Cost_Debt₂ | | |
|---|---|---|---|---|---|---|
| | (1) | (2) | (3) | (4) | (5) | (6) |
| | Post | Post₁ | Post₂ | Post | Post₁ | Post₂ |
| $Post_j$ | 0.004*** | 0.004*** | 0.005*** | 0.006*** | 0.006*** | 0.007*** |
| | (6.86) | (5.99) | (5.91) | (10.21) | (7.40) | (8.28) |
| $AC$ | 0.002 | 0.004 | 0.004 | 0.002 | 0.005 | 0.005 |

续表

| 变量 | 因变量为 $Cost\_Debt_1$ | | | 因变量为 $Cost\_Debt_2$ | | |
|---|---|---|---|---|---|---|
| | (1) | (2) | (3) | (4) | (5) | (6) |
| | $Post$ | $Post_1$ | $Post_2$ | $Post$ | $Post_1$ | $Post_2$ |
| | (0.25) | (0.59) | (0.55) | (0.28) | (0.66) | (0.66) |
| $AC \times Post_j$ | −0.003 | −0.005 | −0.004 | −0.001 | −0.004 | −0.004 |
| | (−0.34) | (−0.50) | (−0.45) | (−0.14) | (−0.42) | (−0.38) |
| $ROA$ | −0.033*** | −0.032*** | −0.033*** | −0.031*** | −0.033*** | −0.031*** |
| | (−9.35) | (−7.46) | (−7.39) | (−7.82) | (−6.86) | (−6.20) |
| $Cur$ | −0.002*** | −0.001*** | −0.002*** | −0.001** | −0.000 | −0.001*** |
| | (−7.88) | (−3.38) | (−7.78) | (−2.08) | (−0.08) | (−2.62) |
| $Tan$ | −0.016*** | −0.021*** | −0.018*** | −0.016*** | −0.020*** | −0.019*** |
| | (−4.39) | (−4.27) | (−4.13) | (−3.89) | (−3.62) | (−3.93) |
| $Long$ | −0.023*** | −0.028*** | −0.023*** | −0.033*** | −0.034*** | −0.033*** |
| | (−15.58) | (−13.77) | (−13.36) | (−19.57) | (−15.02) | (−16.48) |
| $Prime$ | 0.708*** | 0.692*** | 0.548*** | 0.683*** | 0.702*** | 0.563*** |
| | (18.04) | (14.70) | (5.79) | (15.27) | (13.09) | (5.21) |
| $Size$ | −0.003*** | −0.002*** | −0.003*** | −0.003*** | −0.003*** | −0.003*** |
| | (−14.40) | (−8.05) | (−11.13) | (−13.18) | (−7.17) | (−10.64) |
| $Lev$ | 0.008*** | 0.008*** | 0.007*** | 0.007*** | 0.006*** | 0.005*** |
| | (7.04) | (5.29) | (4.77) | (5.09) | (3.44) | (3.10) |
| $Grow$ | 0.002*** | 0.000 | 0.002*** | 0.001*** | 0.000 | 0.002*** |
| | (4.21) | (0.99) | (4.36) | (3.31) | (0.19) | (4.09) |
| $Turn$ | 0.004*** | 0.005*** | 0.004*** | 0.009*** | 0.011*** | 0.009*** |
| | (8.76) | (7.53) | (7.38) | (16.42) | (14.31) | (13.52) |
| Constant | 0.089*** | 0.088*** | 0.099*** | 0.090*** | 0.086*** | 0.103*** |
| | (14.26) | (10.19) | (11.36) | (12.75) | (8.74) | (10.27) |
| $INDUSTRY$ | 控制 | 控制 | 控制 | 控制 | 控制 | 控制 |
| N | 10847 | 5537 | 7594 | 10847 | 5537 | 7594 |
| Adjusted $R^2$ | 0.197 | 0.247 | 0.168 | 0.219 | 0.261 | 0.196 |
| F | 33.39*** | 23.95*** | 19.65*** | 38.03*** | 25.70*** | 23.52*** |

注：因变量为债务成本 $Cost\_Debt$；***、**、*分别表示在1%、5%和10%水平上显著；括号中为 T 值。

### 四　解释变量作滞后一期调整

如果站在事后成本的视角，各个因素对资本成本的影响可能需要一定的时间，因此，为了进一步反映各个变量之间的关系，可对模型（6—9）和模型（6—10）中的解释变量和相关控制变量作滞后一期调整。滞后一期调整后的重新回归结果分别见表6—14和表6—15。在表6—14中，$Post$的系数均在1%的水平下显著为负，这表明在总体上会计准则变革使得权益成本下降；而交乘项$AC \times Post$的系数均值1%的水平下显著为正，这表明随着会计稳健性在准则变革后的降低，权益成本因此有所提高。从而与权益成本相关的假设进一步得到了验证。在表6—15中，$Post$的系数均为正，这表明在总体上会计准则变革使得债务成本增加；虽然$AC$的系数大多显著为负，这表明会计稳健性的提高能够降低债务成本，但是，交乘项$AC \times Post$的系数并不显著，在进行债务成本相关实证结果解读时应注意这一结果。

表6—14　　　　　　　权益成本解释变量滞后期回归结果

| 变量 | 因变量为 Cost_PEG | | | 因变量为 Cost_OJN | | |
|---|---|---|---|---|---|---|
| | (1) Total | (2) Post | (3) Post | (4) Total | (5) Post | (6) Post |
| Post | | -0.009*** (-4.51) | -0.007*** (-2.63) | | -0.015*** (-7.85) | -0.016*** (-5.62) |
| AC | 0.109*** (13.28) | | 0.050** (2.33) | 0.119*** (14.37) | | 0.032 (1.48) |
| AC×Post | | | 0.068*** (2.94) | | | 0.091*** (3.94) |
| Vol | 0.014*** (2.78) | 0.014*** (2.73) | 0.015*** (2.87) | 0.013** (2.50) | 0.012** (2.33) | 0.013** (2.51) |
| Beta | -0.004*** (-2.66) | -0.004** (-2.40) | -0.004*** (-2.68) | -0.005*** (-3.39) | -0.005*** (-3.24) | -0.005*** (-3.53) |
| Liq | 0.000 (1.45) | 0.000 (0.22) | 0.000* (1.66) | 0.000 (1.59) | 0.000 (1.09) | 0.000** (2.57) |

续表

| 变量 | 因变量为 Cost_PEG | | | 因变量为 Cost_OJN | | |
|---|---|---|---|---|---|---|
| | (1)<br>Total | (2)<br>Post | (3)<br>Post | (4)<br>Total | (5)<br>Post | (6)<br>Post |
| Ocf | -0.003***<br>(-4.30) | -0.003***<br>(-4.81) | -0.002***<br>(-4.27) | -0.002***<br>(-3.63) | -0.003***<br>(-4.23) | -0.002***<br>(-3.66) |
| Top1 | -0.000***<br>(-4.98) | -0.000***<br>(-5.24) | -0.000***<br>(-5.13) | -0.000***<br>(-4.12) | -0.000***<br>(-4.89) | -0.000***<br>(-4.81) |
| Size | 0.003***<br>(5.76) | 0.005***<br>(7.76) | 0.003***<br>(5.38) | 0.003***<br>(5.57) | 0.005***<br>(8.39) | 0.004***<br>(5.87) |
| Lev | 0.014***<br>(4.00) | 0.019***<br>(5.63) | 0.016***<br>(4.49) | 0.009**<br>(2.56) | 0.015***<br>(4.19) | 0.011***<br>(3.25) |
| Grow | 0.005***<br>(3.37) | 0.005***<br>(3.62) | 0.005***<br>(3.31) | 0.004***<br>(3.12) | 0.005***<br>(3.43) | 0.004***<br>(3.10) |
| Turn | -0.002*<br>(-1.87) | -0.002*<br>(-1.75) | -0.003**<br>(-1.96) | -0.002*<br>(-1.89) | -0.002*<br>(-1.74) | -0.003**<br>(-1.99) |
| Constant | 0.009<br>(0.61) | -0.009<br>(-0.64) | 0.017<br>(1.14) | 0.038***<br>(2.59) | 0.015<br>(1.02) | 0.045***<br>(2.99) |
| INDUSTRY | 控制 | 控制 | 控制 | 控制 | 控制 | 控制 |
| N | 6691 | 6691 | 6691 | 6691 | 6691 | 6691 |
| Adjusted R² | 0.172 | 0.152 | 0.173 | 0.162 | 0.144 | 0.166 |
| F | 19.00*** | 16.60*** | 18.66*** | 17.78*** | 15.57*** | 17.80*** |

注：因变量为权益成本 Cost_Equity；***、**、*分别表示在1%、5%和10%水平上显著；括号中为 T 值。

表6—15　　　　债务成本解释变量滞后期回归结果

| 变量 | 因变量为 Cost_Debt₁ | | | 因变量为 Cost_Debt₂ | | |
|---|---|---|---|---|---|---|
| | (1)<br>Total | (2)<br>Post | (3)<br>Post | (4)<br>Total | (5)<br>Post | (6)<br>Post |
| Post | | 0.002***<br>(4.18) | 0.001<br>(1.48) | | 0.005***<br>(7.75) | 0.003***<br>(3.14) |
| AC | -0.013***<br>(-4.62) | | -0.009<br>(-1.62) | -0.025***<br>(-7.69) | | -0.015**<br>(-2.53) |

续表

| 变量 | 因变量为 $Cost\_Debt_1$ | | | 因变量为 $Cost\_Debt_2$ | | |
|---|---|---|---|---|---|---|
| | (1) | (2) | (3) | (4) | (5) | (6) |
| | Total | Post | Post | Total | Post | Post |
| $AC \times Post$ | | | -0.001 | | | 0.001 |
| | | | (-0.17) | | | (0.08) |
| ROA | -0.043*** | -0.042*** | -0.043*** | -0.041*** | -0.040*** | -0.041*** |
| | (-11.17) | (-10.97) | (-11.17) | (-9.37) | (-9.07) | (-9.39) |
| Cur | -0.002*** | -0.002*** | -0.002*** | -0.001*** | -0.001*** | -0.001*** |
| | (-10.24) | (-10.31) | (-10.34) | (-2.82) | (-3.07) | (-3.11) |
| Tan | -0.015*** | -0.014*** | -0.014*** | -0.016*** | -0.013*** | -0.014*** |
| | (-4.01) | (-3.63) | (-3.71) | (-3.84) | (-3.11) | (-3.23) |
| Long | -0.021*** | -0.021*** | -0.021*** | -0.031*** | -0.031*** | -0.031*** |
| | (-14.53) | (-14.53) | (-14.51) | (-18.78) | (-18.75) | (-18.75) |
| Prime | 0.877*** | 0.769*** | 0.835*** | 0.935*** | 0.715*** | 0.816*** |
| | (23.66) | (19.68) | (17.19) | (22.06) | (16.00) | (14.71) |
| Size | -0.002*** | -0.002*** | -0.002*** | -0.002*** | -0.002*** | -0.002*** |
| | (-10.47) | (-11.23) | (-10.27) | (-8.31) | (-10.00) | (-8.92) |
| Lev | 0.009*** | 0.008*** | 0.008*** | 0.009*** | 0.006*** | 0.008*** |
| | (6.69) | (5.85) | (6.14) | (5.71) | (4.21) | (4.85) |
| Grow | -0.000 | -0.000 | -0.000 | -0.001 | -0.000 | -0.000 |
| | (-0.58) | (-0.48) | (-0.49) | (-1.22) | (-1.00) | (-1.01) |
| Turn | 0.004*** | 0.004*** | 0.004*** | 0.009*** | 0.009*** | 0.009*** |
| | (7.56) | (7.51) | (7.52) | (15.06) | (14.95) | (14.97) |
| Constant | 0.066*** | 0.074*** | 0.069*** | 0.059*** | 0.076*** | 0.068*** |
| | (10.46) | (11.74) | (9.94) | (8.18) | (10.50) | (8.58) |
| INDUSTRY | 控制 | 控制 | 控制 | 控制 | 控制 | 控制 |
| N | 10814 | 10814 | 10814 | 10814 | 10814 | 10814 |
| Adjusted $R^2$ | 0.184 | 0.183 | 0.184 | 0.201 | 0.201 | 0.202 |
| F | 31.38*** | 31.33*** | 30.65*** | 34.94*** | 34.95*** | 34.29*** |

注：因变量为债务成本 $Cost\_Debt$；***、**、*分别表示在1%、5%和10%水平上显著；括号中为 T 值。

# 第五节　本章小结

由于权益市场与债务市场对会计信息质量（相关性与可靠性）需求的差异，会计准则变革对权益成本与债务成本的影响有所不同。本章选取了反映会计信息可靠性的稳健性特征为视角，以 2004—2013 年我国 A 股上市公司为样本，深入考察了我国会计准则变革对权益成本与债务成本的影响及其差异，主要结论可以概括为以下几点：（1）在 2007 年新会计准则实施后，我国上市公司的会计稳健性显著降低，并且在准则变革后初期降低得较为明显，2010 年以后会计稳健性又有所上升；（2）由于会计信息相关性的显著提升，会计准则变革在总体上降低了我国上市公司的权益成本，但会计稳健性的降低使得权益成本在一定程度上提高；（3）在 2007 年新会计准则实施后，我国上市公司的债务成本显著提高，会计稳健性的降低是导致债务成本提高的主要原因之一；（4）随着会计稳健性在后期的回升，上市公司的权益成本得到及时地回落调整，但上市公司的债务成本并未因此得到类似的及时调整。总体来看，会计稳健性对准则变革后权益成本的变化起缓冲作用，而对债务成本的变化起主导作用，但权益市场对会计稳健性变化的反应调整比债务市场更加敏感和及时。

本章的研究价值主要体现在：第一，对比分析了会计准则变革对权益成本和债务成本的差异影响，丰富了关于会计准则变革的经济后果相关文献。第二，基于会计信息相关性与可靠性（稳健性）的矛盾，分析了会计稳健性对权益成本和债务成本的差异影响，指出会计稳健性对权益成本变化的缓冲作用，对债务成本变化的主导作用，从而丰富了会计稳健性与资本成本关系研究相关文献。第三，基于会计准则变革的时间效应，识别出权益市场和债务市场对会计稳健性变化进行调整的不同敏感度。同时，本章可能存在以下研究局限：第一，仅选择会计稳健性作为会计信息可靠性的一个代表性方面，盈余平滑性及盈余管理、盈余持续性等特征均未涉及。第二，在分析会计准则变革对债务成本的影响时，并未区分银行贷款和公司债券，以及对债务期限结构的影响。未来可对此进行深入研究。

# 第七章

## 会计准则变革对企业资本结构的
## 间接非预期效应

上一章的研究表明，会计准则变革在提升会计信息相关性进而降低权益成本的同时，会计信息可靠性（稳健性）受到了损害，进而使得企业债务成本有所提高。与会计准则变革有利于企业权益融资形成鲜明对比的是，多数文献也认为会计准则变革并未使企业债务融资受益，比如，Demerjian（2011）、祝继高等（2011）、原红旗等（2013）、Ball et al.（2015）均发现会计准则变革导致会计信息的债务契约有用性降低。那么很自然地会有如下疑问：企业在进行融资时是否会重新权衡债务融资与权益融资，并作出最佳的融资方式选择，进而对企业资本结构（负债率）产生影响？为了弄清这一疑问，本章进一步以会计稳健性为切入点，选取 2004—2013 年我国 A 股上市公司为样本，研究了会计准则变革对企业融资方式选择及资本结构的影响[①]。具体来看，本章第一节为理论分析与研究假设，第二节为研究设计，第三节为实证结果分析，第四节为进一步分析及稳健性检验，第五节为本章小结。

---

[①] 与 Florou and Kosi（2015）和 Naranjo et al.（2016）分别聚焦企业借款融资与公债融资方式选择、内部融资与外部融资方式选择不同，本书主要关注会计准则变革对企业债务融资与权益融资方式选择，进而对企业资本结构（负债率）的影响。另外，由于我国上市公司债务融资主要为银行贷款，公有债务融资比例相对较小，本书并未对私有借款和公债融资进行区分。

# 第一节　理论分析与研究假设

## 一　会计稳健性与企业债务融资

稳健性是财务报告遵循的一个重要传统原则，我国企业会计准则在基本准则中明确指出："企业对交易或者事项进行会计确认、计量和报告应当保持应有的谨慎，不应高估资产或者收益、低估负债或者费用。"Basu（1997）认为，会计稳健性意味着会计盈余对坏消息的确认要比好消息更加及时。在绝大多数情况下，会计稳健性被认为是会计信息可靠性的一个主要特征。Watts（2003）总结认为，会计稳健性产生的动因包括契约动因、股东诉讼动因、税收动因及会计管制动因等，其中，债务契约对稳健性的需求尤为明显。

企业在与其债权人签订债务契约时，往往以会计盈余为基础订立相关限制性条款，比如，若会计盈余小于一定的临界值则不允许企业发放股利或再次举债，以保护债权人受偿的利益。如果企业采用稳健的会计政策，企业报告的资产和盈余则相对保守，考虑到企业债务契约条款，则降低了企业发放股利或再次举债的倾向，进而有利于维护债权人的利益。所以，会计稳健性较高的企业往往更容易获得债务资金，并伴随着相对较低的债务融资成本。Ahmed et al.（2002）首次检验了会计稳健性在债务契约中的作用，发现企业与债权人之间关于股利政策的冲突越严重，企业的会计稳健性相应就越高，并且，较高的会计稳健性能够降低企业债务成本。Zhang（2008）通过考察会计稳健性的事前和事后效应，进一步检验了会计稳健性对债务人和债权人的好处，研究发现，会计稳健性之所以使债权人受益是因为它及时传递了事后违约风险的信号，债务人受益于会计稳健性是因为事前较低的债务成本。Haw et al.（2014）的研究则发现，公司发行公共债券时同样对会计稳健性具有较高的需求。孙铮等（2005）选取1999—2002年我国A股上市公司为样本，研究了债务作为一种公司治理机制对会计稳健性的影响，发现债务比重较高的公司相对债务比重低的公司而言，其会计政策选择更稳健，并且当企业盈利能力出现问题时，债权人会要求企业采取更加稳健的会计政策。魏明海和陶晓慧（2007）进一步研究了我国上市公司会计稳健性与债务融资的互动影响，发现当债务契约双方冲突较大时，公司的会计处理更加稳健，同时，会计处理越稳健，公司越可能获得新增贷款。郝东洋和张天西（2011）、吴娅玲（2012）的研究均发现，会计稳健性的提高有助于提高企业债务融资效率，企业会计稳健性程度越高，其债务成本越低；郑登津和闫天一（2016）进一步研究发现，会计稳健性和审计质量均有利于降低债务成本，而且会计稳健性与审计质量这两种机制在降低债务成本上呈现替代的关系。

与债务融资相比，会计稳健性对权益融资的影响则相对较弱。Ball et al.（2008）比较研究了权益市场和债务市场对会计稳健性的需求，他们发现，会计稳健性主要源自债务市场的报告需求，而非股票市场的报告需求。索玲玲等（2013）用2009—2011年我国A股上市公司数据的研究也发现，银行贷款融资主导型公司对会计稳健性的需求大于股权融资主导型公司。然而，仍有相关文献研究了会计稳健性对权益融资成本的影响，且得出的结论不一。Francis et al.（2004）的研究发现，会计稳健性与权益成本之间并没有显著的关系，而 García Lara et al.（2011）却认为会计稳健性能够降低权益成本，因为及时确认坏消息降低了投资者对信息的不确定性以及未来股价的波动。国内研究方面，李琳（2011）、李伟和曾建光（2012）的研究均发现了会计稳健性与公司权益成本的负相关关系，但是，李刚等（2008）、张淑英和杨红艳（2014）的研究却认为，会计稳健性对权益融资成本并没有显著的影响。这与不同时期我国上市公司的会计稳健性水平不同有关，也从一定程度上说明会计稳健性与权益成本之间的关系并不稳定。因此，虽然企业权益融资也可能从会计稳健性中受益，但会计稳健性对企业债务融资的影响更为明显。若比较分析会计稳健性的提高对企业融资方式的影响，可以认为，与权益融资相比，企业会计稳健性的提高会增加其债务融资的倾向。基于以上分析，本书提出：

假设7—1：在一定范围内，会计稳健性水平越高的企业越容易获得债务资金，相应地，会计稳健性较高企业的债务融资倾向及负债率就越高。

## 二 会计准则变革及其时间效应的影响

2006 年 2 月 15 日，我国正式颁布了新企业会计准则体系，并规定自 2007 年 1 月 1 日起在上市公司实施，实现了与国际财务报告准则（IFRS）的趋同。新会计准则增加强调了决策有用的财务报告目标，其最大变化体现在公允价值的引入，旨在提高会计信息的相关性。然而，作为公认的会计信息两大主要质量特征，相关性与可靠性总有冲突或不一致之处（葛家澍和徐跃，2006）。虽然，众多研究表明，我国会计准则变革显著提高了上市公司会计信息的相关性（罗婷等，2008；薛爽等，2008；王建新和赵君双，2010；刘永泽和孙嚞，2011），但同时，会计信息可靠性在一定程度上被损害（王虹和杨丹，2011；张先治和季侃，2012）。会计稳健性作为可靠性的代表性特征，自然也受到不利影响。新会计准则大量引入了公允价值，把会计信息的相关性放在了首要位置，而将稳健性作为次要信息质量要求。已有实证研究均发现，我国 2007 年新会计准则的实施带来了稳健性的显著降低，新会计准则的国际趋同对会计盈余稳健性产生了明显的负面影响（刘斌和徐先知，2010；赵西卜和王军会，2010；李四海和刘晓艳，2013）。

会计准则变革通过改变会计信息质量对资本产生影响。在会计准则变革对权益成本的影响研究方面，Daske et al.（2008）研究了全球范围 26 个国家采用 IFRS 的经济后果，发现 IFRS 在总体上带来了股票市场流动性的增加、权益资本成本的降低以及公司权益价值的增加。Li（2010）研究了欧盟 2005 年强制采用 IFRS 对权益资本成本的影响，发现权益成本在总体上得到降低，并认为增加信息披露以及可比性的提高是资本成本降低的两个主要原因。汪祥耀和叶正虹（2011）、高芳和傅仁辉（2012）、孙枭飞和晏超（2015）等研究了我国 2007 年实施新会计准则后权益成本的变化，发现我国会计准则变革带来了上市公司整体权益成本的下降，但是不同行业、不同特征公司权益成本的变化不同。可见，已有研究基本全部支持会计准则变革在总体上降低了权益成本的结论，这也与会计准则变革的预期目标一致，会计信息相关性的提升使得权益市场的运行效率提升，企业若选择权益融资则会受益。

在会计准则变革对债务成本的影响方面，鲜有文献直接进行研究，但有些研究涉及会计准则对企业债务契约的影响，并且多数文献认为会计准则变革并未使债务融资受益。Christensen et al. （2009）首次考察了采用 IFRS 对企业债务契约的影响，发现英国与 IFRS 的趋同对企业违反债务契约的可能性产生影响，如果企业债务契约条款未及时进行调整，会导致投资者和债权人之间财富的重新分配，并在市场上产生显著的反应。Demerjian （2011）的研究则发现，新会计准则环境下资产负债观的增强使得资产负债表会计信息在债务契约中的有用性降低。Ball et al. （2015）的研究同样发现在 IFRS 环境下会计信息的债务契约有用性得到了降低，公允价值会计的扩大应用及增加管理层会计选择的空间是其中的主要原因，他们总结认为，IFRS 为了增强会计信息对估值的相关性，牺牲了会计信息对债务契约的有用性。Chen et al. （2012）进一步研究了强制采用 IFRS 对企业银行借款的影响，研究发现，随着采用 IFRS 后会计信息契约有用性的降低，公司借款的利率提高，并且抵押条款也增加。祝继高等（2011）、原红旗等（2013）则考察了我国 2007 年会计准则变动后会计盈余在债务合约中的作用，他们发现，2007 年执行新会计准则后，由于会计信息可靠性弱化、噪音增大、稳健性降低，会计盈余在债务合约中的有用性显著下降。可见，已有研究均发现会计准则变革对企业债务融资的不利影响，其中，准则变革后会计稳健性的降低则是主要原因之一。

由以上分析可知，会计准则变革带来会计信息相关性提高的同时，也伴随着可靠性（稳健性）的下降。会计相关性的提高改善了资本市场信息环境，权益融资成本得到降低，企业若选择权益融资则会受益。而会计稳健性的降低对企业契约产生严重的不利影响，债务融资成本得到提高，企业若选择债务融资则利益受损。因此，企业在此环境下会在一定程度上改变融资方式，进而资本结构也受到影响。基于此，本书提出以下研究假设：

假设 7—2：在我国 2007 年新会计准则实施后，会计稳健性的降低促使上市公司由债务融资转向权益融资，上市公司的债务融资倾向及负债率因此降低。

我国自 2007 年实施新会计准则已有 10 年，财政部于 2010 年印发《中国企业会计准则与国际财务报告准则持续趋同路线图》，进一步明确了我国企业会计准则与 IFRS 持续趋同的基本方略。在我国新会计准则实施初期，公允价值应用的外部定价环境稳定性相对较差，对会计稳健性造成较为严重的损害。随着我国会计准则的逐年稳步实施，2010 年会计准则持续趋同以来公允价值的应用环境亦不断改善，公允价值与会计稳健性之间的冲突相应减轻。同时，2008 年前后的金融危机也促使上市公司重新重视并采取较为稳健的会计政策。所以，上市公司的会计稳健性在 2010 年以后有所回升。基于此，本书进一步提出：

假设 7—3：在我国会计准则变革后稳定期（2010 年持续趋同以来），随着会计稳健性的回升，上市公司的债务融资倾向及负债率也随之回升。

## 第二节　研究设计

### 一　样本与数据

表 7—1　　　　　　　　　　　样本按年度与行业分布情况

| 年度 | Panel A：样本按年度分布情况 | | | |
|---|---|---|---|---|
| | 关于融资决策的样本 | | 关于资本结构的样本 | |
| | 样本数 | 百分比% | 样本数 | 百分比% |
| 2004 | 523 | 7.99 | 985 | 7.34 |
| 2005 | 448 | 6.85 | 937 | 6.98 |
| 2006 | 503 | 7.69 | 979 | 7.29 |
| 2007 | 555 | 8.48 | 1028 | 7.66 |
| 2008 | 627 | 9.58 | 1259 | 9.38 |
| 2009 | 687 | 10.50 | 1414 | 10.53 |
| 2010 | 855 | 13.07 | 1435 | 10.69 |
| 2011 | 826 | 12.62 | 1554 | 11.58 |
| 2012 | 791 | 12.09 | 1893 | 14.10 |
| 2013 | 729 | 11.14 | 1939 | 14.45 |
| 合计 | 6544 | 100.00 | 13423 | 100.00 |

续表

| 行业代码及名称 | 关于融资决策的样本 | | 关于资本结构的样本 | |
| --- | --- | --- | --- | --- |
| Panel B：样本按行业分布情况 | | | | |
| | 样本数 | 百分比% | 样本数 | 百分比% |
| A 农、林、牧、渔业 | 126 | 1.93 | 207 | 1.54 |
| B 采矿业 | 138 | 2.11 | 445 | 3.32 |
| C 制造业 | 4199 | 64.17 | 7830 | 58.33 |
| D 电力、热力、燃气及水生产和供应业 | 321 | 4.91 | 692 | 5.16 |
| E 建筑业 | 143 | 2.19 | 334 | 2.49 |
| F 批发和零售业 | 502 | 7.67 | 1062 | 7.91 |
| G 交通运输、仓储和邮政业 | 203 | 3.10 | 563 | 4.19 |
| H 住宿和餐饮业 | 21 | 0.32 | 80 | 0.60 |
| I 信息传输、软件和信息技术服务业 | 216 | 3.30 | 442 | 3.29 |
| K 房地产业 | 366 | 5.59 | 1046 | 7.79 |
| L 租赁和商务服务业 | 72 | 1.10 | 157 | 1.17 |
| M 科学研究和技术服务业 | 13 | 0.20 | 39 | 0.29 |
| N 水利、环境和公共设施管理业 | 56 | 0.86 | 145 | 1.08 |
| P 教育 | 10 | 0.15 | 8 | 0.06 |
| Q 卫生和社会工作 | 4 | 0.06 | 18 | 0.13 |
| R 文化、体育和娱乐业 | 68 | 1.04 | 145 | 1.08 |
| S 综合 | 86 | 1.31 | 210 | 1.56 |
| 合计 | 6544 | 100.00 | 13423 | 100.00 |

本章以我国 2004—2013 年的所有 A 股上市公司为初始样本，在此基础上，剔除了金融类上市公司、ST 类别公司、当年上市的公司以及计算相关变量时数据缺失的公司。本章所用的公司财务数据、中国人民银行公布的基准贷款利率数据来自 Wind 数据库，公司治理数据、GDP 数据则主要来自国泰安"中国上市公司治理结构研究"和"中国宏观经济研究"数据库。合并数据后，分别得到 6544 个[①]和 13423 个关于融资决策和资本结构的样本观测值，样本分布见表 7—1。另外，为了消除极端值的影

---

① 但在具体 Logistic 回归中，有效回归样本数据缩减为 4674 个。

响，本章对所有连续型变量采取了上下百分之一的缩尾处理。

## 二 模型设计

为了检验会计准则变革及会计稳健性对企业融资决策的影响，可建立如下 Logistic 回归模型：

$$Issue_{it} = \alpha_0 + \alpha_1 AC_{it} + \alpha_2 Post_j + \alpha_3 AC_{it} \times Post_j + \alpha_4 Size_{it} + \alpha_5 Tan_{it} + \alpha_6 ROA_{it}$$

$$+ \alpha_7 Grow_{it} + \alpha_8 Vol_{it} + \alpha_9 TobinQ_{it} + \alpha_{10} Ocf_{it} + \alpha_{11} Turn_{it} + \alpha_{12} Top1_{it}$$

$$+ \alpha_{13} Prime_t + \alpha_{14} GDP_t + \alpha_{15} Tax_{it} + INDUSTRY + \varepsilon_{it}$$

$$(7—1)$$

其中，$Issue_{it}$ 为企业融资选择虚拟变量，当企业当年度权益融资的比例大于资产总额的 10%，且债务融资的比例小于资产总额的 30% 时，$Issue_{it}$ 取值为 1，表示企业倾向于权益融资；而当企业当年度权益融资的比例小于资产总额的 10%，且债务融资的比例大于资产总额的 30% 时，$Issue_{it}$ 取值为 0，表示企业倾向于债务融资①。$AC_{it}$ 代表会计稳健性，用 Khan and Watts（2009）模型计算的稳健性指数 $C\_Score$ 表示，其值越大，会计稳健性水平越高。$Post_j$ 为会计准则变革虚拟变量，会计准则变革后（2007—2013 年）Post 取值为 1，准则变革前则取值为 0。同样地，本章进一步构建了准则变革后初期（2007—2009 年）和准则变革后稳定期（2011—2013 年）虚拟变量 $Post_1$ 和 $Post_2$。其他为相关控制变量，本书主要参考肖泽忠和邹宏（2008）、蒋琰（2009）、曾雪云和徐经长（2013）的研究，选取了影响企业融资决策及资本结构的相关控制变量。模型相关变量的含义和具体计算方法详见表 7—2。

在模型（7—1）中，$AC_{it}$ 的系数 $\alpha_1$ 度量了会计稳健性对企业融资决策的影响，若较高的会计稳健性能够促使企业更倾向于债务融资，则 $\alpha_1$ 预计显著为负；$Post_j$ 的系数 $\alpha_2$ 度量了会计准则变革后企业融资方式的变

---

① 之所以对权益融资和债务融资所占资产总额的比例分别取值 10% 和 30%，是为了平衡样本中选择权益融资和债务融资公司的比例。另外，企业债务融资和权益融资额分别根据现金流量表 "吸收权益投资收到的现金"、"发行债券收到的现金" 和 "取得借款收到的现金" 科目计算所得。

化，若准则变革后企业更倾向于权益融资，则 $\alpha_2$ 显著为正；交乘项 $AC_{it}$ $\times Post_j$ 的系数 $\alpha_3$ 则度量了准则变革带来会计稳健性的变化对企业融资决策的影响，若随着会计稳健性的降低，企业权益融资的倾向增加，则 $\alpha_3$ 预计显著为正。

为了检验会计准则变革及会计稳健性对企业资本结构的影响，可建立如下模型：

$$CS_{it} = \beta_0 + \beta_1 AC_{it} + \beta_2 Post_j + \beta_3 AC_{it} \times Post_j + \beta_4 Size_{it} + \beta_5 Tan_{it} + \beta_6 ROA_{it}$$
$$+ \beta_7 Grow_{it} + \beta_8 Vol_{it} + \beta_9 TobinQ_{it} + \beta_{10} Ocf_{it} + \beta_{11} Turn_{it} + \beta_{12} Top1_{it}$$
$$+ \beta_{13} Prime_t + \beta_{14} GDP_t + \beta_{15} Tax_{it} + INDUSTRY + \varepsilon_{it}$$

$$(7—2)$$

其中，$CS_{it}$ 为被解释变量资本结构，用企业期末负债率表示，即 $CS_{it}$ =期末带息负债总额/（期末带息负债总额 + 期末所有者权益总额），而期末带息负债包括短期借款、一年内到期的长期负债、长期借款、应付债券、长期应付款及其他长期负债。其他变量均与模型（7—1）相同，变量的含义和具体计算方法详见表7—2。类似地，在模型（7—2）中，$AC_{it}$ 的系数 $\beta_1$ 度量了会计稳健性对企业资本结构的影响，若会计稳健性较高的企业负债率高，则 $\beta_1$ 预计显著为正；$Post_j$ 的系数 $\beta_2$ 度量了会计准则变革后对企业资本结构的变化，若准则变革后企业负债率增加，则 $\beta_2$ 显著为正；交乘项 $AC_{it} \times Post_j$ 的系数 $\beta_3$ 则度量了准则变革带来会计稳健性的变化对企业资本结构的影响，若随着会计稳健性的降低企业负债率降低，则 $\beta_3$ 预计显著为负。

表7—2　　　　　　　　　变量定义与计算方法

| 变量名称 | 变量含义 | 计算方法 |
| --- | --- | --- |
| $D$ | 融资选择 | （1）当权益融资的比例大于资产总额的10%，且债务融资的比例小于资产总额的30%时，取值为1<br>（2）当权益融资的比例小于资产总额的10%，且债务融资的比例大于资产总额的30%时，取值为0 |
| $CS$ | 负债率（资本结构） | 期末带息负债/（期末带息负债 + 期末所有者权益） |
| $AC$ | 会计稳健性 | 用 Khan 和 Watts（2009）模型计算的 $C\_Score$ |

续表

| 变量名称 | 变量含义 | 计算方法 |
|---|---|---|
| $Post_j$ | 会计准则变革虚拟变量 | （1）准则变革后 $Post$ 取值为1，否则为0<br>（2）准则变革后初期 $Post_1$ 取值为1，否则为0<br>（3）准则变革后稳定期 $Post_2$ 取值为1，否则为0 |
| $Size$ | 公司规模 | 期末资产总额的自然对数 |
| $Tan$ | 有形资产比 | 期末有形资产/期末总资产 |
| $ROA$ | 盈利能力 | 净利润/当期总资产平均值 |
| $Grow$ | 发展能力 | 当期主营业务收入增长率 |
| $Vol$ | 经营风险 | 近三年营业收入标准差与平均值的比值 |
| $TobinQ$ | 市场价值 | 资产市值与账面价值的比值 |
| $Ocf$ | 现金流能力 | 当期每股自由现金流 |
| $Turn$ | 营运能力 | 总资产周转率 = 当期营业收入/当期总资产平均值 |
| $Top1$ | 代理问题 | 期末第一大股东持股比例 |
| $Prime$ | 基准利率 | 中国人民银行年初公布的中长期贷款基准利率 |
| $GDP$ | 宏观经济 | 国民生产总值增长率 |
| $Tax$ | 税率变动 | 当期所得税额/利润总额 – 上期所得税额/利润总额 |
| $INDUSTRY$ | 行业控制变量 | 根据证监会2012年行业分类设置虚拟变量 |

# 第三节　实证结果分析

## 一　描述性统计

本章相关主要变量的描述性统计见表7—3。其中，在所获得的6544个 $Issue$ 样本观测值中，其平均值（0.25）表明，四分之一的样本为权益融资公司，其他四分之三为债务融资公司，总体上我国上市公司债务融资的比例相对较高。上市公司负债率 $CS$ 的平均值和中位数分别为31.8%和31.3%。会计稳健性 $AC$ 的平均值和中位数均大于零，这说明我国上市公司普遍存在会计稳健性特征。其他控制变量在此便不一一详述。进一步观察变量的偏度和峰度，可知除了 $CS$ 和 $AC$ 比较接近正态分布外，其他变量的分布较偏，因此，后文的相关性分析分别报告了 Pearson 相关系数和 Spearman 相关系数。

表 7—3 主要变量的描述性统计

| 变量 | 观测值 | 平均值 | 标准差 | 中位数 | 最小值 | 最大值 | 偏度值 | 峰度值 |
|---|---|---|---|---|---|---|---|---|
| *Issue* | 6544 | 0.250 | 0.433 | 0.000 | 0.000 | 1.000 | 1.153 | 2.329 |
| *CS* | 13423 | 0.318 | 0.230 | 0.313 | 0.000 | 0.989 | 0.462 | 2.945 |
| *AC* | 13423 | 0.050 | 0.080 | 0.039 | −0.127 | 0.256 | 0.257 | 2.637 |
| *Size* | 13423 | 21.760 | 1.208 | 21.620 | 18.830 | 25.390 | 0.625 | 3.524 |
| *Tan* | 13423 | 0.950 | 0.061 | 0.968 | 0.607 | 1.000 | −2.770 | 12.960 |
| *ROA* | 13423 | 0.037 | 0.066 | 0.034 | −0.312 | 0.232 | −1.154 | 9.654 |
| *Grow* | 13423 | 0.215 | 0.548 | 0.134 | −0.725 | 4.330 | 4.528 | 31.810 |
| *Vol* | 13423 | 0.193 | 0.160 | 0.152 | 0.014 | 1.010 | 2.248 | 9.775 |
| *TobinQ* | 13423 | 1.690 | 1.538 | 1.222 | 0.211 | 9.330 | 2.403 | 10.290 |
| *Ocf* | 13423 | −0.160 | 0.894 | −0.035 | −3.879 | 2.232 | −1.061 | 6.643 |
| *Turn* | 13423 | 0.727 | 0.515 | 0.602 | 0.039 | 2.741 | 1.632 | 6.118 |
| *Top1* | 13423 | 36.960 | 15.700 | 34.960 | 9.087 | 77.830 | 0.399 | 2.402 |
| *Prime* | 13423 | 0.061 | 0.006 | 0.058 | 0.054 | 0.076 | 1.027 | 3.345 |
| *GDP* | 13423 | 0.099 | 0.019 | 0.095 | 0.077 | 0.142 | 0.776 | 2.912 |
| *Tax* | 13423 | −0.002 | 0.252 | 0.001 | −1.200 | 1.143 | −0.289 | 12.79 |

## 二 相关性分析

表 7—4 列示了主要相关连续变量的 Pearson 和 Spearman 相关系数。其中，会计稳健性（*AC*）和企业负债率（*CS*）显著正相关，这在一定程度上说明，会计稳健性较高的公司，其负债率可能越高，这也初步为本章的研究假设提供了佐证。具体观察各个变量之间的相关性系数，可知相关性系数的值均较小。另外，通过进一步计算所有回归方程的方差膨胀因子（VIF），发现 VIF 的平均值均小于 2，并且各个变量的最大值均小于 5。因此，多重共线性不会对本章的回归模型产生严重影响。

表 7—4

模型主要连续变量相关性分析

| 变量 | CS | AC | Size | Tan | ROA | Grow | Vol | TobinQ | Oef | Turn | Top1 | Prime | GDP | Tax |
|---|---|---|---|---|---|---|---|---|---|---|---|---|---|---|
| CS | 1.000 | 0.252*** | 0.330*** | 0.058*** | -0.401*** | 0.009 | 0.057*** | -0.532*** | -0.194*** | -0.072*** | 0.018** | -0.048*** | 0.106*** | -0.003 |
| AC | 0.268*** | 1.000 | 0.249*** | 0.061*** | -0.141*** | 0.040*** | -0.006 | -0.395*** | -0.098*** | 0.011 | 0.086*** | 0.191*** | -0.044*** | 0.018** |
| Size | 0.296*** | 0.240*** | 1.000 | 0.092*** | 0.113*** | 0.111*** | 0.031*** | -0.492*** | -0.098*** | 0.083*** | 0.232*** | 0.055*** | -0.141*** | 0.016* |
| Tan | 0.031*** | 0.075*** | 0.067*** | 1.000 | -0.022** | 0.014* | 0.068*** | -0.163*** | 0.012 | -0.034*** | 0.123*** | -0.081*** | 0.163*** | -0.005 |
| ROA | -0.380*** | -0.132*** | 0.143*** | 0.011 | 1.000 | 0.338*** | 0.154*** | 0.387*** | 0.121*** | 0.211*** | 0.114*** | -0.013 | -0.006 | -0.000 |
| Grow | 0.00900 | 0.025*** | 0.066*** | -0.005 | 0.237*** | 1.000 | 0.467*** | 0.063*** | -0.052*** | 0.197*** | 0.074*** | -0.081*** | 0.158*** | 0.050* |
| Vol | 0.051*** | -0.001 | -0.012 | 0.000 | 0.075*** | 0.576*** | 1.000 | 0.048*** | -0.088*** | -0.024*** | 0.041*** | -0.037*** | 0.125*** | 0.007 |
| TobinQ | -0.399*** | -0.372*** | -0.422*** | -0.120*** | 0.259*** | 0.051*** | 0.099*** | 1.000 | 0.128*** | 0.014 | -0.109*** | -0.126*** | 0.011 | 0.002 |
| Oef | -0.218*** | -0.089*** | -0.132*** | 0.002 | 0.117*** | -0.031*** | -0.068*** | 0.132*** | 1.000 | 0.119*** | -0.010 | -0.048*** | 0.071*** | 0.006 |
| Turn | -0.069*** | 0.025*** | 0.095*** | 0.081*** | 0.169*** | 0.103*** | -0.019*** | -0.021*** | 0.104*** | 1.000 | 0.103*** | 0.004 | 0.048*** | 0.002 |
| Top1 | 0.008 | 0.087*** | 0.263*** | 0.082*** | 0.119*** | 0.075*** | 0.053*** | -0.099*** | -0.007 | 0.091*** | 1.000 | -0.035*** | 0.031*** | 0.004 |
| Prime | -0.028*** | 0.003 | 0.027*** | -0.054*** | -0.023*** | -0.050*** | -0.015* | -0.127*** | -0.017*** | 0.008 | -0.040*** | 1.000 | -0.279*** | -0.061*** |
| GDP | 0.085*** | 0.023*** | -0.130*** | 0.098*** | 0.001 | 0.065*** | 0.063*** | 0.093*** | 0.061*** | 0.055*** | 0.011 | -0.217*** | 1.000 | -0.027*** |
| Tax | -0.014 | 0.008 | 0.012 | 0.005 | 0.081*** | 0.045*** | 0.006 | 0.012 | 0.012 | 0.005 | 0.007 | -0.054*** | -0.001 | 1.000 |

注：表左下和右上分别为 Pearson 和 Spearman 检验系数；***、**、* 分别表示在 1%、5% 和 10% 水平上显著。

### 三　多元回归分析

利用样本数据对模型（7—1）和模型（7—2）的回归结果分别见表 5 和表 6。观察各列回归结果，在表 7—5 中，变量 $AC$ 的系数均至少在 5% 的水平下显著为负，这表明会计稳健性水平越高的企业越容易获得债务资金，亦即会计稳健性较高企业的债务融资倾向较高；在表 7—6 中，变量 $AC$ 的系数均在 1% 的水平下显著为正，这表明会计稳健性水平较高的企业，其负债率就越高。从而研究假设 7—1 得到了验证。

观察会计准则变革后整段以及初期的回归结果，在表 7—5 中，第 2 列和第 3 列回归结果 $Post$ 的系数均在 1% 水平下显著为正，这表明在我国会计准则变革后，企业权益融资的倾向增加，而第 3 列回归结果交乘项 $AC \times Post$ 的系数在 5% 的水平下显著为正，这表明在我国 2007 年新会计准则实施后，会计稳健性的降低促使部分公司由债务融资转向权益融资，上市公司的债务融资倾向降低；在表 7—6 中，第 2 列和第 3 列回归结果 $Post$ 的系数均在 1% 水平下显著为正，这表明在我国会计准则变革后，企业负债率呈显著提高的趋势，而第 3 列和第 4 列回归结果交乘项 $AC \times Post$ 和 $AC \times Post_1$ 的系数分别在 1% 的水平下显著为负，这表明在我国会计准则变革后，会计稳健性的降低促使上市公司负债率降低。从而研究假设 7—2 得到了验证。

进一步观察会计准则变革后稳定期的回归结果，在表 7—5 中，第 5 列回归结果交乘项 $AC \times Post_2$ 的系数在 5% 的水平下显著为负，这表明自 2010 年我国会计准则持续趋同以来，随着会计稳健性的回升，上市公司的债务融资倾向也随之回升；在表 7—6 中，第 5 列回归结果交乘项 $AC \times Post_2$ 的系数在 1% 的水平下显著为正，这表明自 2010 年准则持续趋同以来，随着会计稳健性的回升，上市公司的负债率也随之回升，从而研究假设 7—3 得到了验证。

表 7—5 　　　　　　会计准则变革、会计稳健性与融资决策回归结果

| 变量 | (1)<br>Total | (2)<br>Post | (3)<br>Post | (4)<br>$Post_1$ | (5)<br>$Post_2$ |
|---|---|---|---|---|---|
| AC | − 1. 400 **<br>( − 2. 00) | | − 4. 333 **<br>( − 2. 44) | − 3. 992 **<br>( − 2. 03) | − 15. 410 ***<br>( − 5. 72) |
| $Post_j$ | | 0. 832 ***<br>(4. 48) | 0. 529 **<br>(2. 44) | 0. 424<br>(1. 49) | 0. 552<br>(1. 25) |
| $AC \times Post_j$ | | | 4. 304 **<br>(2. 16) | 3. 637<br>(1. 09) | − 6. 910 **<br>( − 2. 27) |
| Size | 0. 245 ***<br>(4. 34) | 0. 157 ***<br>(2. 66) | 0. 146 **<br>(2. 40) | 0. 331 ***<br>(3. 29) | − 0. 016<br>( − 0. 18) |
| Tan | − 0. 022<br>( − 0. 02) | 0. 364<br>(0. 36) | 0. 331<br>(0. 33) | 2. 486<br>(1. 38) | − 1. 265<br>( − 0. 91) |
| ROA | 12. 767 ***<br>(10. 55) | 13. 438 ***<br>(10. 88) | 13. 328 ***<br>(10. 79) | 12. 202 ***<br>(6. 07) | 12. 157 ***<br>(6. 53) |
| Grow | 0. 171<br>(1. 38) | 0. 119<br>(0. 97) | 0. 118<br>(0. 96) | 0. 104<br>(0. 56) | 0. 541 ***<br>(2. 65) |
| Vol | − 0. 033<br>( − 0. 07) | 0. 150<br>(0. 31) | 0. 194<br>(0. 40) | 2. 069 ***<br>(3. 08) | − 2. 043 **<br>( − 2. 48) |
| TobinQ | 0. 378 ***<br>(7. 97) | 0. 299 ***<br>(5. 79) | 0. 293 ***<br>(5. 67) | 0. 290 ***<br>(3. 18) | − 0. 031<br>( − 0. 25) |
| Ocf | − 0. 261 ***<br>( − 5. 28) | − 0. 244 ***<br>( − 4. 95) | − 0. 246 ***<br>( − 4. 98) | − 0. 258 ***<br>( − 3. 13) | − 0. 275 ***<br>( − 3. 69) |
| Turn | − 0. 341 **<br>( − 2. 54) | − 0. 340 **<br>( − 2. 54) | − 0. 333 **<br>( − 2. 49) | − 0. 327<br>( − 1. 49) | − 0. 141<br>( − 0. 77) |
| Top1 | − 0. 023 ***<br>( − 6. 17) | − 0. 021 ***<br>( − 5. 70) | − 0. 021 ***<br>( − 5. 59) | − 0. 014 **<br>( − 2. 43) | − 0. 017 ***<br>( − 3. 18) |
| Prime | 6. 499<br>(0. 81) | − 6. 808<br>( − 0. 81) | − 8. 272<br>( − 0. 95) | 2. 266<br>(0. 19) | − 199. 35 ***<br>( − 5. 49) |
| GDP | − 5. 358 *<br>( − 1. 89) | − 1. 479<br>( − 0. 51) | − 2. 607<br>( − 0. 87) | 6. 574<br>(0. 81) | − 74. 30 ***<br>( − 5. 26) |
| Tax | 0. 056<br>(0. 24) | 0. 037<br>(0. 16) | 0. 027<br>(0. 12) | 0. 228<br>(0. 60) | 0. 064<br>(0. 19) |

续表

| 变量 | (1)<br>Total | (2)<br>Post | (3)<br>Post | (4)<br>$Post_1$ | (5)<br>$Post_2$ |
|---|---|---|---|---|---|
| Constant | -7.633***<br>(-4.24) | -6.366***<br>(-3.51) | -5.610***<br>(-2.94) | -14.091***<br>(-4.19) | 20.659***<br>(4.58) |
| INDUSTRY | 控制 | 控制 | 控制 | 控制 | 控制 |
| N | 4674 | 4674 | 4674 | 2297 | 2771 |
| Pseudo R$^2$ | 0.187 | 0.192 | 0.194 | 0.221 | 0.286 |

注：因变量为融资选择虚拟变量 Issue，当公司倾向于权益融资时取值为1，而当倾向于债务融资时取值为0；***、**、*分别表示在1%、5%和10%水平上显著；括号中为T值。

表7—6 **会计准则变革、会计稳健性与资本结构回归结果**

| 变量 | (1)<br>Total | (2)<br>Post | (3)<br>Post | (4)<br>$Post_1$ | (5)<br>$Post_2$ |
|---|---|---|---|---|---|
| AC | 0.231***<br>(11.09) | | 0.574***<br>(15.85) | 0.696***<br>(18.19) | 1.196***<br>(28.15) |
| Post | | 0.018***<br>(3.58) | 0.064***<br>(10.83) | 0.108***<br>(15.28) | 0.046***<br>(4.62) |
| $AC \times Post_j$ | | | -0.491***<br>(-10.88) | -1.322***<br>(-17.92) | 0.795***<br>(13.80) |
| Size | 0.046***<br>(28.42) | 0.046***<br>(26.91) | 0.046***<br>(26.41) | 0.044***<br>(17.17) | 0.047***<br>(23.54) |
| Tan | -0.115***<br>(-4.23) | -0.100***<br>(-3.65) | -0.098***<br>(-3.60) | -0.205***<br>(-5.32) | -0.050<br>(-1.54) |
| ROA | -1.144***<br>(-42.38) | -1.163***<br>(-43.01) | -1.118***<br>(-41.50) | -0.902***<br>(-25.77) | -0.870***<br>(-25.94) |
| Grow | 0.016***<br>(4.55) | 0.017***<br>(4.75) | 0.016***<br>(4.41) | 0.015***<br>(3.02) | 0.009**<br>(2.05) |
| Vol | 0.068***<br>(5.56) | 0.071***<br>(5.77) | 0.063***<br>(5.09) | 0.054***<br>(3.24) | 0.080***<br>(5.53) |
| TobinQ | -0.024***<br>(-18.56) | -0.030***<br>(-21.33) | -0.028***<br>(-20.13) | -0.036***<br>(-17.82) | 0.012***<br>(5.59) |

续表

| 变量 | (1)<br>Total | (2)<br>Post | (3)<br>Post | (4)<br>$Post_1$ | (5)<br>$Post_2$ |
|---|---|---|---|---|---|
| $Ocf$ | $-0.026^{***}$<br>$(-14.73)$ | $-0.027^{***}$<br>$(-14.83)$ | $-0.026^{***}$<br>$(-14.66)$ | $-0.033^{***}$<br>$(-12.53)$ | $-0.024^{***}$<br>$(-11.68)$ |
| $Turn$ | $-0.014^{***}$<br>$(-3.78)$ | $-0.014^{***}$<br>$(-3.77)$ | $-0.014^{***}$<br>$(-3.99)$ | $-0.030^{***}$<br>$(-6.24)$ | $-0.032^{***}$<br>$(-7.90)$ |
| $Top1$ | $-0.001^{***}$<br>$(-7.28)$ | $-0.001^{***}$<br>$(-6.28)$ | $-0.001^{***}$<br>$(-6.86)$ | $-0.001^{***}$<br>$(-5.43)$ | $-0.001^{***}$<br>$(-6.25)$ |
| $Prime$ | $-1.311^{***}$<br>$(-5.22)$ | $-1.717^{***}$<br>$(-6.38)$ | $-1.437^{***}$<br>$(-5.32)$ | $-1.285^{***}$<br>$(-3.81)$ | $7.079^{***}$<br>$(9.50)$ |
| $GDP$ | $1.352^{***}$<br>$(15.89)$ | $1.538^{***}$<br>$(16.60)$ | $1.812^{***}$<br>$(19.14)$ | $3.119^{***}$<br>$(16.09)$ | $6.593^{***}$<br>$(24.52)$ |
| $Tax$ | $0.010$<br>$(1.62)$ | $0.010^{*}$<br>$(1.69)$ | $0.011^{*}$<br>$(1.73)$ | $0.008$<br>$(0.94)$ | $0.012^{*}$<br>$(1.77)$ |
| Constant | $-0.557^{***}$<br>$(-10.61)$ | $-0.561^{***}$<br>$(-10.53)$ | $-0.655^{***}$<br>$(-11.96)$ | $-0.683^{***}$<br>$(-8.61)$ | $-1.834^{***}$<br>$(-21.02)$ |
| $INDUSTRY$ | 控制 | 控制 | 控制 | 控制 | 控制 |
| N | 13423 | 13423 | 13423 | 6602 | 8287 |
| Adjusted $R^2$ | 0.407 | 0.402 | 0.413 | 0.394 | 0.538 |
| F | $111.8^{***}$ | $109.6^{***}$ | $112.2^{***}$ | $52.67^{***}$ | $114.7^{***}$ |

注：因变量为资本结构指标负债率 $CS$；$***$、$**$、$*$ 分别表示在 1%、5% 和 10% 水平上显著；括号中为 T 值。

# 第四节　进一步分析与稳健性检验

## 一　基于双时间虚拟变量的进一步分析

表7—7　　　　　　　基于双时间虚拟变量的回归结果

| 变量 | (1)<br>$Issue$ | (2)<br>$CS$ |
|---|---|---|
| $AC$ | $-5.076^{***}$<br>$(-2.76)$ | $0.729^{***}$<br>$(20.06)$ |

续表

| 变量 | (1) | (2) |
|---|---|---|
| | *Issue* | *CS* |
| $Post_1$ | 0.362 | 0.082 *** |
| | (1.54) | (13.44) |
| $Post_2$ | 1.856 *** | -0.012 |
| | (5.77) | (-1.40) |
| $AC \times Post_1$ | 7.440 *** | -1.310 *** |
| | (2.65) | (-19.88) |
| $AC \times Post_2$ | -10.809 *** | 0.654 *** |
| | (-4.15) | (11.66) |
| 控制变量 | 控制 | 控制 |
| Constant | -4.419 * | -0.846 *** |
| | (-1.95) | (-14.37) |
| N | 4177 | 11988 |
| Pseudo $R^2$ ∣ Adjusted $R^2$ | 0.219 | 0.469 |
| F | —— | 122.8 *** |

注：第1列是因变量为融资选择虚拟变量 *Issue* 的回归结果；第2列是因变量为资本结构指标负债率 *CS* 的回归结果；*** 、** 、* 分别表示在1%、5%和10%水平上显著；括号中为 T 值；表中控制变量的回归结果予以简化。

为了进一步说明企业融资决策和资本结构在不同阶段的变化趋势，以及会计稳健性对其的影响，基于模型（7—1）和模型（7—2），可构建如下双时间虚拟变量模型：

$$Issue_{it} \ [or \ CS_{it}] = \alpha_0 + \alpha_1 AC_{it} + \alpha_2 Post_1 + \alpha_3 Post_2 + \alpha_4 AC_{it} \times Post_1$$

$$+ \alpha_5 AC_{it} \times Post_2 + \sum_{k=6}^{17} \alpha_k Controls_{it} + \varepsilon_{it} \qquad (7—3)$$

在上述模型中，变量的经济含义与模型（7—1）和模型（7—2）相同，不同之处是将会计准则变革分阶段虚拟变量（$Post_1$ 和 $Post_2$）同时放入模型，则 $AC$ 的系数 $\alpha_1$ 度量了会计稳健性对融资决策或资本结构的影响；$Post_1$ 的系数 $\alpha_2$ 度量了会计准则变革后初期融资决策或资本结构的变化，$Post_2$ 的系数 $\alpha_3$ 度量准则变革后稳定期在初期的基础上融资决策或资本结构的增量变化，$AC \times Post_1$ 的系数 $\alpha_4$ 度量了会计准则变革后初期会计稳健性对融资决策或资本结构的影响，$AC \times Post_2$ 的系数 $\alpha_5$ 度量了准则变革后稳定期在初期的基础上会计稳健性对融资决策或资本结构的增量影响。

该模型的回归结果见表 7—7。$AC$ 的系数在融资决策回归中显著为负，在资本结构回归中显著为正，表明会计稳健性的提高能够促使企业更倾向于债务融资，进而带来负债率的上升。$AC \times Post_1$ 的系数在融资决策回归中显著为正，在资本结构回归中显著为负，这表明在会计准则变革后初期，随着会计稳健性的降低，企业权益融资的倾向增加，进而带来负债率的降低。$AC \times Post_2$ 的系数在融资决策回归中显著为负，在资本结构回归中显著为正，表明会计准则变革后稳定期（2010 年持续趋同以来），随着会计稳健性的回升，企业债务融资的倾向及负债率也随之回升。从而本章的各研究假设进一步得到了验证。

## 二 会计稳健性度量的替换

与上一章类似，对于会计稳健性的度量，除了 Khan and Watts（2009）提出的稳健性指数（C_Score）法外，本章进一步采用 Givoly and Hayn（2000）负的累积应计法（$NA$）进行度量。Givoly and Hayn（2000）认为，因为会计稳健性的存在，企业长期累积应计会呈现为负的现象，因此，可以用非经营累积应计的符号与大小来判断会计稳健性。按此方法计算出经期末总资产平滑过的非经营累积应计 $Nopacc$，将其三年累计平均数计作 $NA$，并对 $NA$ 取相反数（乘以 $-1$），其值越大，代表稳健性水平越高。

以上述计算会计稳健性为基础，模型（7—1）和模型（7—2）的重新回归结果分别见表 7—8 和表 7—9。可以发现，$AC$ 在融资决策回归中基本显著为负，在资本结构回归中显著为正，从而进一步表明会计稳健性的提高能够促进债务融资倾向及负债率的提高。交乘项 $AC \times Post_j$ 的系数在融资决策回归中与前文基本一致，但在资本结构回归中显著性水平较低，这在一定程度上说明负的累积应计法（$NA$）本身度量会计稳健性的效果在我国上市公司可能并不理想。

**表 7—8　　　　　　　会计稳健性替代后融资决策回归结果**

| 变量 | （1）Total | （2）Post | （3）Post | （4）Post$_1$ | （5）Post$_2$ |
|---|---|---|---|---|---|
| AC | 0.391 | | − 7.911 ** | − 8.644 ** | − 5.790 |
| | (0.32) | | (− 2.22) | (− 2.31) | (− 1.58) |
| Post$_j$ | | 0.742 *** | 0.663 *** | 0.431 * | 1.417 *** |
| | | (4.09) | (3.62) | (1.85) | (4.74) |
| AC × Post$_j$ | | | 9.622 ** | 14.557 *** | 2.410 |
| | | | (2.53) | (3.29) | (0.57) |
| Size | 0.176 *** | 0.112 * | 0.111 * | 0.277 *** | − 0.031 |
| | (3.10) | (1.89) | (1.87) | (2.81) | (− 0.37) |
| Tan | 0.245 | 0.549 | 0.444 | 2.378 | − 0.379 |
| | (0.25) | (0.55) | (0.44) | (1.36) | (− 0.29) |
| ROA | 13.560 *** | 13.926 *** | 13.961 *** | 11.936 *** | 14.982 *** |
| | (11.50) | (11.65) | (11.68) | (6.04) | (9.03) |
| Grow | 0.174 | 0.135 | 0.131 | 0.161 | 0.468 ** |
| | (1.46) | (1.14) | (1.12) | (0.88) | (2.58) |
| Vol | − 0.241 | − 0.076 | − 0.079 | 1.342 ** | − 1.977 *** |
| | (− 0.51) | (− 0.16) | (− 0.17) | (2.03) | (− 2.69) |
| TobinQ | 0.368 *** | 0.284 *** | 0.286 *** | 0.293 *** | 0.436 *** |
| | (8.10) | (5.74) | (5.76) | (3.26) | (5.46) |
| Ocf | − 0.293 *** | − 0.278 *** | − 0.274 *** | − 0.273 *** | − 0.287 *** |
| | (− 5.81) | (− 5.52) | (− 5.44) | (− 3.35) | (− 3.94) |
| Turn | − 0.370 *** | − 0.371 *** | − 0.369 *** | − 0.321 | − 0.326 * |
| | (− 2.76) | (− 2.77) | (− 2.75) | (− 1.45) | (− 1.82) |
| Top1 | − 0.021 *** | − 0.019 *** | − 0.020 *** | − 0.016 *** | − 0.013 ** |
| | (− 5.69) | (− 5.16) | (− 5.34) | (− 2.78) | (− 2.51) |
| Prime | 5.064 | − 5.717 | − 5.376 | 4.102 | − 94.804 *** |
| | (0.61) | (− 0.67) | (− 0.63) | (0.33) | (− 3.26) |
| GDP | − 8.444 *** | − 4.320 | − 4.362 | 5.952 | − 4.247 |
| | (− 3.04) | (− 1.51) | (− 1.52) | (1.36) | (− 0.48) |
| Tax | 0.058 | 0.047 | 0.033 | 0.156 | − 0.091 |
| | (0.26) | (0.21) | (0.15) | (0.42) | (− 0.30) |

续表

| 变量 | (1) Total | (2) Post | (3) Post | (4) Post$_1$ | (5) Post$_2$ |
|---|---|---|---|---|---|
| Constant | -6.061*** | -5.287*** | -5.089*** | -12.632*** | 4.680 |
|  | (-3.38) | (-2.92) | (-2.81) | (-4.24) | (1.46) |
| INDUSTRY | 控制 | 控制 | 控制 | 控制 | 控制 |
| N | 4657 | 4657 | 4657 | 2267 | 2792 |
| Pseudo R$^2$ | 0.185 | 0.190 | 0.192 | 0.205 | 0.238 |

注：因变量为融资选择虚拟变量 Issue，当公司倾向于权益融资时取值为1，而当倾向于债务融资时取值为0；***、**、*分别表示在1%、5%和10%水平上显著；括号中为T值。

表7—9 会计稳健性替代后资本结构回归结果

| 变量 | (1) Total | (2) Post | (3) Post | (4) Post$_1$ | (5) Post$_2$ |
|---|---|---|---|---|---|
| AC | 0.350*** |  | 0.444*** | 0.463*** | 0.389*** |
|  | (11.22) |  | (6.65) | (6.88) | (5.87) |
| Post$_j$ |  | 0.021*** | 0.026*** | 0.043*** | 0.001 |
|  |  | (4.08) | (5.08) | (6.57) | (0.10) |
| AC × Post$_j$ |  |  | -0.105 | -0.118 | -0.009 |
|  |  |  | (-1.41) | (-1.39) | (-0.11) |
| Size | 0.044*** | 0.043*** | 0.042*** | 0.035*** | 0.048*** |
|  | (26.04) | (23.74) | (23.11) | (13.06) | (21.11) |
| Tan | -0.114*** | -0.102*** | -0.104*** | -0.234*** | -0.038 |
|  | (-4.14) | (-3.69) | (-3.76) | (-5.78) | (-1.07) |
| ROA | -1.065*** | -1.125*** | -1.057*** | -0.939*** | -1.137*** |
|  | (-38.85) | (-41.71) | (-38.48) | (-25.71) | (-31.41) |
| Grow | 0.016*** | 0.018*** | 0.015*** | 0.015*** | 0.006 |
|  | (4.51) | (5.05) | (4.31) | (2.97) | (1.39) |
| Vol | 0.054*** | 0.061*** | 0.056*** | 0.058*** | 0.097*** |
|  | (4.38) | (4.99) | (4.57) | (3.41) | (6.14) |
| TobinQ | -0.027*** | -0.030*** | -0.030*** | -0.032*** | -0.036*** |
|  | (-21.31) | (-21.73) | (-21.35) | (-15.33) | (-17.50) |
| Ocf | -0.030*** | -0.029*** | -0.030*** | -0.034*** | -0.025*** |
|  | (-15.91) | (-15.57) | (-15.74) | (-12.01) | (-10.33) |

续表

| 变量 | （1）<br>Total | （2）<br>Post | （3）<br>Post | （4）<br>$Post_1$ | （5）<br>$Post_2$ |
|---|---|---|---|---|---|
| Turn | − 0.019 *** | − 0.017 *** | − 0.020 *** | − 0.033 *** | − 0.022 *** |
| | （− 5.22） | （− 4.67） | （− 5.35） | （− 6.33） | （− 4.67） |
| Top1 | − 0.001 *** | − 0.001 *** | − 0.001 *** | − 0.001 *** | − 0.001 *** |
| | （− 6.17） | （− 5.21） | （− 5.37） | （− 4.54） | （− 5.93） |
| Prime | − 0.777 *** | − 1.422 *** | − 1.259 *** | − 2.123 *** | − 0.298 |
| | （− 2.95） | （− 5.04） | （− 4.48） | （− 5.94） | （− 0.37） |
| GDP | 1.187 *** | 1.390 *** | 1.363 *** | 0.928 *** | 0.924 *** |
| | （13.70） | （14.77） | （14.55） | （7.01） | （3.97） |
| Tax | 0.010 * | 0.010 | 0.010 | 0.009 | 0.016 ** |
| | （1.70） | （1.59） | （1.60） | （1.15） | （2.10） |
| Constant | − 0.515 *** | − 0.486 *** | − 0.472 *** | − 0.145 * | − 0.674 *** |
| | （− 9.56） | （− 8.86） | （− 8.63） | （− 1.88） | （− 7.81） |
| INDUSTRY | 控制 | 控制 | 控制 | 控制 | 控制 |
| N | 13100 | 13100 | 13100 | 6554 | 8058 |
| Adjusted $R^2$ | 0.386 | 0.381 | 0.387 | 0.348 | 0.415 |
| F | 100.4 *** | 98.23 *** | 98.49 *** | 43.21 *** | 68.32 *** |

注：因变量为资本结构指标负债率 CS；***、**、*分别表示在1%、5%和10%水平上显著；括号中为 T 值。

## 三　解释变量作滞后一期调整

考虑到各个因素对企业融资决策及资本结构的影响可能需要一定的时间，为了进一步反映各个变量之间的关系，可对模型（7—1）和模型（7—2）中的解释变量和相关控制变量作滞后一期调整。滞后一期调整后的重新回归结果分别见表7—10和表7—11。分析发现，融资决策和资本结构回归结果与前文主回归结果基本一致，这说明前文的研究结论较为可靠。

表 7—10　　　　　　解释变量作滞后一期调整后融资决策回归结果

| 变量 | (1)<br>Total | (2)<br>Post | (3)<br>Post | (4)<br>$Post_1$ | (5)<br>$Post_2$ |
|---|---|---|---|---|---|
| $AC$ | -5.061 *** | | -6.061 *** | -5.468 ** | -5.026 ** |
| | (-5.74) | | (-2.73) | (-2.20) | (-2.19) |
| $Post_j$ | | 1.103 *** | 0.537 ** | 0.496 * | 1.113 *** |
| | | (6.39) | (2.14) | (1.65) | (3.46) |
| $AC \times Post_j$ | | | 5.005 ** | 9.150 *** | 0.296 |
| | | | (2.01) | (2.73) | (0.10) |
| $Size$ | -0.134 ** | -0.219 *** | -0.211 *** | -0.085 | -0.369 *** |
| | (-2.25) | (-3.58) | (-3.38) | (-0.83) | (-4.08) |
| $Tan$ | -1.958 ** | -1.590 | -1.689 * | 0.897 | -3.024 ** |
| | (-2.01) | (-1.61) | (-1.71) | (0.49) | (-2.39) |
| $ROA$ | 11.838 *** | 12.364 *** | 12.060 *** | 12.137 *** | 12.996 *** |
| | (10.06) | (10.30) | (10.09) | (5.68) | (7.56) |
| $Grow$ | -0.027 | -0.066 | -0.056 | -0.001 | -0.234 |
| | (-0.21) | (-0.51) | (-0.44) | (-0.01) | (-1.22) |
| $Vol$ | 0.103 | 0.146 | 0.198 | 1.319 * | -0.334 |
| | (0.22) | (0.32) | (0.43) | (1.93) | (-0.50) |
| $TobinQ$ | 0.184 *** | 0.191 *** | 0.176 *** | 0.303 *** | 0.118 * |
| | (4.32) | (4.53) | (4.11) | (2.97) | (1.73) |
| $Ocf$ | 0.178 *** | 0.168 *** | 0.169 *** | 0.149 | 0.205 ** |
| | (2.82) | (2.68) | (2.69) | (1.39) | (2.30) |
| $Turn$ | 0.034 | 0.010 | 0.020 | -0.058 | 0.005 |
| | (0.27) | (0.08) | (0.16) | (-0.28) | (0.03) |
| $Top1$ | -0.005 | -0.003 | -0.003 | -0.002 | 0.003 |
| | (-1.45) | (-0.81) | (-0.90) | (-0.27) | (0.54) |
| $Prime$ | 37.233 *** | -19.963 * | -8.766 | -297.05 *** | -52.156 * |
| | (3.16) | (-1.93) | (-0.55) | (-4.92) | (-1.79) |
| $GDP$ | -17.881 *** | -9.046 ** | -10.367 *** | 112.491 *** | -23.969 *** |
| | (-4.87) | (-2.47) | (-2.59) | (5.41) | (-3.19) |
| $Tax$ | -0.542 ** | -0.493 ** | -0.507 ** | -0.913 ** | -0.403 |
| | (-2.40) | (-2.19) | (-2.24) | (-2.20) | (-1.30) |

续表

| 变量 | (1) Total | (2) Post | (3) Post | (4) $Post_1$ | (5) $Post_2$ |
|---|---|---|---|---|---|
| Constant | 1.193 | 4.003 ** | 4.003 ** | 2.167 | 13.044 *** |
| | (0.67) | (2.26) | (2.06) | (0.68) | (4.26) |
| INDUSTRY | 控制 | 控制 | 控制 | 控制 | 控制 |
| N | 4392 | 4392 | 4392 | 2064 | 2645 |
| Pseudo $R^2$ | 0.173 | 0.177 | 0.179 | 0.195 | 0.216 |

注：因变量为融资选择虚拟变量 Issue，当公司倾向于权益融资时取值为 1，而当倾向于债务融资时取值为 0；***、**、* 分别表示在 1%、5% 和 10% 水平上显著；括号中为 T 值。

表 7—11　　　　解释变量作滞后一期调整后资本结构回归结果

| 变量 | (1) Total | (2) Post | (3) Post | (4) $Post_1$ | (5) $Post_2$ |
|---|---|---|---|---|---|
| AC | 0.403 *** | | 1.013 *** | 1.066 *** | 1.143 *** |
| | (16.79) | | (22.62) | (22.56) | (25.79) |
| $Post_j$ | | -0.008 * | 0.101 *** | 0.087 *** | 0.104 *** |
| | | (-1.65) | (15.31) | (11.84) | (12.12) |
| $AC \times Post_j$ | | | -0.695 *** | -0.810 *** | 0.109 * |
| | | | (-12.61) | (-11.62) | (1.67) |
| Size | 0.046 *** | 0.047 *** | 0.043 *** | 0.036 *** | 0.041 *** |
| | (25.79) | (25.01) | (23.22) | (13.02) | (17.54) |
| Tan | -0.127 *** | -0.114 *** | -0.091 *** | -0.176 *** | -0.062 * |
| | (-4.27) | (-3.76) | (-3.07) | (-3.96) | (-1.67) |
| ROA | -0.942 *** | -0.992 *** | -0.881 *** | -0.663 *** | -0.777 *** |
| | (-31.69) | (-33.15) | (-29.72) | (-15.93) | (-19.78) |
| Grow | 0.022 *** | 0.024 *** | 0.022 *** | 0.017 *** | 0.014 *** |
| | (5.92) | (6.20) | (5.93) | (3.02) | (3.04) |
| Vol | 0.036 *** | 0.045 *** | 0.030 ** | 0.027 | 0.063 *** |
| | (2.75) | (3.38) | (2.26) | (1.47) | (3.92) |
| TobinQ | -0.019 *** | -0.025 *** | -0.021 *** | -0.022 *** | -0.011 *** |
| | (-13.02) | (-17.54) | (-14.64) | (-8.48) | (-5.39) |

| 变量 | (1)<br>Total | (2)<br>Post | (3)<br>Post | (4)<br>$Post_1$ | (5)<br>$Post_2$ |
|---|---|---|---|---|---|
| Ocf | - 0.041 *** | - 0.041 *** | - 0.041 *** | - 0.041 *** | - 0.043 *** |
|  | ( - 20.76) | ( - 20.59) | ( - 21.19) | ( - 13.76) | ( - 18.64) |
| Turn | - 0.020 *** | - 0.019 *** | - 0.024 *** | - 0.040 *** | - 0.026 *** |
|  | ( - 5.14) | ( - 4.79) | ( - 6.20) | ( - 7.77) | ( - 5.69 |
| Top1 | - 0.001 *** | - 0.001 *** | - 0.001 *** | - 0.001 *** | - 0.001 *** |
|  | ( - 6.93) | ( - 5.75) | ( - 4.63) | ( - 4.07) | ( - 4.35) |
| Prime | - 4.178 *** | - 1.827 *** | - 4.886 *** | - 2.090 | - 9.610 *** |
|  | ( - 12.02) | ( - 5.19) | ( - 10.78) | ( - 1.58) | ( - 12.24) |
| GDP | 1.749 *** | 1.600 *** | 1.956 *** | 1.339 *** | 3.100 *** |
|  | (15.45) | (13.45) | (16.03) | (2.75) | (14.79) |
| Tax | 0.017 *** | 0.018 *** | 0.018 *** | 0.014 | 0.019 ** |
|  | (2.64) | (2.75) | (2.85) | (1.57) | (2.38) |
| Constant | - 0.406 *** | - 0.529 *** | - 0.451 *** | - 0.366 *** | - 0.303 *** |
|  | ( - 7.61) | ( - 9.78) | ( - 7.97) | ( - 4.52) | ( - 3.64) |
| INDUSTRY | 控制 | 控制 | 控制 | 控制 | 控制 |
| N | 12151 | 12151 | 12151 | 5951 | 7538 |
| Adjusted $R^2$ | 0.377 | 0.362 | 0.390 | 0.364 | 0.460 |
| F | 89.47 *** | 84.16 *** | 92.48 *** | 42.07 *** | 76.48 *** |

注：因变量为资本结构指标负债率 $CS$；*** 、** 、* 分别表示在 1% 、5% 和 10% 水平上显著；括号中为 T 值。

# 第五节　本章小结

　　企业会计信息相关性的提高改善了资本市场信息环境，进而有利于企业权益融资。但是，由于会计稳健性的降低，企业债务契约效率降低，债务融资因此受到不利影响。为此，本章选取 2004—2013 年我国 A 股上市公司为样本，以我国会计准则变革为背景，考察了会计稳健性对企业融资决策及资本结构的影响，主要结论可以概括为以下几点：（1）在一定范围内，会计稳健性水平越高的企业，其债务融资倾向及负债率就越高；（2）在我国 2007 年新会计准则实施后，会计稳健性的降低促使部分上市公司由债务融资转向权益融资，上市公司的债务融资倾向及负债率因此降低；（3）自 2010 年我国会计准则与 IFRS 持续趋同以来，随着会计稳健性的回升，上市公司的债务融资倾向及负债率也随之回升。

　　本章的研究价值主要体现在：第一，对比分析了会计准则变革对权益融资和债务融资的差异影响，拓展了会计准则变革的影响范畴。第二，基于会计信息相关性与可靠性（稳健性）的矛盾，分析了会计稳健性对债务融资和权益融资的差异影响，进而导致企业融资决策及资本结构的变化，丰富了会计稳健性的经济后果研究。第三，丰富了资本结构的影响因素，包括宏观层面的会计准则以及具体会计信息质量。同时，与上一章节的研究类似，本章同样存在两点研究局限，一是仅选择会计稳健性作为会计信息可靠性的一个代表性方面，盈余平滑性及盈余管理、盈余持续性等特征均未涉及；二是在分析会计准则变革对债务融资的影响时，并未区分银行贷款和公司债券，以及对债务期限结构的影响。

# 第 八 章

# 会计准则变革对企业投资
# 效率的溢出效应

面对成千上万家上市公司的财务报告，资本市场分析师及投资者、企业管理者、监管机构等在做出相关决策时均需做出比较，这就要求各家上市公司的财务报告具有可比性。会计准则在增强财务报告可比性方面发挥关键作用，这也是提高资本市场运行效率的重要保障。可比性是财务报告信息的质量特征之一，它促使会计信息使用者做出合理的资本配置决策（Barth，2013）。IASB 在制定 IFRS 时，就明确把提高会计信息可比性作为主要目标之一。关于会计信息可比性①的定义，IASB "财务报告概念框架" 明确指出，可比性是使得用户能够识别和理解项目的相似与不同之处的信息质量特征。我国《企业会计准则——基本准则》又将可比性分为横向可比性与纵向可比性，不同主体在同一时期提供的会计信息应当横向可比，同一主体在不同时期提供的会计信息应当纵向可比。本书主要研究横向可比性。

由于缺乏有效度量方法的原因，因此与相关性、应计质量、盈余平滑度、稳健性等其他会计信息质量特征相比，以往对可比性的研究相对较少（袁知柱和吴粒，2012）。随着 IFRS 在全球范围内的推广，以及可比性度量方法的不断完善，对可比性的研究在近几年才逐渐展开。现有关于可比性的研究，大体分为可比性的影响因素和经济后果两个方面。

---

① 本书未对 "会计可比性" "会计信息可比性" "财务报告可比性" 和 "财务报表可比性" 进行严格区分，视几者为同一概念，在术语表达上亦可简称 "可比性"。

可比性的影响因素研究主要集中于检验国际会计准则趋同对可比性的影响（Barth et al.，2012；Yip and Young，2012；Brochet et al.，2013；Wang，2014；Cascino and Gassen，2015），以及公司层面的审计风格、审计师变更、公司治理与财务特征等对可比性的影响（Francis et al.，2014；肖虹等，2015；谢盛纹和刘杨晖，2016）。可比性的经济后果研究则相对较多，包括可比性对盈余管理（Sohn，2011；胥朝阳和刘睿智，2014；袁知柱和吴粒，2015）、分析师关注及预测行为（De Franco et al.，2011）、权益估值与资本成本（Young and Zeng，2015；杨忠海等，2015）、股权投资与企业并购（DeFond et al.，2011；Yu and Wahid，2014；刘睿智等，2015）、业绩评价与公司治理（Wu and Zhang；Brochet et al.，2013）、营收计划及管理层业绩预告准确度（万鹏等，2015；陈翔宇等，2015）、债务风险（Kim et al.，2013）、股价暴跌风险（Kim et al.，2016）等的影响。但是，现有研究尚未有从企业投资的角度，考察可比性对投资效率[①]的影响。

在投资效率的影响因素方面，已有研究同样主要关注应计质量、盈余平滑性、披露质量与及时性、稳健性等对投资效率的影响（Biddle and Hilary，2006；Biddle et al.，2009；周春梅，2009；李青原，2009；García Lara et al.，2010；Chen et al.，2011；金智和阳雪，2012），尚未有文献直接研究公司层面的会计信息可比性对投资效率的影响。具体到会计准则变革对企业投资效率的影响，虽然已有研究（Schleicher et al.，2010；Biddle et al.，2013；Chen et al.，2013；蔡吉甫，2013；顾水彬，2013）从不同角度进行了关注，但是，这些研究主要将会计准则变革作为一个整体事件研究其对投资效率的影响，或仅从传统盈余质量的角度考察投资效率的变化。基于此，本章选取 2005—2013 年我国 A 股上市公司为样本，基于公司年度会计信息可比性的度量，从可比性的角度考察了会计准则变革对企业投资效率的影响。具体来看，本章第一节为理论

---

① 投资效率具体指公司接受净现值为正的项目，拒绝净现值为负的项目。若公司拒绝了净现值为正的项目则为投资不足，若接受了净现值为负的项目则为过度投资，二者均为非效率投资。

分析与研究假设，第二节为研究设计，第三节为实证结果分析，第四节为进一步分析及稳健性检验，第五节为本章小结。

# 第一节　理论分析与研究假设

## 一　会计信息可比性与企业投资效率

在无摩擦的完美资本市场假设条件下，资本流动遵循"增值"的恒定规则，即对较高资本回报率的项目追加投资，而对较低资本回报率的项目削减投资。在这种理想情况下，企业不存在非效率投资。然而，现实世界中存在着许多不利因素促使企业资本配置错误，企业管理者与外部投资者之间的信息不对称和代理冲突就是其中最常见的因素，这也是资本市场对财务报告及信息披露提出需求的基本原因（Healy and Palepu，2001）。Biddle et al. （2009）指出，高质量的会计信息能够通过降低企业内部管理者和外部投资者之间的信息不对称提高企业投资效率。Bushman and Smith（2001）总结认为，会计信息主要通过三种渠道影响着投资效率及企业价值，即投资项目识别（利用财务会计信息识别出项目的好坏）、治理渠道（促使管理者把资源投资于好的项目）以及降低企业内部与外部投资者之间的信息不对称。可比性作为一种重要的会计信息质量特征，自然在这个过程中发挥着独特的作用。

根据国内外公认的财务报告概念框架①，相关性和可靠性是会计信息最基本的两个质量特征，它们是促使财务报告目标实现的基本保障。与相关性和可靠性相比，可比性在财务报告概念框架中属于"次一级别"的信息质量特征，但它在提高会计信息决策有用性方面发挥重要作用，IASB 在制定 IFRS 以及欧盟等地区引入 IFRS 时都明确把提高可比性作为主要目标之一。在基本逻辑层面，可比性的提高在一定程度上提高了会计信息相关性与可靠性，进而对企业投资效率产生影

---

① 比如趋于一致的 IASB "财务报告概念框架" 和美国财务会计准则理事会（FASB）"概念公告"。我国虽然没有明确颁布 "财务报告概念框架"，但《基本准则》中基本涵盖了类似的内容。

响。在可靠性方面，Sohn（2011）、胥朝阳和刘睿智（2014）、袁知柱和吴粒（2015）的研究均发现，提高会计信息可比性能够有效抑制企业应计盈余管理程度，从而在一定程度上提高了会计信息可靠性。而可比性在提高会计信息相关性方面的作用更加明显，进而优化管理者投资决策、降低投资者与管理者之间的信息不对称及缓解代理冲突，并对企业投资效率产生影响，如图8—1所示。下面将从不同角度分别加以分析。

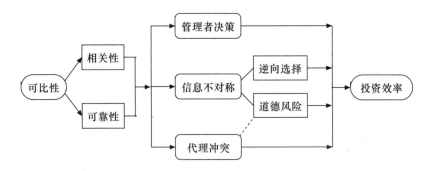

**图8—1　可比性对投资效率的影响路径图**

在不考虑信息不对称和代理冲突时，从企业管理者投资决策的角度，会计信息可比性在一定程度上可以优化企业投资决策。Bushman and Smith（2001）认为，管理者能够通过分析其他公司所报告的高额会计利润，识别出具有前景的新投资机会。Durnev and Mangen（2012）的研究发现，一个公司的会计信息（财务报告重述行为）能够传递关于不确定性的信号，导致可比公司投资行为的变化调整，进而帮助提高该公司的投资效率。Beatty et al.（2013）的研究发现，同行业内可比公司（尤其是行业领袖）报告超额利润会带来本公司投资的增加，进而影响企业的过度投资水平。Chen et al.（2013）则通过考察可比公司间报告盈余（ROA）的差异，检验了财务信息对投资效率的跨境溢出效应，得出欧洲上市公司在采用IFRS后投资效率得到提高的结论。通过总结可以发现，可比性优化企业投资决策的基本逻辑并不复杂：假设某一行业内有两家可比公司A和B，如果B公司报告了较高的可比利润，且其投资水平较高（过度投资的程度较大），那么 A 公司管理者自然会从中得到有用信息或"成功"经验，若 A 公司的投资水平并不高，相应地会进行增加投资的调整，以提高企业投资效率；假如 B 公司的投资水平较高，但其报告了较低的可比利润，那么 A 公司管理者也会从中得到有用信息或"失败"教训，并通过维持原有投资以保持企业投资效率；如果 B 公司的投资水平较低（投资不足的程度较大），A 公司管理者会同样地进行分析并做出类似的反应；类似地，B 公司在进行投资决策时也会参考 A 公司及其他同行业可比公司的会计信息和投资水平。如果公司间的会计信息可比性提高，则某一公司在参考其他公司会计信息进行决策时，准确度自然会提高。万鹏等（2015）、陈翔宇等（2015）的研究发现，可比性越高的公司，其营收计划准确度和管理层业绩预告准确度越高，从而为可比性在改善管理者经营决策方面提供了相关经验证据。

从信息不对称的角度，会计信息可比性在一定程度上可以降低逆向选择和道德风险。Myers and Majluf（1984）的理论研究表明，当企业内部与外部存在信息不对称时，容易导致逆向选择问题。在这种情况下，市场难以有效区分"好"企业和"坏"企业，使得某些"好"企业因未获得外部资金而投资不足，部分"坏"企业反而因得到额外的资金而过度投资。如果市场中的会计信息更具可比性，投资者更容易识别出市场中的"好"企业与"坏"企业，对于企业投资项目的比较与评价也更加准确，从而做出更加合理的投资决策，促使资本流向"增值"效果更好的项目。De Franco et al.（2011）的研究发现，可比性的提高能够带来分析师关注度的增加以及分析师预测准确度的提高，进而改善资本市场的信息环境。Kim et al.（2013）、杨忠海等（2015）的研究发现，公司的财务报告可比性越高，其股权资本成本越低，债务风险也相对较小。当存在道德风险问题时，管理者容易出于个人利益而非股东价值最大化的目的进行非效率投资，比如，管理者因贪图享受平静的生活而投资不足，或因谋求建立企业"帝国"而过度投资。在这种情况下，与可比性对管理者投资决策的影响类似，投资者也会通过比较其他公司的可比财务信息对企业投资水平做出合理判断，如果管理者有明显的过度投资或投资不足的行为，投资者则会采取相应的惩罚措施或负面反应，进而起到监督管理者的作用。

从代理冲突的角度，会计信息可比性在一定程度上可以使得投资者更好地评价管理者绩效、激励管理者工作，进而缓解企业内部管理者与外部投资者的代理问题。在企业所有权和经营权分离的情况下，管理者和所有者的利益存在不一致的问题，如果所有者不能对管理者进行有效激励，就容易导致出现管理者的决策偏离股东价值最大化目标的代理问题（Jensen and Meckling，1976）。比如，自由现金流的过度投资问题（Jensen，1986）。代理冲突同样会引发投资不足问题，因为在某些情况下，NPV 大于零的项目因不能为管理者带来边际收益而遭到放弃。为了缓解代理问题，所有者通过设计管理者报酬契约对其进行激励，其中对管理者进行业绩评价是关键，而在进行业绩评价时所有者通常会参照同行业可比公司的业绩，即相对业绩评价。如果公司间会计信息可比性提高，那么可比公司业绩指标的参考价值会进一步增强，所有者能够更加有效地判断本公司与可比公司间的差距，企业利用相对业绩评价的效果得以提升，进而促使管理者进行更加有效地投资。Wu and Zhang（2010）、Ozkan et al.（2012）分别研究了 CEO 更换、高管薪酬与国外可比公司财务业绩之间的敏感性关系，他们发现，欧洲大陆公司在采用 IFRS 后由于会计信息可比性的提高，高管薪酬对本公司财务业绩的敏感性显著增加，对基于国外可比公司的相对业绩评价的使用也显著增加。Brochet et al.（2013）的研究也表明，强制采用 IFRS 所带来会计信息可比性的提高，能够促进市场识别内部购买行为，降低了企业内部人员通过私人信息获利的能力。可见，会计信息可比性的提高能够缓解投资者与管理者之间的代理冲突。

基于以上三个角度的分析，本书提出：

假设 8—1：会计信息可比性与企业投资效率在总体上呈正相关关系，提升会计信息可比性能够减少企业非效率投资。

## 二 会计准则变革的影响

经济全球化推动着全球性通用会计准则的发展，由 IASB 发布的 IFRS 在世界范围内产生了广泛的影响。2006 年 2 月 15 日，我国新会计准则体系正式发布，自 2007 年 1 月 1 日起在上市公司实施，实现了与 IFRS 的实质性趋同。2010 年财政部发布《中国企业会计准则与国际财务报告准则持续趋同路线图》，进一步明确了我国企业会计准则与 IFRS 持续趋同的基本方略。2014 年，财政部又陆续修订和新增《公允价值计量》等 8 项具体会计准则，亦是与 IFRS 的持续趋同之举。会计准则的国际趋同旨在提高企业会计信息质量，以增强会计信息的决策有用性，可比性作为一项重要的会计信息质量特征，自然受到会计准则的直接影响。那么，会计准则变革是否提高了会计信息可比性？可比性与投资效率的关系是否发生变化？

Barth et al. （2012）的研究发现，普通法系国家的非美国公司在采用 IFRS 后，其会计信息与采用美国公认会计原则（US GAAP）的美国公司间的可比性显著增加。Yip and Young（2012）检验了欧盟 17 个国家采用 IFRS 后会计信息可比性的变化，发现强制采用 IFRS 使得不同公司会计处理方法趋于一致、类似的项目更相近、信息质量均得到提高，进而提高了不同国家间的会计信息可比性。Brochet et al. （2013）、Wang（2014）也分别从内部购买行为、跨国信息转移的不同角度，发现采用 IFRS 提高会计信息可比性的经验证据。Cascino and Gassen（2015）的研究发现，强制采用 IFRS 在总体上提高了公司层面的会计信息可比性，但 IFRS 对可比性的影响在不同公司间存在差异，只有严格遵守 IFRS 以及监管环境较为严格国家的公司可比性才得以提高。陈旻和曲晓辉（2014）系统检验了我国会计准则国际趋同对会计信息质量的影响，他们发现，会计准则国际趋同不仅提高了会计信息在行业内的横向可比性，也增强了盈余的纵向可比性。从胥朝阳和刘睿智（2014）、杨忠海等（2015）的研究也可知，我国在 2007 年采用新会计准则后，不同公司间的会计信息可比性在总体上得到一定程度的提高。可以发现，会计准则趋同使得不同公司遵守的会计"规则"趋于一致，以上研究也均从不同层面和角度支持了会计准则趋同带来可比性提高的结论。

根据前文提出的假设 8—1，会计信息可比性与企业投资效率呈正相关关系，那么随着会计准则变革带来会计信息可比性的显著提高，企业投资效率会相应地得到提高。与此同时，可比性对投资效率的影响机理亦会增强，即可比性与投资效率的正相关关系进一步得到增强。首先，从管理者投资决策的角度，新会计准则实施后，随着公司间会计信息可比性的显著提高，可比公司财务报告的决策有用性对其他公司来说有所增加，管理者参考可比公司业绩进行投资决策的准确性增加，即管理者能够更加有效地识别出本公司是否存在过度投资或投资不足的现象，并采取相应的应对措施。其次，从信息不对称的角度，会计准则变革带来会计信息可比性的提高，改善了资本市场信息环境，降低了企业内部管理者与外部投资者之间的信息不对称程度，使得投资者能够更加有效地对企业状况及投资行为进行比较、评价与监督，从而缓解了资本市场逆向选择问题以及公司管理者道德风险问题，使得企业非效率投资得到抑制。最后，从代理冲突的角度，会计准则变革带来会计信息可比性的提高，预期会提升企业对相对业绩评价的利用效果，提高企业基于会计信息的管理者薪酬契约的效率，进而更加有效地缓解投资者与管理者之间的代理冲突，即促使管理者的行为与投资者的目标相一致，激励管理者努力工作，并把资源投资于好的项目以增加企业价值。

基于以上分析，本书进一步提出以下待检验的假设：

假设8—2：在我国2007年新会计准则实施后，上市公司的会计信息可比性得到提高，会计信息可比性与企业投资效率的正相关关系进一步得到增强。

# 第二节　研究设计

## 一　样本与数据

本章以我国2005—2013年的所有A股上市公司为初始样本，在此基础上，剔除了金融类上市公司、ST类别公司、当年上市的公司以及计算相关变量时数据缺失的公司。之所以选择2005年作为研究起始年份，主要是因为计算会计信息可比性时数据的限制。由于计算上市公司会计信息可比性指标时要用到前16个季度（四年）的相关数据，而中国上市公司从2002年第一季度起才开始强制性披露季度报表，所以能够计算出可比性指标的最早年份为2005年。我国新会计准则于2007年开始实施，所以，研究样本包含会计准则变革前两个年度（2005年和2006年）的数据，样本量足以支撑研究。另外，出于可比性计算的需要，本章剔除了行业企业数少于 15 个的行业样本。

本章所用的公司财务与资本市场数据来自 Wind 数据库，公司治理数据则主要来自国泰安"中国上市公司治理结构研究"数据库。为了减少样本量的损失，对于早些年份（主要是 2005 年和 2006 年）存在较多缺失值的个别变量，利用这两个数据库的数据进行了相互补充，比如是否为国有控股企业虚拟变量、董事长和总经理是否两职合一虚拟变量。另外，为了消除极端值的影响，对所有连续型变量采取了上下百分之一的缩尾处理。

## 二 主要变量的度量

### （一）可比性的度量

对于公司层面可比性的度量，过去曾一直缺乏有效的度量方法，直到 De Franco et al.（2011）创新性地设计出基于盈余—收益回归模型的测度方法，关于公司层面的可比性研究才得以展开（袁知柱和吴粒，2012），Yip and Young（2012）、Barth et al.（2012）和 Cascino and Gassen（2015）等的研究均以此方法为基础度量公司层面的可比性。因此，本书借鉴 De Franco et al.（2011）模型对公司层面的可比性进行度量。

De Franco et al.（2011）将会计系统定义为企业经济业务反映到会计报表中的转换过程，即可用映射函数 Financial Statement$_i$ = $f_i$（Economic Events$_i$）来表示。根据这一定义，对于两个企业 $i$ 和 $j$，给定一个相同的经济业务，如果两个企业能够生成几乎相同的财务报表，那么这两个企业的会计系统就是可比的。用此方法计算可比性的具体过程如下：

首先，对于企业 $i$，利用 t 期之前的连续 16 个季度数据对模型（8—1）进行估计：

$$Earnings_{it} = \alpha_i + \beta_i Return_{it} + \varepsilon_{it} \tag{8—1}$$

在模型（8—1）中，$Earnings_{it}$ 为净利润与净资产账面价值的比值，即净资产收益率（$ROE$），用其作为财务报表信息的代表[①]；$Return_{it}$ 为季

---

[①] 西方研究主要用净利润与净资产市场价值的比值来计算 $Earnings_{it}$，考虑到我国资本市场权益估值的可靠性，以及 $ROE$ 应用的广泛程度，本书以 ROE 来综合代表财务报表信息（利润表与资产负债表的综合）。

度股票收益，用其代表某一经济业务。根据模型（8—1）的估计结果，$\hat{\alpha}_i$ 和 $\hat{\beta}_i$ 可以代表企业 $i$ 的会计系统相应参数。类似地，用企业 $j$ 的数据进行估计，可以得出企业 $j$ 的会计系统相应参数 $\hat{\alpha}_j$ 和 $\hat{\beta}_j$。

其次，两个企业会计系统参数的相近程度就代表了这两个企业会计信息的可比性。为了估计这种相近程度，假定两个企业 $i$ 和 $j$ 经历了相同的经济业务（$Return_{it}$），然后分别估计他们的预期季度收益及其差异：

$$E\,(Earnings)_{iit} = \hat{\alpha}_i + \hat{\beta}_i Return_{it} \tag{8—2}$$

$$E\,(Earnings)_{ijt} = \hat{\alpha}_j + \hat{\beta}_j Return_{it} \tag{8—3}$$

在模型（8—2）和（8—3）中，$E\,(Earnings)_{iit}$ 表示根据企业 $i$ 的映射函数以及企业 $i$ 的股票收益计算得到的企业 $i$ 在 t 期的预期收益。$E\,(Earnings)_{ijt}$ 表示根据企业 $j$ 的映射函数以及企业 $i$ 的股票收益计算得到的企业 $j$ 在 t 期的预期收益。因此，可以计算两个企业在经历同样的经济业务时所生成的预期收益的差异程度。

最后，将两个企业 $i$ 和 $j$ 的会计信息可比性定义为：

$$CompAcct_{ijt} = -\frac{1}{16}\sum_{t-15}^{t}\left| E\,(Earnings)_{iit} - E\,(Earnings)_{ijt}\right| \tag{8—4}$$

$CompAcct_{ijt}$ 的值越大则代表企业 $i$ 和企业 $j$ 之间的会计信息可比性越高。对于公司层面会计信息可比性的度量，首先计算同一行业内每一对公司组合 $i$ 与 $j$ 的会计信息可比性测量值（$CompAcct_{ijt}$），然后对计算出的同一行业内所有其他企业与企业 $i$ 的可比性测量值进行排序，分别取可比性测量值最高的前 4 家企业、前 10 家企业计算其平均值，并以此作为企业 $i$ 在公司层面上的会计信息可比性的替代变量，同时也计算出同一行业内所有其他企业与企业 $i$ 的可比性测量值的中位数[1]，本书分别用 $CompAcc4_{it}$、$CompAcc10_{it}$ 和 $CompAccInd_{it}$ 来表示最终计算的企业个体层面的会计信息可比性。

———————

[1] 关于具体选择多少家可比公司，并无绝对标准，本书参考已有研究选择了这三个指标。Cooper and Cordeiro（2008）曾研究过基于乘数的权益估值对可比公司数量的选择问题，发现利用同行业 10 家公司与利用同行业所有公司的估值准确性并无差别，利用更少的可比公司（5家），估值准确性也没有太大损失。

（二）投资效率的度量

对于投资效率的度量，目前主要运用 Richardson（2006）的预期投资模型，即首先计算企业预期投资的水平，然后用实际投资与预期投资之间的差值表示非效率投资，该模型主要利用会计数据进行计算，它被后来众多研究采用，其可靠性已得到广泛验证与认可。本书借鉴 Richardson（2006）模型，并进一步参考刘行和叶康涛（2013）、刘慧龙等（2014）和柳建华等（2015）对相关变量的选取，具体模型如下：

$$Invest_t = \alpha_0 + \alpha_1 Growth_{t-1} + \alpha_2 Lev_{t-1} + \alpha_3 Cash_{t-1} + \alpha_4 Age_{t-1} + \alpha_5 Size_{t-1}$$
$$+ \alpha_6 Return_{t-1} + \alpha_7 Invest_{t-1} + YEAR + INDUSTRY + \varepsilon_{it} \qquad (8—5)$$

其中，$Invest_t$ 为企业当年新增资本投资额，$Invest_t =$（构建固定资产、无形资产和其他长期资产支付的现金 - 处置固定资产、无形资产和其他长期资产收回的现金净额）/期初总资产；$Growth_{t-1}$ 表示企业前一年的成长性，它是影响企业投资支出的较为关键因素，分别用托宾 $Q$ 值和营业收入增长率计算[①]；$Lev_{t-1}$ 为期初资产负债率；$Cash_{t-1}$ 为期初货币资金持有量，等于货币资金除以总资产；$Age_{t-1}$ 为期初时企业上市年限的自然对数；$Size_{t-1}$ 为期初总资产的自然对数；$Return_{t-1}$ 为企业上一年度考虑现金股利再投资的股票收益率；$Invest_{t-1}$ 为企业上一年的新增资本投资额；$YEAR$ 和 $INDUSTRY$ 分别为年度和行业虚拟变量。

用样本数据对模型（8—5）进行回归的残差 $\varepsilon_{it}$ 即表示非效率投资，当 $\varepsilon_{it} > 0$ 时，表示过度投资，当 $\varepsilon_{it} < 0$ 时，表示投资不足。可以对 $\varepsilon_{it}$ 取绝对值，代表企业非效率投资的程度，用符号 $Inv\_Ineff_{it}$ 表示，过度投资和投资不足的绝对值则分别用 $OverInv_{it}$ 和 $UnderInv_{it}$ 表示。表8—1列示了模型（8—5）的回归结果，各个变量都在1%的水平上显著，且符号均与预期一致，这说明投资预期模型很好地拟合了本书的样本。

---

① 在后文实证分析的主体部分，列示的是用托宾 $Q$ 值作为成长性指标计算的结果；用营业收入增长率计算的企业成长性检验结果，在稳健性检验部分进行报告。

表 8—1　　　　　　　　　　　投资预期模型估计结果

| 变量 | Constant | $Growth_{t-1}$ | $Lev_{t-1}$ | $Cash_{t-1}$ | $Age_{t-1}$ | $Size_{t-1}$ |
|---|---|---|---|---|---|---|
| 系数 | −0.019 | 0.004*** | −0.014*** | 0.023*** | −0.008*** | 0.003*** |
| T 值 | (−1.48) | (9.93) | (−6.58) | (4.65) | (−7.77) | (5.10) |
| 变量 | $Return_{t-1}$ | $Invest_{t-1}$ | YEAR | INDUSTRY | N | $Adj-R^2$ |
| 系数 | 0.003*** | 0.463*** | 控制 | 控制 | 13921 | 0.334 |
| T 值 | (4.47) | (63.51) | | | | |

注：因变量为当年新增资本投资 $Invest_t$；***、**、* 分别表示在 1%、5% 和 10% 水平上显著；括号中为 T 值。

## 三　模型设计

为了检验本书的研究假设 8—1，可以建立了如下实证模型：

$$Inv\_Ineff_{it} = \beta_0 + \beta_1 CompAcct_{it} + \beta_2 SOE_{it} + \beta_3 FCF_{it} + \beta_4 ADM_{it} + \beta_5 Occupy_{it}$$
$$+ \beta_6 Top1_{it} + \beta_7 DirNum_{it} + \beta_8 OutDir_{it} + \beta_9 Dual_{it} + \beta_{10} Pay3_{it} + INDUSTRY + \varepsilon_{it}$$

$$(8—6)$$

其中，因变量 $Inv\_Ineff_{it}$ 为企业非效率投资的程度，其值越大，企业投资效率越低；自变量 $CompAcct_{it}$ 为公司年度的会计信息可比性指标，分别用前面计算的 $CompAcc4_{it}$、$CompAcc10_{it}$ 和 $CompAccInd_{it}$ 表示。系数 $\beta_1$ 则度量了会计信息可比性与企业投资效率之间的关系，若其显著为负，则表明可比性能够抑制企业非效率投资。

参考申慧慧等（2012）、刘行和叶康涛（2013）、刘慧龙等（2014）和柳建华等（2015）对影响投资效率相关控制变量的选取，本书选取了以下几类控制变量：（1）企业产权性质。$SOE$ 表示是否为国有控股上市公司虚拟变量，是则取值为 1，否则为 0，判断的依据为上市公司的实际控制人性质是否为国有企业或国有机构。（2）企业资金与经营效率方面的变量。$FCF$ 表示企业年初的自由现金流，借鉴申慧慧等（2012）、刘行和叶康涛（2013）的算法，等于上年的经营活动现金净流量减去模型（8—5）估算的预期资本投资额；$ADM$ 为管理费用率，等于企业当年的管理费用与主营业务收入的比值；$Occupy$ 为资金占用率，等于企业当年其他应收款与期末总资产的比值。（3）其他公司治理变量。$Top1$ 为第一大股东的持股比例；$DirNum$ 为董事会规模，等于董事会总人数的自然对数；$OutDir$ 为独立董事在董事会中所占的比例；$Dual$ 为董事长和总经理是否两职合一虚拟变量，是则取值为 1，否则为 0；$Pay3$ 为高管货币薪酬，等于领薪最多的前三名董事的薪酬总额的自然对数。

为了检验本书的研究假设 8—2，可以建立了如下实证模型：

$$Inv\_Ineff_{it} = \beta_0 + \beta_1 CompAcct_{it} + \beta_2 Post_1 + \beta_3 Post_2 + \beta_4 CompAcct_{it} \times Post_1$$

$$+ \beta_5 CompAcct_{it} \times Post_2 + \sum_{k=6}^{n} \beta_k Controls_{it} + \varepsilon_{it} \tag{8—7}$$

其中，$Inv\_Ineff_{it}$、$CompAcct_{it}$ 及控制变量与模型（8—6）相同，不同的是在模型（8—7）中新加入了两个时间虚拟变量及其与 $CompAcct_{it}$ 的交乘项。$Post_1$ 为我国会计准则变革后初始三年（图 8—2 中阶段 2）虚拟变量，若为 2007—2009 年则取值为 1，否则为 0；$Post_2$ 为我国会计准则变革后稳定期（图 8—2 中阶段 3）虚拟变量，若为 2010—2013 年则取值为 1，否则为 0。之所以用这两个阶段表示的时间虚拟变量来检验会计准则变革的影响，主要因为可比性指标的计算要用到前 16 个季度（四年）的会计数据，即 2007 年度可比性实际上用到 2004—2007 四个年度的会计数据，2008 年度可比性实际上用到 2005—2008 四个年度的会计数据，2009 年度可比性实际上用到 2006—2009 四个年度的会计数据。所以，用 De Franco et al.（2011）模型计算的 2007—2009 年度可比性，实际上既用了旧准则下的会计数据，也用了新准则下的会计数据，这一阶段在本质上是可比性的"混合期"。而 2010—2013 年度可比性的计算均利用新准则下的会计数据，这一阶段在本质上才是纯会计准则变革后的可比性。因此，主要关注交乘项 $CompAcct_{it} \times Post_2$ 的系数 $\beta_5$，若其显著为负，则表明在我国会计准则变革后，会计信息可比性对企业投资效率的正向作用得到增强。交乘项 $CompAcct_{it} \times Post_1$ 的系数 $\beta_4$ 若显著为负，则也"片面"验证了研究假设 8—2，预计 $\beta_4$ 的显著性水平要比 $\beta_5$ 低。

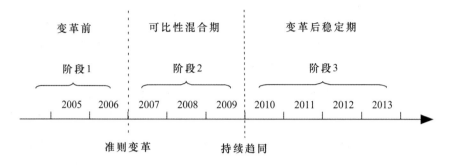

图8—2 我国会计准则变革前后不同阶段划分图

# 第三节 实证结果分析

## 一 描述性统计

表 8—2 主要变量的描述性统计

| 变量 | 观测值 | 平均值 | 标准差 | 中位数 | 最小值 | 最大值 | 偏度值 | 峰度值 |
|------|--------|--------|--------|--------|--------|--------|--------|--------|
| $Inv\_Ineff$ | 10366 | 0.038 | 0.043 | 0.025 | 0.000 | 0.252 | 2.652 | 11.458 |
| $OverInv$ | 3789 | 0.051 | 0.059 | 0.029 | 0.000 | 0.252 | 1.869 | 6.137 |
| $UnderInv$ | 6577 | 0.030 | 0.027 | 0.023 | 0.000 | 0.247 | 2.375 | 11.591 |
| $CompAcc4$ | 10366 | -0.868 | 1.671 | -0.383 | -12.707 | -0.079 | -5.160 | 33.334 |
| $CompAcc10$ | 10366 | -1.218 | 1.983 | -0.612 | -14.84 | -0.146 | -4.746 | 29.430 |
| $CompAccInd$ | 10366 | -2.599 | 2.478 | -1.844 | -18.39 | -0.780 | -4.036 | 22.887 |
| $FCF$ | 10366 | -0.013 | 0.080 | -0.012 | -0.233 | 0.211 | -0.038 | 3.591 |
| $ADM$ | 10366 | 0.094 | 0.098 | 0.069 | 0.009 | 0.702 | 3.748 | 20.949 |
| $Occupy$ | 10366 | 0.025 | 0.040 | 0.011 | 0.000 | 0.248 | 3.378 | 16.266 |
| $SOE$ | 10366 | 0.616 | 0.486 | 1.000 | 0.000 | 1.000 | -0.479 | 1.229 |
| $Top1$ | 10366 | 0.371 | 0.155 | 0.350 | 0.091 | 0.750 | 0.381 | 2.320 |
| $Dual$ | 10366 | 0.158 | 0.364 | 0.000 | 0.000 | 1.000 | 1.880 | 4.535 |
| $DirNum$ | 10366 | 2.207 | 0.201 | 2.197 | 1.609 | 2.708 | -0.141 | 4.188 |
| $OutDir$ | 10366 | 0.361 | 0.049 | 0.333 | 0.250 | 0.556 | 1.451 | 5.946 |
| $Pay3$ | 10366 | 13.477 | 0.915 | 13.528 | 11.002 | 15.591 | -0.244 | 2.947 |

本章相关主要变量的描述性统计见表 8—2。可以发现，关于样本公司的非效率投资，过度投资的公司少于投资不足的公司，两者接近 4∶6 的比例。分别取同行业前 4 家可比公司、前 10 家可比公司及所有公司的中位数计算出的三种公司年度会计可比性指标，其平均值和中位数依次降低，标准差依次增加。国有控股企业的比例大于非国有控股企业，所占比例为 61.6%。独立董事在董事会中所占的比例中位数为 1/3，平均值大于 1/3，这与我国证监会对上市公司独立董事数量的要求一致。其他变量在此便不一一详述。进一步观察变量的偏度和峰度，可知除了 *FCF*、*Pay*3 和 *Dirnum* 较为接近正态分布外，其他变量的分布不明确，因此，后文的相关性分析分别报告了 Pearson 相关系数和 Spearman 相关系数。

表 8—3 会计准则变革前后不同阶段可比性与非效率投资差异检验

| 变量 | 阶段 1 2005—2006 年（N＝1726） | | 阶段 2 2007—2009 年（N＝3064） | | 阶段 1 至 2 差异检验 | |
|---|---|---|---|---|---|---|
| | 平均值 | 中位数 | 平均值 | 中位数 | T | Z |
| *CompAcc*4 | −1.005 | −0.394 | −0.922 | −0.427 | −1.54* | 3.11*** |
| *CompAcc*10 | −1.392 | −0.644 | −1.312 | −0.696 | −1.24 | 3.30*** |
| *CompAccInd* | −2.791 | −1.829 | −2.743 | −1.952 | −0.60 | 3.97*** |
| *Inv_Ineff* | 0.039 | 0.025 | 0.039 | 0.025 | −0.33 | −0.19 |

| 变量 | 阶段 3 2010—2013 年（N＝5576） | | 阶段 2 至 3 差异检验 | | 阶段 1 至 3 差异检验 | |
|---|---|---|---|---|---|---|
| | 平均值 | 中位数 | T | Z | T | Z |
| *CompAcc*4 | −0.795 | −0.360 | −3.54*** | −7.86*** | −4.57*** | −2.66*** |
| *CompAcc*10 | −1.112 | −0.571 | −4.70*** | −9.29*** | −5.16*** | −3.62*** |
| *CompAccInd* | −2.460 | −1.803 | −5.32*** | −7.06*** | −4.92*** | −0.10 |
| *Inv_Ineff* | 0.036 | 0.024 | 3.37*** | 2.48** | 2.38*** | 1.83* |

注：***、**、* 分别表示在 1%、5% 和 10% 水平上显著。

为了进一步考察我国上市公司会计信息可比性和非效率投资在会计准则变革后的变化趋势，本书对会计准则变革前（阶段 1）、准则变革后初始三年（阶段 2）和准则变革后稳定期（阶段 3）可比性和非效率投资

的均值和中值进行了差异检验，见表8—3。T检验和Wilcoxon秩和检验
（Mann-Whitney U检验）的结果均表明，在我国会计准则变革后稳定期
（阶段3），无论是与准则变革前（阶段1）相比，还是与准则变革后初始
三年的"混合期"（阶段2）相比，上市公司会计信息可比性的均值和中
值均显著增加，而非效率投资的均值和中值均显著降低。可见，可比性
和非效率投资的变化趋势相反，即可比性的提高伴随着企业投资效率的
提高，进而差异检验在一定程度上对本书的研究假设提供了支持。

## 二　相关性分析

表8—4列示了本章主要相关连续变量（剔除了SOE和Dual两个虚
拟变量）的Pearson和Spearman相关系数。分析可知，用三种选择计算出
的会计信息可比性之间具有较强的相关性，Pearson相关系数均超过0.9，
Spearman相关系数也均大于0.7；会计信息可比性与非效率投资之间存在
明显的负相关关系，这从一定程度上为本书的假设8—1提供了支持。其
他变量之间的相关性系数均较小。另外，通过进一步计算本章所有回归
方程的方差膨胀因子（VIF），发现VIF的平均值均小于2，并且各个变量
的最大值均小于5。因此，多重共线性不会对本章的回归模型产生严重
影响。

## 三　多元回归分析

表8—5报告了本书模型（8—6）和模型（8—7）关于会计信息可比
性对企业投资效率的影响回归结果，其中因变量为企业非效率投资 $Inv\_$
$Ineff_{it}$。表8—5中的前三列报告了2005—2013年所有样本数据对模型
（8—6）的回归结果，可以发现，用三种选择计算出的会计信息可比性指
标均与企业非效率投资在5%的水平上显著负相关，即会计信息可比性与
企业投资效率在总体上呈正相关关系，提升会计信息可比性能够减少非
效率投资，从而本书的假设8—1得到了验证。

表8—4　　　　　　　主要连续变量相关性分析

| 变量 | Inv_Ineff | CompAcc4 | CompAcc10 | CompAccInd | FCF | ADM | Occupy | Top1 | DirNum | OutDir | Pay3 |
|---|---|---|---|---|---|---|---|---|---|---|---|
| Inv_Ineff | 1.000 | -0.039*** | -0.047*** | -0.002 | -0.085*** | 0.047*** | -0.122*** | 0.019* | 0.024** | -0.003 | -0.070** |
| CompAcc4 | -0.018* | 1.000 | 0.966*** | 0.721*** | -0.023** | -0.025** | -0.069*** | 0.027*** | -0.024** | 0.010 | 0.081*** |
| CompAcc10 | -0.019** | 0.991*** | 1.000 | 0.739*** | -0.027*** | -0.018* | -0.066*** | 0.024** | -0.028** | 0.017* | 0.096*** |
| CompAccInd | -0.012 | 0.933*** | 0.950*** | 1.000 | -0.061*** | -0.062*** | -0.100*** | 0.049*** | 0.028*** | -0.000 | 0.043*** |
| FCF | -0.086*** | 0.006 | -0.002 | -0.020** | 1.000 | -0.017* | -0.008 | 0.011 | 0.015 | -0.037** | 0.031*** |
| ADM | -0.006 | -0.195*** | -0.197*** | -0.213*** | -0.045*** | 1.000 | 0.172*** | -0.193*** | -0.102*** | -0.001 | -0.073*** |
| Occupy | -0.088*** | -0.185*** | -0.190*** | -0.211*** | -0.004 | 0.278*** | 1.000 | -0.145*** | -0.051*** | -0.008 | -0.096*** |
| Top1 | 0.016 | 0.047*** | 0.044*** | 0.049*** | 0.021** | -0.173*** | -0.094*** | 1.000 | 0.029*** | -0.013 | -0.046*** |
| DirNum | 0.024** | 0.028*** | 0.022** | 0.031*** | 0.015 | -0.095*** | -0.053*** | 0.035*** | 1.000 | -0.258*** | 0.091*** |
| OutDir | -0.002 | 0.003 | 0.007 | 0.009 | -0.044*** | 0.006 | -0.024** | 0.002 | -0.325*** | 1.000 | 0.041*** |
| Pay3 | -0.066*** | 0.146*** | 0.151*** | 0.127*** | 0.033*** | -0.107*** | -0.164*** | -0.050*** | 0.098*** | 0.049*** | 1.000 |

注：表左下和右上分别为 Pearson 和 Spearman 检验系数；***、**、* 分别表示在1%、5%和10%水平上显著。

表8—5中的后三列报告了模型（8—7）的回归结果，可以发现，在会计准则变革前，会计信息可比性与企业非效率投资之间并不存在显著的负相关关系，$CompAcc4$ 和 $CompAcc10$ 的系数反而显著为正，可能的解释是，2007年以前在我国会计准则或制度不够完善、质量相对较低的情况下，即使企业遵循统一的会计准则或制度增强了会计信息可比性，但这种"低质量"的可比性的提高并不能达到提高企业投资效率的效果，反而会产生不利的经济后果。$Post_1$ 和 $Post_2$ 的系数分别在10%和1%的水平上显著为负，这说明企业投资效率在准则变革后得到明显提高。与预期一致，交乘项 $CompAcct_{it} \times Post_2$ 的系数 $\beta_5$ 均在1%的水平上显著为负，这表明在我国会计准则变革后，可比性对企业非效率投资的抑制作用得到显著增强；在可比性"混合期"，交乘项 $CompAcct_{it} \times Post_1$ 的系数 $\beta_4$ 显著性水平低于 $\beta_5$，也与前文的预期一致，从而本书的假设8—2得到了验证。

表8—5　　　　会计信息可比性对企业投资效率的影响回归结果

| 变量 | (1)<br>CompAcc4 | (2)<br>CompAcc10 | (3)<br>CompAccInd | (4)<br>CompAcc4 | (5)<br>CompAcc10 | (6)<br>CompAccInd |
|---|---|---|---|---|---|---|
| CompAcct | − 0.001 ** <br> ( − 1.99 ) | − 0.0004 ** <br> ( − 2.18 ) | − 0.0004 ** <br> ( − 2.56 ) | 0.001 * <br> ( 1.67 ) | 0.001 <br> ( 1.63 ) | 0.000 <br> ( 1.14 ) |
| Post₁ | | | | − 0.002 * <br> ( − 1.66 ) | − 0.003 * <br> ( − 1.78 ) | − 0.003 * <br> ( − 1.86 ) |
| Post₂ | | | | − 0.007 *** <br> ( − 4.91 ) | − 0.007 *** <br> ( − 5.01 ) | − 0.009 *** <br> ( − 5.06 ) |
| CompAcct × Post₁ | | | | − 0.001 * <br> ( − 1.71 ) | − 0.001 * <br> ( − 1.80 ) | − 0.001 <br> ( − 1.60 ) |
| CompAcct × Post₂ | | | | − 0.002 *** <br> ( − 3.49 ) | − 0.002 *** <br> ( − 3.53 ) | − 0.001 *** <br> ( − 3.23 ) |
| SOE | − 0.004 *** <br> ( − 3.77 ) | − 0.004 *** <br> ( − 3.78 ) | − 0.004 *** <br> ( − 3.77 ) | − 0.004 *** <br> ( − 4.03 ) | − 0.004 *** <br> ( − 4.02 ) | − 0.004 *** <br> ( − 4.01 ) |
| FCF | − 0.043 *** <br> ( − 8.20 ) | − 0.043 *** <br> ( − 8.22 ) | − 0.043 *** <br> ( − 8.26 ) | − 0.045 *** <br> ( − 8.49 ) | − 0.045 *** <br> ( − 8.52 ) | − 0.045 *** <br> ( − 8.58 ) |

续表

| 变量 | (1)<br>CompAcc4 | (2)<br>CompAcc10 | (3)<br>CompAccInd | (4)<br>CompAcc4 | (5)<br>CompAcc10 | (6)<br>CompAccInd |
|---|---|---|---|---|---|---|
| ADM | 0.005<br>(0.98) | 0.004<br>(0.95) | 0.004<br>(0.88) | 0.007<br>(1.39) | 0.007<br>(1.39) | 0.006<br>(1.29) |
| Occupy | -0.088***<br>(-7.80) | -0.088***<br>(-7.84) | -0.089***<br>(-7.91) | -0.093***<br>(-7.99) | -0.093***<br>(-7.99) | -0.094***<br>(-8.04) |
| Top1 | 0.001<br>(0.44) | 0.001<br>(0.45) | 0.001<br>(0.47) | 0.000<br>(0.12) | 0.000<br>(0.11) | 0.000<br>(0.11) |
| Dual | 0.001<br>(0.89) | 0.001<br>(0.89) | 0.001<br>(0.88) | 0.001<br>(1.03) | 0.001<br>(1.03) | 0.001<br>(1.00) |
| DirNum | 0.004*<br>(1.79) | 0.004*<br>(1.79) | 0.004*<br>(1.80) | 0.003<br>(1.25) | 0.003<br>(1.24) | 0.003<br>(1.26) |
| OutDir | 0.008<br>(0.86) | 0.008<br>(0.86) | 0.008<br>(0.87) | 0.011<br>(1.27) | 0.011<br>(1.26) | 0.012<br>(1.30) |
| Pay3 | -0.003***<br>(-6.62) | -0.003***<br>(-6.60) | -0.003***<br>(-6.64) | -0.002***<br>(-4.48) | -0.002***<br>(-4.48) | -0.002***<br>(-4.51) |
| Constant | 0.082***<br>(8.84) | 0.081***<br>(8.81) | 0.080***<br>(8.68) | 0.076***<br>(8.16) | 0.076***<br>(8.17) | 0.076***<br>(8.10) |
| INDUSTRY | 控制 | 控制 | 控制 | 控制 | 控制 | 控制 |
| N | 10366 | 10366 | 10366 | 10366 | 10366 | 10366 |
| Adjusted R² | 0.054 | 0.054 | 0.055 | 0.057 | 0.057 | 0.057 |
| F | 15.17*** | 15.19*** | 15.24*** | 14.62*** | 14.64*** | 14.64*** |

注：因变量为非效率投资 $Inv\_Ineff_{it}$ ；***、**、*分别表示在 1%、5% 和 10% 水平上显著；括号中为 T 值。

对于控制变量的回归结果，*SOE* 的系数显著为负，这与申慧慧等（2012）、刘行和叶康涛（2013）与刘慧龙等（2014）的结果类似，这说明在本书的样本范围内，与非国有控股企业相比，国有控股企业的非效率投资额较低，这也与已有国有控股企业过度投资程度更低的研究发现基本一致。与柳建华等（2015）的结果类似，*FCF* 的系数显著为负，*Occupy* 的系数显著为负，这可能表明我国上市公司期初自由现金流越低，越容易发生投资不足的现象；大股东占款比例越高，企业过度投资水平越低。*Pay*3 的系数显著为负，这表明支付给董事的薪酬越高，企业投资效率越高，高管薪酬激励对企业投资行为具有一定的治理效果。在其他控制变量中，*Top*1、*ADM*、*Dual*、*DirNum* 和 *OutDir* 的系数均为正，但显著性水平均较低。如果不考虑统计显著性水平，仅从系数符号上判断，相关经济解释如下：管理费用率越高，企业投资效率越低；董事长和总经理两职合一的公司，其投资效率越低；增加董事会规模及独立董事所占的比例，并不必然导致企业投资效率的提高。

## 第四节 进一步分析与稳健性检验

### 一 区分国有控股企业与非国有控股企业的进一步分析

由于国有控股企业与非国有控股企业在制度与行为方面的差异，可以进一步将全样本分为国有控股企业和非国有控股企业两个不同组别进行对照检验。表8—6 报告了模型（8—6）的分组回归结果，以及构建是否为非国有控股企业虚拟变量 *NSOE*（若为非国有控股企业取值为1，否则为0）的交叉回归结果。可以发现，在第 4—6 列非国有控股企业组，可比性 *CompAcct*$_{it}$的系数在 1% 或 5% 的水平下显著为负，而在第 1—3 列国有控股企业组，其系数并不显著；在第 7—9 列交叉回归结果中，交乘项 *NSOE* × *CompAcc*4 和 *NSOE* × *CompAcc*10 的系数在 10% 的水平下显著为负，*NSOE* × *CompAccInd* 的显著性相对较低。这表明，与国有控股企业相比，可比性对投资效率的正向影响在非国有控股企业更加明显。由于管理体制的不同，国有控股企业和非国有控股企业在投资决策与业绩评价等方面有所差异，一方面，国有控股企业通常具有促进社会就业和社会稳定等非价值最大化的目标，其投资决策与业绩评价等方面均遵循政府制定的行政程序或政策规定，对可比公司会计信息的利用程度较低，这导致会计信息可比性的作用大幅降低。另一方面，虽然我国的非国有控股企业一般被控股股东控制，股东与管理者之间的第一类代理问题有所缓解，但大股东和小股东之间的第二类代理问题较为突出，为了获得控制权私有收益，控股股东通常会利用其控制权扭曲公司投资行为。特别地，

表8—6　　区分国有控股企业与非国有控股企业的回归结果

| 变量 | 国有控股企业组 | | | 非国有控股企业组 | | | 交叉回归差异检验 | | |
|---|---|---|---|---|---|---|---|---|---|
| | (1)<br>CompAcc4 | (2)<br>CompAcc10 | (3)<br>CompAccInd | (4)<br>CompAcc4 | (5)<br>CompAcc10 | (6)<br>CompAccInd | (7)<br>CompAcc4 | (8)<br>CompAcc10 | (9)<br>CompAccInd |
| CompAcct | -0.0001<br>(-0.24) | -0.0002<br>(-0.56) | -0.0003<br>(-1.16) | -0.001***<br>(-2.72) | -0.001***<br>(-2.67) | -0.001**<br>(-2.57) | -0.000<br>(-0.39) | -0.000<br>(-0.65) | -0.000<br>(-1.55) |
| NSOE | | | | | | | 0.002**<br>(2.15) | 0.002**<br>(2.04) | 0.002 *<br>(1.66) |
| NSOE × CompAcct | | | | | | | -0.001*<br>(-1.91) | -0.001*<br>(-1.70) | -0.0004<br>(-1.06) |
| FCF | -0.039***<br>(-5.47) | -0.039***<br>(-5.48) | -0.039***<br>(-5.50) | -0.049***<br>(-6.23) | -0.049***<br>(-6.24) | -0.049***<br>(-6.27) | -0.044***<br>(-8.32) | -0.044***<br>(-8.34) | -0.044***<br>(-8.39) |
| ADM | 0.012<br>(1.63) | 0.012<br>(1.57) | 0.011<br>(1.47) | 0.001<br>(0.14) | 0.001<br>(0.13) | 0.001<br>(0.13) | 0.003<br>(0.60) | 0.003<br>(0.58) | 0.002<br>(0.46) |
| Occupy | -0.090***<br>(-5.88) | -0.091***<br>(-5.92) | -0.092***<br>(-5.99) | -0.087***<br>(-5.20) | -0.087***<br>(-5.21) | -0.087***<br>(-5.21) | -0.089***<br>(-7.91) | -0.089***<br>(-7.93) | -0.091***<br>(-8.03) |
| Top1 | -0.005<br>(-1.25) | -0.005<br>(-1.24) | -0.004<br>(-1.21) | 0.010**<br>(2.03) | 0.010**<br>(2.02) | 0.010**<br>(2.03) | 0.001<br>(0.18) | 0.001<br>(0.18) | 0.001<br>(0.23) |
| Dual | -0.002<br>(-1.20) | -0.002<br>(-1.21) | -0.002<br>(-1.22) | 0.003**<br>(2.16) | 0.003**<br>(2.16) | 0.003**<br>(2.12) | 0.001<br>(0.96) | 0.001<br>(0.96) | 0.001<br>(0.92) |

续表

| 变量 | 国有控股企业组 | | | 非国有控股企业组 | | | 交叉回归差异检验 | | |
|---|---|---|---|---|---|---|---|---|---|
| | (1) CompAcc4 | (2) CompAcc10 | (3) CompAccInd | (4) CompAcc4 | (5) CompAcc10 | (6) CompAccInd | (7) CompAcc4 | (8) CompAcc10 | (9) CompAccInd |
| DirNum | 0.003 | 0.003 | 0.003 | 0.006 | 0.006 | 0.006 | 0.004* | 0.004* | 0.004* |
| | (1.10) | (1.10) | (1.11) | (1.55) | (1.54) | (1.55) | (1.79) | (1.78) | (1.79) |
| OutDir | 0.012 | 0.012 | 0.012 | 0.003 | 0.003 | 0.003 | 0.007 | 0.007 | 0.007 |
| | (1.06) | (1.05) | (1.04) | (0.18) | (0.19) | (0.21) | (0.81) | (0.82) | (0.83) |
| Pay3 | -0.003*** | -0.003*** | -0.003*** | -0.004*** | -0.004*** | -0.004*** | -0.003*** | -0.003*** | -0.003*** |
| | (-5.25) | (-5.22) | (-5.20) | (-4.60) | (-4.61) | (-4.68) | (-7.07) | (-7.05) | (-7.08) |
| Constant | 0.082*** | 0.082*** | 0.081*** | 0.081*** | 0.081*** | 0.081*** | 0.067*** | 0.067*** | 0.067*** |
| | (7.03) | (7.00) | (6.89) | (5.27) | (5.26) | (5.22) | (7.18) | (7.14) | (7.10) |
| INDUSTRY | 控制 | 控制 | 控制 | 控制 | 控制 | 控制 | 控制 | 控制 | 控制 |
| N | 6389 | 6389 | 6389 | 3977 | 3977 | 3977 | 10366 | 10366 | 10366 |
| Adjusted R² | 0.057 | 0.057 | 0.057 | 0.059 | 0.059 | 0.059 | 0.047 | 0.047 | 0.047 |
| F | 10.37*** | 10.38*** | 10.40*** | 7.100*** | 7.094*** | 7.080*** | 23.22*** | 23.21*** | 23.27*** |

注：因变量为非效率投资 $Inv\_Ineff_{it}$；***、**、* 分别表示在1%、5%和10%水平上显著；括号中为 T 值。

表 8—7　　准则变革影响国有控股企业与非国有控股企业的回归结果

| 变量 | 国有控股企业组 | | | 非国有控股企业组 | | | 交叉回归差异检验 | | |
|---|---|---|---|---|---|---|---|---|---|
| | (1) CompAcc4 | (2) CompAcc10 | (3) CompAccInd | (4) CompAcc4 | (5) CompAcc10 | (6) CompAccInd | (7) CompAcc4 | (8) CompAcc10 | (9) CompAccInd |
| CompAcct | 0.001 (0.88) | 0.001 (0.78) | 0.000 (0.24) | 0.001 (1.32) | 0.001 (1.36) | 0.001 (1.29) | 0.001 (0.95) | 0.001 (0.94) | 0.000 (0.09) |
| $Post_1$ | -0.004** (-2.01) | -0.004** (-2.06) | -0.004* (-1.82) | -0.001 (-0.36) | -0.001 (-0.42) | -0.002 (-0.74) | -0.002 (-1.24) | -0.002 (-1.33) | -0.002 (-1.06) |
| $Post_2$ | -0.010*** (-5.62) | -0.010*** (-5.54) | -0.011*** (-4.95) | -0.003 (-1.13) | -0.003 (-1.33) | -0.006** (-2.01) | -0.008*** (-4.88) | -0.009*** (-4.84) | -0.009*** (-4.18) |
| CompAcct × $Post_1$ | -0.001 (-0.92) | -0.001 (-1.01) | -0.000 (-0.71) | -0.000 (-1.38) | -0.000 (-1.35) | -0.001 (-1.42) | -0.001 (-0.83) | -0.001 (-0.98) | -0.000 (-0.49) |
| CompAcct × $Post_2$ | -0.001 (-1.30) | -0.001 (-1.28) | -0.001 (-1.13) | -0.003*** (-4.00) | -0.003*** (-4.06) | -0.002*** (-3.77) | -0.001 (-1.38) | -0.001 (-1.44) | -0.001 (-1.05) |
| NSOE | | | | | | | -0.001 (-0.26) | -0.001 (-0.22) | 0.001 (0.18) |
| NSOE × CompAcct | | | | | | | 0.000 (0.05) | 0.000 (0.10) | 0.000 (0.68) |
| NSOE × $Post_1$ | | | | | | | 0.000 (0.16) | 0.001 (0.17) | -0.001 (-0.21) |

续表

| 变量 | 国有控股企业组 | | | 非国有控股企业组 | | | 交叉回归差异检验 | | |
|---|---|---|---|---|---|---|---|---|---|
| | (1) CompAcc4 | (2) CompAcc10 | (3) CompAccInd | (4) CompAcc4 | (5) CompAcc10 | (6) CompAccInd | (7) CompAcc4 | (8) CompAcc10 | (9) CompAccInd |
| $NSOE \times Post_2$ | | | | | | | 0.005* | 0.004 | 0.003 |
| | | | | | | | (1.71) | (1.53) | (0.75) |
| $NSOE \times CompAcct \times Post_1$ | | | | | | | -0.001 | -0.000 | -0.001 |
| | | | | | | | (-0.54) | (-0.42) | (-0.80) |
| $NSOE \times CompAcct \times Post_2$ | | | | | | | -0.002* | -0.002* | -0.002* |
| | | | | | | | (-1.73) | (-1.76) | (-1.86) |
| 控制变量 | 控制 | 控制 | 控制 | 控制 | 控制 | 控制 | 控制 | 控制 | 控制 |
| Constant | 0.071*** | 0.071*** | 0.070*** | 0.080*** | 0.080*** | 0.082*** | 0.062*** | 0.062*** | 0.063*** |
| | (6.02) | (6.01) | (5.89) | (5.15) | (5.18) | (5.27) | (6.54) | (6.53) | (6.51) |
| N | 6389 | 6389 | 6389 | 3977 | 3977 | 3977 | 10366 | 10366 | 10366 |
| Adjusted $R^2$ | 0.062 | 0.062 | 0.062 | 0.062 | 0.062 | 0.062 | 0.051 | 0.051 | 0.051 |
| F | 10.42*** | 10.43*** | 10.46*** | 6.868*** | 6.880*** | 6.802*** | 18.93*** | 18.94*** | 18.86*** |

注：因变量为非效率投资 $Inv\_Ineff_{it}$；***、**、* 分别表示在 1%、5% 和 10% 水平上显著；括号中为 T 值。

大股东扭曲上市公司投资的行为也加剧了非国有控股上市公司融资成本和融资约束的程度，进一步加剧了因资金短缺而造成的投资不足的问题。较高的会计信息可比性降低了企业内外部的信息不对称，进而抑制了控股股东的非效率投资行为，所以，在非国有控股企业中可比性对投资效率的影响较为明显。

为了进一步检验我国会计准则变革对不同产权性质企业的可比性与投资效率关系的影响，本书对模型（8—7）也按照国有控股企业和非国有控股企业进行了分组回归，并同样构建了 $NSOE$ 虚拟变量进行交叉回归差异检验，结果见表8—7（表中未报告其他控制变量的回归结果）。可以发现，在第4—6列非国有控股企业组，交乘项 $CompAcct_{it} \times Post_2$ 的系数均在1%的水平下显著为负，而在第1—3列国有控股企业组，其系数并不显著；在第7—9列交叉回归中，交乘项 $NSOE \times CompAcct_{it} \times Post_2$ 的系数均在10%的水平下显著为负。这表明，在我国新会计准则实施后，国有控股企业会计信息可比性与投资效率的关系并未得到改善，而非国有控股企业进一步得到了增强，即我国新会计准则带来可比性的改善，主要提高了非国有控股企业的投资效率。

## 二　区分过度投资与投资不足的进一步分析

由于企业过度投资与投资不足的形成机理有所不同，可以进一步将全样本分为过度投资和投资不足两个不同组别进行对照检验。表8—8报告了模型（8—6）的分组回归结果，以及构建是否为投资不足虚拟变量 $Under$（若为投资不足取值为1，过度投资则为0）的交叉回归结果。可以发现，在第4—6列投资不足组，可比性 $CompAcct_{it}$ 的系数均在1%的水平下显著为负，而在第1—3列过度投资组，其系数并不显著。这表明，会计信息可比性主要对投资不足起到缓解作用，对过度投资的抑制作用则不明显。导致这一影响差异的原因可能有两点：一方面，企业管理者在参考同行业可比公司会计信息进行投资决策时，可能更会因其他公司报告高额利润而具有增加投资的倾向（而非减少投资），因此，较高的会计信息可比性因促进了企业投资的增加而更能缓解投资不足；另一方面，我国上市投资不足的现象比过度投资更加严重，股东对管理者投资不足的容忍程度比过度投资更小，因此，可比性通过降低信息不对称对投资不足的影响比对过度投资的影响更加明显。在表8—8第7—9列交叉回归结果中，交乘项 $Under \times CompAcct_{it}$ 的系数为负，但显著性水平较低，即在过度投资组和投资不足分组回归中，$CompAcct_{it}$ 的系数大小差异在统计上的显著性水平较低。

为了进一步检验我国会计准则变革分别对会计信息可比性与过度投资和投资不足之间关系的影响，本书对模型（8—7）也按照过度投资和投资不足进行了分组回归，并同样构建了 $Under$ 虚拟变量进行交叉回归差异检验，结果见表8—9（表中未报告其他控制变量的回归结果）。可以发现，在第4—6列投资不足组，交乘项 $CompAcct_{it} \times Post_2$ 的系数均在1%的水平下显著为负，在第1—3列过度投资组，$CompAcc4 \times Post_2$ 和 $CompAcc10 \times Post_2$ 的系数在5%的水平下显著为负。这表明，在我国新会计准则实施后，会计信息可比性对投资不足的缓解作用得到增强，可比性对过度投资的抑制作用也得以体现。在表8—9第7—9列交叉回归中，交乘项 $Under \times CompAcc4 \times Post_2$ 和 $Under \times CompAcc10 \times Post_2$ 的系数均在5%的水平下显著为正，$Under \times CompAccInd \times Post_2$ 的系数也为正，不过显著性水平相对较低。这表明，与投资不足相比，会计信息可比性与过度投资之间的关系受到我国会计准则变革的影响更大。

### 三　可比性度量的调整

在前文度量可比性的 De Franco et al.（2011）模型中，用股票收益和会计盈余进行回归，但由于公司盈余对好消息与坏消息（正、负股票收益）的确认具有非对称及时性（Basu，1997），即企业会计系统对坏消息比好消息的确认更加及时（稳健性原则），所以有必要对股票收益是否为负进行区分。De Franco et al.（2011）对此也进行了稳健性检验，Campbell and Yeung（2012）、胥朝阳和刘睿智（2014）、刘睿智等（2015）更是以考虑这种影响而调整过的模型作为主要度量方法，因此，本书在此部分同样进行了类似的模型调整，具体如下：

$$Earnings_{it} = \alpha_i + \beta_i Return_{it} + \gamma_i D + \lambda_i D \times Return_{it} + \varepsilon_{it} \qquad (8—8)$$

表 8—8　　区分过度投资与投资不足的回归结果

| 变量 | 过度投资组 | | | 投资不足组 | | | 交叉回归差异检验 | | |
|---|---|---|---|---|---|---|---|---|---|
| | (1) CompAcc4 | (2) CompAcc10 | (3) CompAccInd | (4) CompAcc4 | (5) CompAcc10 | (6) CompAccInd | (7) CompAcc4 | (8) CompAcc10 | (9) CompAccInd |
| CompAcct | -0.0002 (-0.37) | -0.0003 (-0.51) | -0.0004 (-0.88) | -0.001*** (-3.59) | -0.001*** (-3.87) | -0.001*** (-4.17) | -0.000 (-0.48) | -0.000 (-0.63) | -0.000 (-0.94) |
| Under | | | | | | | -0.021*** (-22.77) | -0.021*** (-21.92) | -0.022*** (-17.94) |
| Under×CompAcct | | | | | | | -0.001 (-1.13) | -0.0004 (-1.10) | -0.0004 (-1.17) |
| SOE | -0.005** (-2.27) | -0.005** (-2.26) | -0.005** (-2.25) | -0.004*** (-4.84) | -0.004*** (-4.85) | -0.004*** (-4.86) | -0.003*** (-3.83) | -0.003*** (-3.84) | -0.003*** (-3.85) |
| FCF | -0.018 (-1.47) | -0.018 (-1.48) | -0.019 (-1.50) | -0.063*** (-15.49) | -0.063*** (-15.52) | -0.063*** (-15.57) | -0.048*** (-9.53) | -0.049*** (-9.55) | -0.049*** (-9.61) |
| ADM | -0.014 (-1.03) | -0.014 (-1.03) | -0.014 (-1.06) | 0.018*** (5.32) | 0.018*** (5.26) | 0.018*** (5.18) | 0.008* (1.87) | 0.008* (1.85) | 0.008* (1.70) |
| Occupy | -0.166*** (-5.43) | -0.166*** (-5.44) | -0.167*** (-5.46) | -0.045*** (-5.55) | -0.046*** (-5.63) | -0.047*** (-5.71) | -0.074*** (-6.80) | -0.075*** (-6.84) | -0.077*** (-6.97) |
| Top1 | -0.003 (-0.43) | -0.003 (-0.43) | -0.003 (-0.43) | 0.005** (2.35) | 0.005** (2.35) | 0.005** (2.39) | 0.002 (0.67) | 0.002 (0.67) | 0.002 (0.71) |

续表

| 变量 | 过度投资组 | | | 投资不足组 | | | 交叉回归差异检验 | | |
|---|---|---|---|---|---|---|---|---|---|
| | (1)<br>CompAcc4 | (2)<br>CompAcc10 | (3)<br>CompAccInd | (4)<br>CompAcc4 | (5)<br>CompAcc10 | (6)<br>CompAccInd | (7)<br>CompAcc4 | (8)<br>CompAcc10 | (9)<br>CompAccInd |
| Dual | 0.000 | 0.000 | 0.000 | 0.001 | 0.001 | 0.001 | 0.001 | 0.001 | 0.001 |
| | (0.15) | (0.15) | (0.15) | (0.67) | (0.66) | (0.63) | (0.48) | (0.48) | (0.46) |
| DirNum | 0.009* | 0.009* | 0.009* | -0.002 | -0.002 | -0.002 | 0.002 | 0.002 | 0.002 |
| | (1.73) | (1.73) | (1.73) | (-0.93) | (-0.94) | (-0.92) | (1.08) | (1.07) | (1.09) |
| OutDir | 0.026 | 0.026 | 0.026 | -0.004 | -0.004 | -0.004 | 0.007 | 0.008 | 0.008 |
| | (1.26) | (1.26) | (1.27) | (-0.54) | (-0.53) | (-0.51) | (0.86) | (0.87) | (0.89) |
| Pay3 | -0.007*** | -0.007*** | -0.007*** | -0.002*** | -0.002*** | -0.002*** | -0.004*** | -0.004*** | -0.004*** |
| | (-6.41) | (-6.40) | (-6.41) | (-5.34) | (-5.31) | (-5.37) | (-8.29) | (-8.26) | (-8.30) |
| Constant | 0.137*** | 0.137*** | 0.135*** | 0.069*** | 0.069*** | 0.067*** | 0.092*** | 0.092*** | 0.092*** |
| | (6.41) | (6.39) | (6.32) | (9.60) | (9.56) | (9.39) | (10.10) | (10.06) | (10.05) |
| INDUSTRY | 控制 | 控制 | 控制 | 控制 | 控制 | 控制 | 控制 | 控制 | 控制 |
| N | 3789 | 3789 | 3789 | 6577 | 6577 | 6577 | 10366 | 10366 | 10366 |
| Adjusted R² | 0.060 | 0.060 | 0.060 | 0.101 | 0.101 | 0.102 | 0.101 | 0.101 | 0.101 |
| F | 6.720*** | 6.723*** | 6.736*** | 18.58*** | 18.64*** | 18.70*** | 49.51*** | 49.56*** | 49.74*** |

注：因变量为非效率投资 $Inv\_Ineff_{it}$ ； *** 、 ** 、 * 分别表示在 1% 、 5% 和 10% 水平上显著；括号中为 T 值。

表8—9　准则变革影响过度投资与投资不足的回归结果

| VARIABLES | 过度投资组 | | | 投资不足组 | | | 交叉回归差异检验 | | |
|---|---|---|---|---|---|---|---|---|---|
| | (1)<br>CompAcc4 | (2)<br>CompAcc10 | (3)<br>CompAccInd | (4)<br>CompAcc4 | (5)<br>CompAcc10 | (6)<br>CompAccInd | (7)<br>CompAcc4 | (8)<br>CompAcc10 | (9)<br>CompAccInd |
| $CompAcct$ | 0.002 | 0.002 | 0.001 | 0.000 | 0.000 | 0.000 | 0.003*** | 0.003*** | 0.002*** |
| | (1.62) | (1.56) | (0.93) | (1.32) | (1.29) | (1.25) | (3.17) | (3.18) | (2.58) |
| $Post_1$ | -0.006* | -0.007* | -0.008* | -0.000 | -0.000 | -0.001 | -0.005** | -0.006** | -0.008*** |
| | (-1.80) | (-1.82) | (-1.74) | (-0.20) | (-0.39) | (-0.79) | (-2.27) | (-2.43) | (-2.59) |
| $Post_2$ | -0.014*** | -0.015*** | -0.016*** | -0.003*** | -0.003*** | -0.005*** | -0.014*** | -0.015*** | -0.017*** |
| | (-4.34) | (-4.35) | (-3.86) | (-2.65) | (-2.91) | (-3.92) | (-6.58) | (-6.67) | (-6.23) |
| $CompAcct \times Post_1$ | -0.003 | -0.002 | -0.001 | -0.001* | -0.001* | -0.001* | -0.004*** | -0.003*** | -0.002** |
| | (-1.41) | (-1.38) | (-1.16) | (-1.66) | (-1.82) | (-1.77) | (-2.72) | (-2.77) | (-2.48) |
| $CompAcct \times Post_2$ | -0.004** | -0.003** | -0.002 | -0.002*** | -0.002*** | -0.002*** | -0.005*** | -0.004*** | -0.003*** |
| | (-2.08) | (-2.09) | (-1.53) | (-4.45) | (-4.59) | (-4.85) | (-3.79) | (-3.85) | (-3.30) |
| $Under$ | | | | | | | -0.029*** | -0.030*** | -0.031*** |
| | | | | | | | (-12.60) | (-12.35) | (-10.84) |
| $Under \times CompAcct$ | | | | | | | -0.003*** | -0.003*** | -0.002** |
| | | | | | | | (-2.74) | (-2.76) | (-2.38) |
| $Under \times Post_1$ | | | | | | | 0.005 | 0.005* | 0.007* |
| | | | | | | | (1.60) | (1.68) | (1.80) |

续表

| VARIABLES | 过度投资组 | | | 投资不足组 | | | 交叉回归差异检验 | | |
|---|---|---|---|---|---|---|---|---|---|
| | (1) CompAcc4 | (2) CompAcc10 | (3) CompAccInd | (4) CompAcc4 | (5) CompAcc10 | (6) CompAccInd | (7) CompAcc4 | (8) CompAcc10 | (9) CompAccInd |
| $Under \times Post_2$ | 0.129*** (6.01) | 0.129*** (6.01) | 0.129*** (5.94) | | | | 0.012*** (4.37) | 0.012*** (4.37) | 0.013*** (3.84) |
| $Under \times CompAcct \times Post_1$ | | | | | | | 0.003** (2.00) | 0.003** (2.00) | 0.002 * (1.78) |
| $Under \times CompAcct \times Post_2$ | | | | | | | 0.003** (2.11) | 0.002** (2.11) | 0.001 (1.56) |
| 控制变量 | 控制 | 控制 | 控制 | 控制 | 控制 | 控制 | 控制 | 控制 | 控制 |
| Constant | | | | 0.067*** (9.16) | 0.067*** (9.17) | 0.067*** (9.12) | 0.094*** (10.04) | 0.094*** (10.06) | 0.096*** (10.15) |
| N | 3789 | 3789 | 3789 | 6577 | 6577 | 6577 | 10366 | 10366 | 10366 |
| Adjusted $R^2$ | 0.065 | 0.065 | 0.064 | 0.104 | 0.104 | 0.105 | 0.106 | 0.106 | 0.106 |
| F | 6.682*** | 6.684*** | 6.651*** | 17.58*** | 17.65*** | 17.80*** | 39.42*** | 39.48*** | 39.49*** |

注：因变量为非效率投资 $Inv\_Ineff_{it}$，***、**、* 分别表示在1%、5%和10%水平上显著；括号中为 T 值。

即在模型（8—1）中新增一个虚拟变量 $D$，若 $Return_{it}$ 为负则取值为 1，否则为 0，从而控制了会计盈余对对坏消息与好消息（正、负股票收益）确认的非对称及时性。然后分别估计出企业 $i$ 和企业 $j$ 会计系统相应的参数，即模型（8—8）中变量的系数。类似地，模型（8—2）和模型（8—3）也进行同样的调整，其他计算步骤同模型（8—4）及后面的处理。本书利用 $CompAcct'_{it}$ 来表示考虑盈余稳健性调整模型后计算得到的会计信息可比性。对可比性进行调整后，模型（8—6）和模型（8—7）的回归结果见表 8—10。可以发现，在全样本回归结果中，$CompAcct'_{it}$ 的系数仍然显著为负；在会计准则变革后稳定期，$CompAcct'_{it} \times Post_2$ 的系数也仍显著为负，从而本书的假设 8—1 和假设 8—2 进一步得到了验证。

已有研究也表明，股票价格融入的公司信息有时比会计盈余更早，即"价格引导盈余（Prices Lead Earnings）"现象（Collins et al.，1994）。为了控制这种影响，本书在模型（8—1）的基础上新增股票回报的滞后项 $Return_{it-1}$，如模型（8—9）所示，从而参照先前步骤重新估计会计系统的各个参数，计算出公司层面的会计信息可比性，记作 $CompAccP_{it}$。用经此调整后的可比性对本书的假设重新进行检验，结论没有发生变化，结果见表 8—11。

$$Earnings_{it} = \alpha_i + \beta_i Return_{it} + \gamma_i Return_{it-1} + \varepsilon_{it} \quad\quad (8—9)$$

表 8—10　　　　考虑盈余稳健性对计算可比性影响的回归结果

| 变量 | (1) CompAcc4 | (2) CompAcc10 | (3) CompAccInd | (4) CompAcc4 | (5) CompAcc10 | (6) CompAccInd |
|---|---|---|---|---|---|---|
| CompAcct' | -0.0001** (-2.09) | -0.0001** (-2.11) | -0.0001** (-2.23) | 0.000 (1.58) | 0.000* (1.65) | 0.000 (1.49) |
| Post₁ | | | | -0.002 (-1.25) | -0.002 (-1.30) | -0.002 (-1.45) |
| Post₂ | | | | -0.005*** (-3.80) | -0.006*** (-3.84) | -0.006*** (-3.94) |
| CompAcct' × Post₁ | | | | -0.000 (-1.58) | -0.000 (-1.63) | -0.000 (-1.61) |

续表

| 变量 | （1）<br>CompAcc4 | （2）<br>CompAcc10 | （3）<br>CompAccInd | （4）<br>CompAcc4 | （5）<br>CompAcc10 | （6）<br>CompAccInd |
|---|---|---|---|---|---|---|
| $CompAcct' \times$<br>$Post_2$ | | | | $-0.0002^{**}$<br>$(-2.36)$ | $-0.0002^{**}$<br>$(-2.43)$ | $-0.0002^{**}$<br>$(-2.33)$ |
| SOE | $-0.004^{***}$<br>$(-3.75)$ | $-0.004^{***}$<br>$(-3.75)$ | $-0.004^{***}$<br>$(-3.75)$ | $-0.004^{***}$<br>$(-4.09)$ | $-0.004^{***}$<br>$(-4.09)$ | $-0.004^{***}$<br>$(-4.09)$ |
| FCF | $-0.043^{***}$<br>$(-8.16)$ | $-0.043^{***}$<br>$(-8.16)$ | $-0.043^{***}$<br>$(-8.17)$ | $-0.045^{***}$<br>$(-7.80)$ | $-0.045^{***}$<br>$(-7.80)$ | $-0.045^{***}$<br>$(-7.81)$ |
| ADM | 0.005<br>(1.16) | 0.005<br>(1.16) | 0.005<br>(1.14) | 0.007<br>(1.59) | 0.007<br>(1.59) | 0.007<br>(1.57) |
| Occupy | $-0.086^{***}$<br>$(-7.70)$ | $-0.086^{***}$<br>$(-7.71)$ | $-0.086^{***}$<br>$(-7.72)$ | $-0.094^{***}$<br>$(-9.42)$ | $-0.094^{***}$<br>$(-9.41)$ | $-0.094^{***}$<br>$(-9.40)$ |
| Top1 | 0.001<br>(0.44) | 0.001<br>(0.44) | 0.001<br>(0.44) | 0.000<br>(0.05) | 0.000<br>(0.05) | 0.000<br>(0.05) |
| Dual | 0.001<br>(0.90) | 0.001<br>(0.90) | 0.001<br>(0.90) | 0.001<br>(1.02) | 0.001<br>(1.02) | 0.001<br>(1.02) |
| DirNum | $0.004^{*}$<br>(1.79) | $0.004^{*}$<br>(1.79) | $0.004^{*}$<br>(1.79) | 0.003<br>(1.28) | 0.003<br>(1.28) | 0.003<br>(1.28) |
| OutDir | 0.008<br>(0.90) | 0.008<br>(0.90) | 0.008<br>(0.90) | 0.012<br>(1.39) | 0.012<br>(1.39) | 0.012<br>(1.39) |
| Pay3 | $-0.003^{***}$<br>$(-6.77)$ | $-0.003^{***}$<br>$(-6.77)$ | $-0.003^{***}$<br>$(-6.77)$ | $-0.002^{***}$<br>$(-4.31)$ | $-0.002^{***}$<br>$(-4.31)$ | $-0.002^{***}$<br>$(-4.31)$ |
| Constant | $0.082^{***}$<br>(8.96) | $0.082^{***}$<br>(8.96) | $0.082^{***}$<br>(8.94) | $0.076^{***}$<br>(7.66) | $0.076^{***}$<br>(7.66) | $0.076^{***}$<br>(7.67) |
| INDUSTRY | 控制 | 控制 | 控制 | 控制 | 控制 | 控制 |
| N | 10366 | 10366 | 10366 | 10366 | 10366 | 10366 |
| Adjusted $R^2$ | 0.054 | 0.054 | 0.054 | 0.056 | 0.056 | 0.056 |
| F | $15.18^{***}$ | $15.19^{***}$ | $15.20^{***}$ | $14.56^{***}$ | $14.57^{***}$ | $14.59^{***}$ |

注：因变量为非效率投资 $Inv\_Ineff_{it}$；$^{***}$、$^{**}$、$^{*}$分别表示在1%、5%和10%水平上显著；括号中为 T 值。

**表 8—11　　考虑价格引导盈余对计算可比性影响的回归结果**

| 变量 | (1) CompAcc4 | (2) CompAcc10 | (3) CompAccInd | (4) CompAcc4 | (5) CompAcc10 | (6) CompAccInd |
|---|---|---|---|---|---|---|
| $CompAccP$ | -0.0001** | -0.0001** | -0.0001** | 0.000 | 0.000 | 0.000 |
|  | (-2.14) | (-2.20) | (-2.34) | (0.88) | (0.97) | (0.88) |
| $Post_1$ |  |  |  | -0.002 | -0.002 | -0.002 |
|  |  |  |  | (-1.14) | (-1.19) | (-1.32) |
| $Post_2$ |  |  |  | -0.005*** | -0.005*** | -0.006*** |
|  |  |  |  | (-3.72) | (-3.75) | (-3.82) |
| $CompAccP \times$ $Post_1$ |  |  |  | -0.000 | -0.000 | -0.000 |
|  |  |  |  | (-1.29) | (-1.36) | (-1.36) |
| $CompAccP \times$ $Post_2$ |  |  |  | -0.0001* | -0.0001* | -0.0001* |
|  |  |  |  | (-1.76) | (-1.85) | (-1.82) |
| $SOE$ | -0.004*** | -0.004*** | -0.004*** | -0.004*** | -0.004*** | -0.004*** |
|  | (-3.75) | (-3.75) | (-3.74) | (-4.08) | (-4.08) | (-4.07) |
| $FCF$ | -0.043*** | -0.043*** | -0.043*** | -0.045*** | -0.045*** | -0.045*** |
|  | (-8.17) | (-8.18) | (-8.18) | (-7.81) | (-7.81) | (-7.82) |
| $ADM$ | 0.005 | 0.005 | 0.005 | 0.006 | 0.006 | 0.006 |
|  | (1.16) | (1.15) | (1.13) | (1.55) | (1.55) | (1.53) |
| $Occupy$ | -0.086*** | -0.086*** | -0.086*** | -0.094*** | -0.094*** | -0.094*** |
|  | (-7.70) | (-7.71) | (-7.73) | (-9.44) | (-9.43) | (-9.43) |
| $Top1$ | 0.001 | 0.001 | 0.001 | 0.000 | 0.000 | 0.000 |
|  | (0.43) | (0.43) | (0.44) | (0.05) | (0.05) | (0.05) |
| $Dual$ | 0.001 | 0.001 | 0.001 | 0.001 | 0.001 | 0.001 |
|  | (0.91) | (0.91) | (0.91) | (1.03) | (1.03) | (1.03) |
| $DirNum$ | 0.004* | 0.004* | 0.004* | 0.003 | 0.003 | 0.003 |
|  | (1.79) | (1.79) | (1.79) | (1.27) | (1.27) | (1.27) |
| $OutDir$ | 0.008 | 0.008 | 0.008 | 0.012 | 0.012 | 0.012 |
|  | (0.90) | (0.90) | (0.90) | (1.39) | (1.39) | (1.40) |
| $Pay3$ | -0.003*** | -0.003*** | -0.003*** | -0.002*** | -0.002*** | -0.002*** |
|  | (-6.79) | (-6.78) | (-6.78) | (-4.34) | (-4.33) | (-4.33) |
| Constant | 0.083*** | 0.083*** | 0.082*** | 0.076*** | 0.076*** | 0.076*** |
|  | (8.99) | (8.98) | (8.96) | (7.67) | (7.67) | (7.67) |

续表

| 变量 | (1)<br>CompAcc4 | (2)<br>CompAcc10 | (3)<br>CompAccInd | (4)<br>CompAcc4 | (5)<br>CompAcc10 | (6)<br>CompAccInd |
|---|---|---|---|---|---|---|
| INDUSTRY | 控制 | 控制 | 控制 | 控制 | 控制 | 控制 |
| N | 10366 | 10366 | 10366 | 10366 | 10366 | 10366 |
| Adjusted R$^2$ | 0.054 | 0.054 | 0.054 | 0.056 | 0.056 | 0.056 |
| F | 15.19*** | 15.19*** | 15.21*** | 14.54*** | 14.55*** | 14.58*** |

注：因变量为非效率投资 $Inv\_Ineff_{it}$；\*\*\*、\*\*、\* 分别表示在 1%、5% 和 10% 水平上显著；括号中为 T 值。

### 四　投资效率度量的调整

在 Richardson（2006）预期投资模型中，即本书模型（8—5），影响预期投资的最关键因素为企业前一年的成长性 $Growth_{t-1}$，在前文计算投资效率时主要用托宾 Q 值来表示。为了增强本书结论的可靠性，借鉴了 Biddle et al.（2009）、刘行和叶康涛（2013）、刘慧龙等（2014）的做法，再次选取了营业收入增长率作为成长性指标的替代变量进行重新计算。调整计算后模型（8—6）和模型（8—7）的回归结果见表 8—12。可以发现，研究结论与前面完全一致。

**表 8—12　　　　用营业收入增长率替代托宾 Q 值后的回归结果**

| 变量 | (1)<br>CompAcc4 | (2)<br>CompAcc10 | (3)<br>CompAccInd | (4)<br>CompAcc4 | (5)<br>CompAcc10 | (6)<br>CompAccInd |
|---|---|---|---|---|---|---|
| CompAcct | -0.001**<br>(-1.99) | -0.001**<br>(-2.17) | -0.0004**<br>(-2.47) | 0.001<br>(1.40) | 0.001<br>(1.36) | 0.000<br>(0.87) |
| Post$_1$ | | | | -0.002<br>(-1.53) | -0.002<br>(-1.64) | -0.003*<br>(-1.69) |
| Post$_2$ | | | | -0.007***<br>(-4.81) | -0.007***<br>(-4.89) | -0.008***<br>(-4.81) |
| CompAcct ×<br>Post$_1$ | | | | -0.001*<br>(-1.66) | -0.001*<br>(-1.73) | -0.001<br>(-1.47) |

续表

| 变量 | (1)<br>CompAcc4 | (2)<br>CompAcc10 | (3)<br>CompAccInd | (4)<br>CompAcc4 | (5)<br>CompAcc10 | (6)<br>CompAccInd |
|---|---|---|---|---|---|---|
| CompAcct ×<br>Post$_2$ | | | | −0.002 ***<br>(−3.06) | −0.002 ***<br>(−3.09) | −0.001 ***<br>(−2.74) |
| SOE | −0.004 ***<br>(−3.80) | −0.004 ***<br>(−3.81) | −0.004 ***<br>(−3.81) | −0.004 ***<br>(−4.06) | −0.004 ***<br>(−4.06) | −0.004 ***<br>(−4.04) |
| FCF_Growth | −0.043 ***<br>(−8.15) | −0.043 ***<br>(−8.17) | −0.043 ***<br>(−8.21) | −0.044 ***<br>(−8.47) | −0.044 ***<br>(−8.50) | −0.045 ***<br>(−8.56) |
| ADM | 0.001<br>(0.11) | 0.000<br>(0.08) | 0.000<br>(0.03) | 0.002<br>(0.51) | 0.002<br>(0.50) | 0.002<br>(0.41) |
| Occupy | −0.084 ***<br>(−7.49) | −0.085 ***<br>(−7.52) | −0.085 ***<br>(−7.58) | −0.090 ***<br>(−7.75) | −0.090 ***<br>(−7.75) | −0.091 ***<br>(−7.80) |
| Top1 | 0.001<br>(0.36) | 0.001<br>(0.36) | 0.001<br>(0.38) | 0.000<br>(0.03) | 0.000<br>(0.03) | 0.000<br>(0.03) |
| Dual | 0.001<br>(1.26) | 0.001<br>(1.26) | 0.001<br>(1.25) | 0.002<br>(1.40) | 0.002<br>(1.40) | 0.002<br>(1.37) |
| DirNum | 0.004 *<br>(1.81) | 0.004 *<br>(1.80) | 0.004 *<br>(1.81) | 0.003<br>(1.26) | 0.003<br>(1.24) | 0.003<br>(1.27) |
| OutDir | 0.006<br>(0.66) | 0.006<br>(0.67) | 0.006<br>(0.68) | 0.010<br>(1.10) | 0.010<br>(1.10) | 0.010<br>(1.13) |
| Pay3 | −0.003 ***<br>(−6.94) | −0.003 ***<br>(−6.92) | −0.003 ***<br>(−6.96) | −0.002 ***<br>(−4.73) | −0.002 ***<br>(−4.72) | −0.002 ***<br>(−4.76) |
| Constant | 0.085 ***<br>(9.25) | 0.085 ***<br>(9.21) | 0.084 ***<br>(9.09) | 0.079 ***<br>(8.51) | 0.079 ***<br>(8.51) | 0.079 ***<br>(8.44) |
| INDUSTRY | 控制 | 控制 | 控制 | 控制 | 控制 | 控制 |
| N | 10366 | 10366 | 10366 | 10366 | 10366 | 10366 |
| Adjusted R$^2$ | 0.055 | 0.055 | 0.055 | 0.057 | 0.057 | 0.057 |
| F | 15.26 *** | 15.27 *** | 15.31 *** | 14.67 *** | 14.69 *** | 14.68 *** |

注：因变量为非效率投资 $Inv\_Ineff_{it}$；*** 、** 、* 分别表示在1%、5%和10%水平上显著；括号中为 T 值。

### 五 进一步排除内生性问题的干扰

本章主要研究会计信息可比性对企业投资效率的影响，然而可比性与投资效率之间可能存在反向因果关系，即投资效率较低的公司为了隐藏其低效率的投资行为，而降低了会计信息可比性。本书模型（8—7）的研究设计，通过引入会计准则变革这一外生制度冲击，在一定程度上克服了模型（8—6）可能存在的诸多内生性问题，包括反向因果关系的干扰。袁知柱和吴粒（2015）在研究会计信息可比性对企业盈余管理的影响时，运用了建立联立方程模型的方法，以排除盈余管理对可比性反向影响的干扰。为了增强本书研究的可靠性，借鉴袁知柱和吴粒（2015）的做法，进一步建立如下联立方程模型：

$$
\begin{cases}
Inv\_Ineff_{it} = \beta_0 + \beta_1 CompAcct_{it} + \beta_2 SOE_{it} + \beta_3 FCF_{it} + \beta_4 ADM_{it} + \beta_5 Occupy_{it} \\
\quad + \beta_6 Top1_{it} + \beta_7 DirNum_{it} + \beta_8 OutDir_{it} + \beta_9 Dual_{it} + \beta_{10} Pay3_{it} \\
\quad + INDUSTRY + \varepsilon_{it} \\
CompAcct_{it} = \beta_0 + \beta_1 Inv\_Ineff_{it} + \beta_2 DA_{it} + \beta_3 ROA_{it} + \beta_4 Vol_{it} + \beta_5 Loss_{it} \\
\quad + \beta_6 Size_{it} + \beta_7 Lev_{it} + \beta_8 MB_{it} + \beta_9 Inst_{it} + \beta_{10} Big4_{it} \\
\quad + INDUSTRY + \varepsilon_{it}
\end{cases}
$$

$$(8—10)$$

在上述联立方程模型中，关于投资效率影响因素的模型与前文模型（8—6）相同，而对于可比性影响因素的模型，除了非效率投资 $Inv\_Ineff_{it}$ 之外，可以借鉴 Francis et al.（2014）、肖虹等（2015）、袁知柱和吴粒（2015）的研究，选取如下影响可比性的变量：公司操纵性应计的绝对值 $DA$，用截面修正的 Jones 模型计算；$ROA$ 为反映公司盈利能力的总资产报酬率；$Loss$ 为净利润是否为负虚拟变量，是则取值为 1，否则为 0；$Vol$ 为公司经营业绩的波动性，用近三年营业收入标准差与平均值的比值表示；$Size$ 为期末总资产的自然对数；$Lev$ 为期末资产负债率；$MB$ 为权益市场价值与账面价值的比值；$Inst$ 为机构投资者持股比例；$Big4$ 为是否由四大会计师事务所审计虚拟变量，是则取值为 1，否则为 0。模型（8—10）的回归结果见表8—13。可比性 $CompAcct_{it}$ 的系数仍显著为负，研究结论与前文一致。因此，在总体上可以排除由反向因果关系等带来的内生性问题对本书研究的干扰。

本书利用季度盈余和股票收益数据，计算出公司年度的可比性指标，然后分析其与当年度投资效率的关系。然而，会计信息可比性对企业投资效率的影响可能需要一定的时间。比如，企业管理者在进行当期投资决策时，可能主要利用可比公司过往（季度或年度报告）的会计信息；外部投资者对企业进行估值以及对管理者进行监督和激励时，同样主要利用可比公司过往的财务报告。因此，本书进一步分别将可比性进行滞后一期和滞后两期的调整，即将模型（8—6）和模型（8—7）中的 $CompAcct_{it}$ 分别替换为 $CompAcct_{it-1}$ 和 $CompAcct_{it-2}$。可比性滞后期调整后模型的回归结果见表8—14，并可以发现，本书的研究结论保持不变。

表8—13　　　　　　　　　　　联立方程模型的回归结果

| 变量 | (1) | (2) | (3) | 变量 | (4) | (5) | (6) |
|---|---|---|---|---|---|---|---|
| | 因变量为非效率投资 | | | | 因变量为可比性 | | |
| | Inv_Ineff | Inv_Ineff | Inv_Ineff | | CompAcc4 | CompAcc10 | CompAccInd |
| CompAcc4 | −0.002 ***<br>（−2.80） | | | | | | |
| CompAcc10 | | −0.002 ***<br>（−3.22） | | | | | |
| CompAccInd | | | −0.002 ***<br>（−4.05） | Inv_Ineff | 11.406 ***<br>（3.66） | 15.602 ***<br>（4.18） | 27.651 ***<br>（5.39） |
| SOE | −0.004 ***<br>（−3.65） | −0.004 ***<br>（−3.49） | −0.003 ***<br>（−2.93） | DA | −0.746 ***<br>（−4.43） | −0.897 ***<br>（−4.52） | −1.312 ***<br>（−5.07） |
| FCF | −0.046 ***<br>（−7.80） | −0.048 ***<br>（−8.17） | −0.051 ***<br>（−8.92） | ROA | 0.600<br>（1.45） | −0.096<br>（−0.19） | −2.308 ***<br>（−3.53） |
| ADM | −0.006<br>（−0.96） | −0.009<br>（−1.45） | −0.015 ***<br>（−2.60） | Vol | −0.853 ***<br>（−5.06） | −0.983 ***<br>（−4.91） | −1.117 ***<br>（−4.17） |
| Occupy | −0.122 ***<br>（−8.23） | −0.127 ***<br>（−8.70） | −0.138 ***<br>（−9.77） | Loss | −0.872 ***<br>（−12.58） | −1.171 ***<br>（−14.29） | −1.903 ***<br>（−17.58） |
| Top1 | 0.000<br>（0.12） | 0.000<br>（0.12） | 0.002<br>（0.60） | Size | 0.077 ***<br>（4.25） | 0.086 ***<br>（4.03） | 0.050 *<br>（1.78） |

续表

| 变量 | （1） | （2） | （3） | 变量 | （4） | （5） | （6） |
|---|---|---|---|---|---|---|---|
| | 因变量为非效率投资 | | | | 因变量为可比性 | | |
| | $Inv\_Ineff$ | $Inv\_Ineff$ | $Inv\_Ineff$ | | $CompAcc4$ | $CompAcc10$ | $CompAccInd$ |
| $Dual$ | 0.001 | 0.001 | 0.000 | $Lev$ | −1.704*** | −2.098*** | −2.577*** |
| | （0.91） | （0.93） | （0.41） | | （−16.10） | （−16.77） | （−15.66） |
| $Dirnum$ | 0.003 | 0.002 | 0.003 | $MB$ | −0.115*** | −0.139*** | −0.193*** |
| | （1.17） | （1.00） | （1.30） | | （−21.02） | （−21.54） | （−22.47） |
| $Outdir$ | 0.002 | 0.003 | 0.006 | $Inst$ | 0.192 | 0.217 | 0.196 |
| | （0.22） | （0.28） | （0.70） | | （1.32） | （1.26） | （0.87） |
| $Pay3$ | −0.003*** | −0.003*** | −0.003*** | $Big4$ | −0.131** | −0.173** | −0.214** |
| | （−5.20） | （−5.09） | （−5.80） | | （−2.09） | （−2.34） | （−2.23） |
| Constant | 0.087*** | 0.086*** | 0.082*** | Constant | −1.732*** | −2.187*** | −3.567*** |
| | （8.20） | （8.22） | （8.10） | | （−3.99） | （−4.25） | （−5.22） |
| $INDUSTRY$ | 控制 | 控制 | 控制 | $INDUSTRY$ | 控制 | 控制 | 控制 |
| N | 7686 | 7686 | 7686 | N | 7686 | 7686 | 7686 |
| Prob > chi2 | 0.000 | 0.000 | 0.000 | Prob > chi2 | 0.000 | 0.000 | 0.000 |

注：（1）***、**、* 分别表示在1%、5%和10%水平上显著，检验采用三阶最小二乘法；
（2）括号中为 T 值。

表8—14 滞后期可比性对企业投资效率的影响回归结果

| 变量 | （1） | （2） | （3） | （4） | （5） | （6） |
|---|---|---|---|---|---|---|
| | 可比性滞后一期 | | | 可比性滞后两期 | | |
| $CompAcc4$ | −0.001*** | | | −0.001*** | | |
| | （−3.45） | | | （−4.05） | | |
| $CompAcc10$ | | −0.001*** | | | −0.001*** | |
| | | （−3.56） | | | （−4.33） | |
| $CompAccInd$ | | | −0.001*** | | | −0.001*** |
| | | | （−4.02） | | | （−4.63） |
| $SOE$ | −0.003*** | −0.003*** | −0.003*** | −0.003*** | −0.003*** | −0.003*** |
| | （−3.10） | （−3.10） | （−3.08） | （−3.05） | （−3.04） | （−3.01） |
| $FCF$ | −0.039*** | −0.039*** | −0.039*** | −0.039*** | −0.039*** | −0.040*** |
| | （−6.69） | （−6.72） | （−6.78） | （−6.24） | （−6.27） | （−6.30） |

续表

| 变量 | (1) | (2) | (3) | (4) | (5) | (6) |
|---|---|---|---|---|---|---|
| | 可比性滞后一期 | | | 可比性滞后两期 | | |
| ADM | 0.006 | 0.006 | 0.005 | 0.001 | 0.001 | 0.001 |
| | (1.07) | (1.06) | (1.01) | (0.16) | (0.16) | (0.13) |
| Occupy | −0.084*** | −0.084*** | −0.085*** | −0.076*** | −0.077*** | −0.078*** |
| | (−6.28) | (−6.30) | (−6.38) | (−4.81) | (−4.86) | (−4.92) |
| Top1 | −0.002 | −0.002 | −0.002 | −0.005 | −0.005 | −0.005 |
| | (−0.52) | (−0.52) | (−0.49) | (−1.40) | (−1.41) | (−1.38) |
| Dual | 0.000 | 0.000 | 0.000 | 0.001 | 0.001 | 0.001 |
| | (0.38) | (0.37) | (0.35) | (0.55) | (0.53) | (0.50) |
| DirNum | 0.003 | 0.003 | 0.003 | 0.003 | 0.003 | 0.003 |
| | (1.25) | (1.25) | (1.28) | (1.21) | (1.22) | (1.25) |
| OutDir | 0.001 | 0.001 | 0.001 | −0.003 | −0.003 | −0.003 |
| | (0.07) | (0.07) | (0.08) | (−0.28) | (−0.28) | (−0.27) |
| Pay3 | −0.003*** | −0.003*** | −0.003*** | −0.004*** | −0.004*** | −0.004*** |
| | (−6.45) | (−6.45) | (−6.52) | (−6.12) | (−6.12) | (−6.21) |
| Constant | 0.090*** | 0.089*** | 0.088*** | 0.095*** | 0.095*** | 0.093*** |
| | (8.75) | (8.71) | (8.51) | (8.46) | (8.41) | (8.20) |
| INDUSTRY | 控制 | 控制 | 控制 | 控制 | 控制 | 控制 |
| N | 8339 | 8339 | 8339 | 6892 | 6892 | 6892 |
| Adjusted R² | 0.053 | 0.053 | 0.054 | 0.057 | 0.058 | 0.058 |
| F | 12.69*** | 12.71*** | 12.80*** | 11.51*** | 11.57*** | 11.64*** |

注：因变量为非效率投资 $Inv\_Ineff_{it}$；***、**、*分别表示在1%、5%和10%水平上显著；括号中为T值。

# 第五节　本章小结

可比性是会计信息重要的质量特征之一，它有助于信息使用者做出合理的资本配置决策。本章以2005—2013年我国A股上市公司为样本，基于De Franco et al. （2011）模型对公司层面会计信息可比性的度量，从可比性的角度深入考察了会计准则变革对企业投资效率的影响，主要结论可以概括为以下几点：（1）会计信息可比性与企业投资效率在总体上存在显著的正相关关系，提升会计信息可比性能够降低企业非效率投资；（2）在我国 2007 年新会计准则实施后，随着会计信息可比性的提高，企业投资效率得到显著提升，且可比性与投资效率的正相关关系进一步得到增强；（3）与国有控股企业相比，可比性对投资效率的正向影响在非国有控股企业更加明显，并且，我国新会计准则带来可比性的改善，主要提高了非国有控股企业的投资效率；（4）会计信息可比性主要对投资不足起到缓解作用，对过度投资的抑制作用则不明显，然而，在我国会计准则变革后，可比性对过度投资和投资不足的抑制作用均得到增强，且过度投资受到的影响更大。

　　本章的研究价值主要体现在：第一，厘清了会计信息可比性与企业投资效率之间的关系，揭示了可比性影响投资效率的机理并提供了经验证据。第二，拓展了会计信息可比性的研究范围，将可比性的经济后果研究拓展到对企业投资效率的影响。第三，拓展了企业投资效率的影响因素研究，将以往仅关注应计质量、平滑性与稳健性等会计信息质量对投资效率的影响，拓展到会计信息可比性对企业投资效率的影响。第四，从可比性及投资效率的角度，检验了我国 2007 年新会计准则的实施效果，丰富了会计准则变革非预期效应的相关经验证据。

# 第 九 章

# 研究结论与政策建议

本章首先对前文各章的研究结论进行总结，然后在此基础上提出若干针对性的政策建议，最后说明本书的研究局限并对未来研究进行展望。

## 第一节　研究结论

会计准则变革通过提高财务报告质量，对提高资本配置效率发挥重要作用。本书在 IFRS 全球推广应用的大背景下，以我国 2006 年会计准则变革（2007 年实施新会计准则）为契机，研究了会计准则变革对资本配置的非预期效应。

为了探索会计准则变革对资本配置的非预期效应，需首先构建一个理论框架作为指导。为此，本书在对会计准则变革及其效应进行历史分析的基础上，根据会计准则变革的目标和相关经验证据，界定了会计准则变革的预期效应和非预期效应，构建了会计准则变革的非预期效应系统框架，主要包括"未实现的预期效应""后续间接效应""超出效应"和"事前效应"四个方面。

以会计准则变革的非预期效应理论框架为指导，本书重点关注了会计准则变革在资本配置效率（资本成本和投资效率）方面可能带来的非预期影响，主要包括三个方面：一是由于企业投资变化对资本成本的间接影响，会计准则变革对权益资本成本的"后续间接效应"；二是会计准则变革对权益成本和债务成本的非对称效应，并在债务成本方面体现出的"未实现的预期效应"，进而又带来企业资本结构变化的"后续间接效应"；三是会计准则变革对企业投资效率的"超出效应"。

具体来说，本书首先通过构建基于 CAPM 的理论模型，分析了会计准则变革对权益资本成本的直接效应和间接效应，并以 2004—2013 年我国 A 股上市公司为样本，基于会计准则变革的时间效应，对其进行了实证检验。然后，基于会计信息相关性与可靠性的内在冲突，本书选取反映会计信息可靠性的稳健性特征为视角，以 2004—2013 年我国 A 股上市公司为样本，考察了我国会计准则变革对权益资本成本与债务资本成本的影响及其差异，以及由此进一步带来的企业资本结构决策的变化。最后，本书以 2005—2013 年我国 A 股上市公司为样本①，基于对公司层面会计信息可比性的度量，从可比性的角度深入考察了会计准则变革对企业投资效率的影响。通过上述研究，本书得出如下几个主要研究结论：

第一，在理论上，若不考虑企业投资的变化，会计准则变革通过改变会计信息质量对权益资本成本产生直接影响，即高质量的会计准则会带来权益资本成本的降低。在投资内生的情况下，高质量的会计准则会带来企业投资的增加，并且企业投资的增加对权益资本成本具有间接的反转效应，当企业新增投资的调整成本小于一定的临界值时，高质量的会计准则也可能会带来权益资本成本的提高。当进一步增加考虑两类最常见的代理问题时，基本结论仍然成立。

第二，在 2007 年新会计准则实施后，我国上市公司的权益资本成本在总体上得到显著降低，并且权益资本成本在准则变革后初期（2007—2009 年）降低得相对明显，而在准则变革后稳定期（2011—2013 年）又有所回升。会计准则变革的确通过企业投资变化对权益资本成本具有间接的反转效应，并且主要存在于准则变革后稳定期。通过进一步分析发现，虽然会计准则变革带来会计信息相关性的提升，降低了权益资本成本，但是会计信息可靠性在一定程度上被损害，进而减弱了权益资本成本的降低趋势。

第三，在 2007 年新会计准则实施后，我国上市公司的会计稳健性显

---

① 　之所以与前面不同未包括 2004 年，是因为计算会计信息可比性时可用数据的限制。

著降低，并且在准则变革后初期（2007—2009 年）降低得较为明显，2010 年以后会计稳健性又有所回升。虽然会计信息相关性的提升在总体上降低了我国上市公司的权益资本成本，但会计稳健性的降低对权益成本的变化具有一定的缓冲作用。同时，在 2007 年新会计准则实施后，我国上市公司的债务资本成本显著提高，会计稳健性的降低是导致债务成本提高的主要原因之一。随着会计稳健性在后期的回升，上市公司的权益资本成本得到及时地回落调整，但债务资本成本并未得到及时调整。

第四，在一定范围内，会计稳健性水平越高的企业，其债务融资倾向及负债率就越高。在我国 2007 年新会计准则实施后，会计信息相关性的提高有利于企业在资本市场进行权益融资，但是会计稳健性的降低却使企业债务融资受到不利影响，这促使部分上市公司由债务融资转向权益融资，上市公司的债务融资倾向及负债率因此而降低。自 2010 年我国会计准则与 IFRS 持续趋同以来，随着会计稳健性的回升，上市公司的债务融资倾向及负债率也随之回升。

第五，会计信息可比性与企业投资效率在总体上存在显著的正相关关系，在我国 2007 年会计准则变革后，随着可比性的提高，企业投资效率得到显著提高，且可比性与投资效率的正相关关系进一步得到增强。与国有控股企业相比，可比性对投资效率的正向影响在非国有控股企业更加明显，并且，我国新会计准则带来可比性的改善，主要提高了非国有控股企业的投资效率。可比性主要对投资不足起到缓解作用，对过度投资的抑制作用则不明显，然而，在我国会计准则变革后，可比性对过度投资和投资不足的抑制作用均得到增强，且过度投资受到的影响更大。

# 第二节　政策建议

本书以我国 2007 年新会计准则的实施为背景，研究了会计准则变革对资本配置的非预期效应，提出了若干新的见解和发现。因此，本书的研究对于会计准则制定者具有重要的参考价值，对于企业管理者、投资者和债权人以及其他资本市场参与者也具有一定的启示。基于前文的分析及研究结论，下面分别从不同的角度提出了若干具有针对性的政策建议。

对于会计准则制定者，应综合权衡会计准则变革的预期效应和非预期效应两个方面，及时关注负面的非预期效应并采取有效的应对措施，积极引导正面的非预期效应以扩大会计准则的受益范围，从而制定更加完善的会计准则。具体来讲：

第一，合理制定会计准则变革的目标，并在检验会计准则实施的效果时，综合考虑会计准则变革对资本成本的直接效应与间接效应。因为在理论上高质量的会计准则并非必然降低资本成本，所以准则制定者应谨慎采用"降低资本成本"的准则变革目标，并在检验会计准则变革对资本成本的影响时，应进一步考虑企业投资变化及相关代理问题的影响，进而促进会计准则变革提高资本配置效率。

第二，充分认识并权衡好会计信息估值有用性与契约有用性之间的潜在冲突，以及会计信息相关性与可靠性之间的内在矛盾。在当前财务报告概念框架下，财务报告目标是财务会计理论的起点，然而，虽然各会计准则制定者意识到决策有用观和受托责任观这两个方面，但真正协调好两者并非易事，还有很长的路要走。同时，对会计信息相关性和可靠性的权衡协调，不仅关乎公允价值和历史成本应用的选择，还直接决定了财务报告目标是否能够实现。

第三，综合考虑会计准则变革对权益市场和债务市场的影响差异，以及对投资者和债权人利益的不同影响。权益市场与债务市场对会计信息质量特征的需求有所不同，与权益市场更加注重会计信息相关性（或估值有用性）相比，债务市场或银行贷款更加注重会计信息的可靠性（或契约有用性），因此，会计准则制定者在变革会计准则时，应考虑到这种差异或矛盾，在关注改善资本市场权益融资信息环境的同时，也应看到企业债务融资受到的不利影响。

第四，持续跟踪检验会计准则变革的影响，不仅关注新会计准则实施期初的效果，还应关注新会计准则实施稳定时期的表现。作为一种强制性制度规范，会计准则的实施在变革后初期和稳定期会有所不同。在会计准则变革初期，一方面，新政策的实施由于吸引了执行者和监管者更多的注意力，总体实施效果可能更好；另一方面，一些公司会利用准则变革的时机进行机会主义行为，比如盈余管理、融资择时等。而在一段时期后的稳定环境下，会计准则的实施效果会有所不同。

第五，充分发挥会计准则潜在的价值导向、刺激投资、优化管理与公司治理等功能，进而促进社会福利的最大化。会计准则变革不仅能够提高资本市场资本配置效率，进而促进企业在资本市场进行有效融资，还通过改善投资决策、优化监督和治理、降低信息不对称等途径，引导公司投资行为的优化，提高投资效率。准则制定者应充分认识会计准则的多种功能，充分发挥其在各方面的功效。

对于企业管理者，应紧密关注会计准则的动态，特别是会计准则变革对其带来的直接影响和间接影响。在财务报告方面，企业应在认真执行会计准则，提供高质量财务报告的同时，在合理范围内，适当考虑自身的利益以增加企业价值。特别地，企业应充分考虑会计准则变革对企业融资和投资的影响，进而做出合理的资本配置决策。资本成本是企业决策的重要参考指标，会计准则变革带来资本成本的变化，企业应充分给予考虑并进行调整；在会计准则变革对权益市场和债务市场产生不同的影响时，企业应进行合理评估，以选择最佳的融资方式和融资时机等；随着外在信息环境的变化，特别是会计信息可比性的提高，在进行经营决策时应注重对可比公司财务报告的甄别与利用，从中充分挖掘有价值的信息。

对于投资者和银行等债权人，应充分关注会计准则变革对企业财务报告的影响，并对其进行科学评估，进而做出是否将资本资源提供给相应企业的合理决策。投资者在进行企业价值评估时，应对其财务报告质量有一个合理的判断，同时，多参照可比公司或行业内的信息，对企业投资行为及其经营绩效进行更加全面的比较评价，进而降低投资的风险。同样，银行等债务人也应关注财务报告质量的变化，若企业财务报告质量的可靠性降低，则应及时采取措施，比如减少债务契约对企业会计信息的应用，或提高债务成本，增加保护性的限制性条款等。

对于分析师、审计师等其他资本市场参与者，同样应关注会计准则变革对企业财务报告质量的影响以及后续的间接效应。企业财务报告是分析师评价最重要的信息载体，分析师应充分认识会计准则变革对企业财务报告和资本市场信息环境的影响，多方面比较分析企业经营绩效和未来前景，同时，关注会计准则变革对企业资本配置活动的影响，进而作出准确的分析预测报告等。审计师也应关注会计准则变革对其审计工作的影响，包括对审计市场、审计工作复杂性和审计风险的影响等，进而合理地采取应对措施，比如提升专业技能、提高审计费用等。

## 第三节　研究局限及未来研究展望

由于作者能力所限，以及研究主题的限制等客观性原因，本书的研究也存在着一些局限性，并可在未来进行相关后续拓展研究，具体如下：

第一，本书探索研究了会计准则变革对资本配置的非预期效应，包括对资本成本、资本结构及投资效率等方面的影响，但并未涵盖资本配置的所有方面。比如，弱化了对企业投资结构（资产配置结构）方面的分析，而主要探讨对投资效率的影响。未来研究可进一步充实资本配置理论，以及会计准则变革对其的影响。此外，由于会计准则目标的模糊性，本书对会计准则变革的预期效应与非预期效应的界定并不精确，所构建的会计准则变革的非预期效应理论框架尚有待进一步完善。但不管怎样，会计准则变革对资本配置的非预期效应都值得关注。

第二，本书在通过构建理论模型研究会计准则变革对权益资本成本和企业投资行为的影响时，依赖于一些完美的假设条件，忽略了一些现实性问题。比如，赖以为基础的CAPM本身的缺陷，如假定投资者能够充分分散投资风险等完美假设；文中的模型为简单的两阶段模型，且以单个企业为主要分析对象；本书将会计准则纳入模型分析，仅考虑其产生的系统性会计误差，对于企业个体特质性会计误差没有深入分析。基于此，后续研究可进一步建立连续多期模型，并考虑整个市场的均衡条件，同时放松一些假设条件，比如，Lambert and Verrecchia（2015）、Christensen and Qin（2014）关于不完全市场、异质投资者条件下信息对资本成本的影响研究，为丰富本书的后续研究提供了一些思路。此外，Gao（2010）认为，资本成本与投资者福利不是一回事，资本成本的降低（提高）并不一定使得投资者的福利增加（减少），因此，后续研究有必要综合考虑投资者福利变化的情况。

　　第三，在研究会计准则变革对权益资本成本的影响时，并未完全分析会计准则变革影响权益资本成本的所有路径，比如随着会计信息质量的变化，公司治理、企业契约等都会发生变化，从而进一步影响资本成本。此外，在实证研究设计方面，仅通过构建时间虚拟变量作为准则变革的替代变量，在一定程度上有些粗糙，可能难以排除同时期其他制度因素的影响。未来研究可以综合考虑这些因素进行完善和拓展，更加系统、深入地分析会计准则变革对权益资本成本的影响。

　　第四，在研究会计准则变革对权益成本和债务成本的非对称效应，以及对企业资本结构决策的影响时，仅选择会计稳健性作为会计信息可靠性的一个代表性方面，盈余平滑性及盈余管理、盈余持续性等特征均未涉及，未来可结合其他会计信息质量特征进一步研究。此外，在分析会计准则变革对债务融资的影响时，并未区分银行贷款和公司债券，以及债务的期限结构，未来可进一步深入研究。

# 附　　录

证明1

由文中基本假定 $\tilde{X}_{j1} = m\,(u_0 + \tilde{u}_j)$，$y_j = \tilde{u}_j + \tilde{a}_j$，$\tilde{a}_j = \varphi_j \tilde{A} + \tilde{\varepsilon}_j$ 可知：

$$E\,(\tilde{X}_{j1} \mid y) = m\,[u_0 + E\,(\tilde{u}_j \mid y)] = m\,(u_0 + y_j)$$

$$Var\,(\tilde{X}_{j1} \mid y) = m^2 \sigma^2\,(\tilde{u}_j) = m^2\,[\varphi_j{}^2 \sigma^2\,(\tilde{A}) + \sigma^2\,(\tilde{\varepsilon}_j)]$$

选取一个同 $j$ 公司类似的 $i$ 公司，则两者第1期期末现金流的协方差为：

$$Cov\,(\tilde{X}_{j1} \mid y_j,\ \tilde{X}_{i1} \mid y_i) = E\,(\tilde{X}_{j1} \mid y_j \tilde{X}_{i1} \mid y_i) - E\,(\tilde{X}_{j1} \mid y_j)\,E\,(\tilde{X}_{i1} \mid y_i)$$

$$= E\,[m^2\,(u_0 + \tilde{u}_j)\,(u_0 + \tilde{u}_i)] - E\,[m\,(u_0 + \tilde{u}_j)]\,E\,[m\,(u_0 + \tilde{u}_i)]$$

$$= m^2 E\,[u_0{}^2 + u_0\,(\tilde{u}_j + \tilde{u}_i) + \tilde{u}_j \tilde{u}_i] - m^2\,[u_0{}^2 + u_0\,(y_j + y_i) + y_j y_i]$$

$$= m^2 E\,[\tilde{u}_j \tilde{u}_i - y_j y_i]$$

$$= m^2 E\,[\,(y_j - \tilde{a}_j)\,(y_i - \tilde{a}_i) - y_j y_i]$$

$$= m^2 E\,(\tilde{a}_j \tilde{a}_i - \tilde{a}_j y_i - \tilde{a}_i y_j)$$

$$= m^2 E\,[\,(\varphi_j \tilde{A} + \tilde{\varepsilon}_j)\,(\varphi_i \tilde{A} + \tilde{\varepsilon}_i) - (\varphi_j \tilde{A} + \tilde{\varepsilon}_j)\,y_i - (\varphi_i \tilde{A} + \tilde{\varepsilon}_i)\,y_j]$$

$$= m^2 E\,[\varphi_j \varphi_i\,(\tilde{A})^2 + \varphi_j \tilde{A}\tilde{\varepsilon}_i + \varphi_i \tilde{A}\tilde{\varepsilon}_j + \tilde{\varepsilon}_j \tilde{\varepsilon}_i - \varphi_j \tilde{A} y_i - \tilde{\varepsilon}_j y_i - \varphi_i \tilde{A} y_j - \tilde{\varepsilon}_i y_j]$$

利用假设 $E\,(\tilde{A}) = E\,(\tilde{\varepsilon}_j) = E\,(\tilde{\varepsilon}_i) = 0$，$\tilde{\varepsilon}_j$ 和 $\tilde{A}$、$\tilde{\varepsilon}_i$ 相互独立，上式可化为：

$$Cov\,(\tilde{X}_{j1} \mid y_j,\ \tilde{X}_{i1} \mid y_i) = m^2 E\,[\varphi_j \varphi_i\,(\tilde{A})^2]$$

则 $j$ 公司第1期末现金流与市场组合的协方差为：

$$Cov\,(\tilde{X}_{j1},\ \sum_{n=1}^{J} \tilde{X}_n \mid y) = m^2\,[\sum_{n=1}^{J} \varphi_n \varphi_j \sigma^2\,(\tilde{A}) + \sigma^2\,(\tilde{\varepsilon}_j)]，\text{得证。}$$

证明 2

令 $g(k) = U_0 - e^{-c_0 - \alpha[m(u_0 + y_j) + ky_j - \frac{z}{2}k^2]} - e^{m+k}$

则 $g'(k) = \alpha(y_j - zk)e^{-c_0 - \alpha[m(u_0 + y_j) + ky_j - \frac{z}{2}k^2]} - e^{m+k}$

$g''(k) = -\alpha z e^{-c_0 - \alpha[m(u_0 + y_j) + ky_j - \frac{z}{2}k^2]} - \alpha^2(y_j - zk)^2 e^{-c_0 - \alpha[m(u_0 + y_j) + ky_j - \frac{z}{2}k^2]} - e^{m+k}$

故 $g(0) = U_0 - e^{-c_0 - \alpha m(u_0 + y_j)} - e^m$

$g'(0) = \alpha y_j e^{-c_0 - \alpha m(u_0 + y_j)} - e^m$

$g''(0) = -\alpha z e^{-c_0 - \alpha m(u_0 + y_j)} - \alpha^2 y_j^2 e^{-c_0 - \alpha m(u_0 + y_j)} - e^m$

令 $\lambda = e^{-c_0 - \alpha m(u_0 + y_j)}$，由泰勒公式（麦克劳林展开）得：

$$g(k) \approx g(0) + g'(0)k + \frac{g''(0)}{2}k^2 + o(k^2)$$

$$= U_0 - \lambda - e^m + (\alpha y_j \lambda - e^m)k + \frac{k^2}{2}(-\alpha z \lambda - \alpha^2 y_j^2 \lambda - e^m)$$

记 $G(k) = g(k)$，令 $G'(k) = (\alpha y_j \lambda - e^m) + k(-\alpha z \lambda - \alpha^2 y_j^2 \lambda - e^m)$

$= 0$，则有：

$$k^{**}(y) = \frac{\alpha y_j \lambda - e^m}{\alpha z \lambda + \alpha^2 y_j^2 \lambda + e^m}, \quad 其中 \lambda = e^{-c_0 - \alpha m(u_0 + y_j)}$$

而 $G''(k) = -\alpha z \lambda - \alpha^2 y_j^2 \lambda - e^m < 0$，故 $g[k^{**}(y)]$ 有极大值，得证。

证明 3

令 $p(k) = m(u_0 + y_j) + ky_j - \frac{z}{2}k^2$，$Q = \frac{1}{N_\tau}[\sum_{n=1}^{J} \varphi_n \varphi_j \sigma^2(\tilde{A}) + \sigma^2(\tilde{\varepsilon}_j)]$

则 $p(0) = m(u_0 + y_j)$，$p'(k) = y_j - zk$，$p''(k) = -z$

令 $h(k) = U_M = U_0 - e^{-[c_0 + \alpha p(k) + \beta \frac{p(k) - Q(m+k)^2}{1 + R_f}]} - e^{m+k}$

则 $h'(k) = [\alpha(y_j - zk) + \beta \frac{y_j - zk - 2Q(m+k)}{1 + R_f}]e^{-[c_0 + \alpha p(k) + \beta \frac{p(k) - Q(m+k)^2}{1 + R_f}]}$

$- e^{m+k}$

$h''(k) = -[\alpha(y_j - zk) + \beta]^2 e^{-[c_0 + \alpha p(k) + \beta \frac{p(k) - Q(m+k)^2}{1 + R_f}]}$

$- (\alpha z + \beta \frac{z + 2Q}{1 + R_f})e^{-[c_0 + \alpha p(k) + \beta \frac{p(k) - Q(m+k)^2}{1 + R_f}]} - e^{m+k}$

故 $h(0) = U_0 - e^{-[c_0 + \alpha m(u_0 + y_j) + \beta \frac{m(u_0 + y_j) - Qm2}{1 + R_f}]} - e^m$

$h'(0) = (\alpha y_j + \beta \frac{y_j - 2Qm}{1 + R_f}) \ e^{-[c_0 + \alpha m(u_0 + y_j) + \beta \frac{m(u_0 + y_j) - Qm2}{1 + R_f}]} - e^m$

$h''(0) = - [(\alpha y_j + \beta \frac{y_j - 2Qm}{1 + R_f})^2 + (\alpha z + \beta \frac{z + 2Q}{1 + R_f})] \ e^{-[c_0 + \alpha m(u_0 + y_j) + \beta \frac{m(u_0 + y_j) - Qm2}{1 + R_f}]}$

$- e^m$

令 $R = e^{-[c_0 + \alpha m(u_0 + y_j) + \beta \frac{m(u_0 + y_j) - Qm2}{1 + R_f}]}$，由泰勒公式（麦克劳林展开）得：

$$h(k) \approx h(0) + h'(0) k + \frac{h''(0)}{2} k^2 + o(k^2)$$

$$= U_0 - R - e^m + [(\alpha y_j + \beta \frac{y_j - 2Qm}{1 + R_f}) R - e^m] k + \frac{k^2}{2} [ - (\alpha y_j + \beta \frac{y_j - 2Qm}{1 + R_f})^2 R - (\alpha z + \beta \frac{z + 2Q}{1 + R_f}) R - e^m]$$

记 $H(k) = h(k)$，令 $H'(k) = 0$，即：

$$H'(k) = [(\alpha y_j + \beta \frac{y_j - 2Qm}{1 + R_f}) R - e^m] + k [-(\alpha y_j + \beta \frac{y_j - 2Qm}{1 + R_f})^2 R - (\alpha z + \beta \frac{z + 2Q}{1 + R_f}) R - e^m] = 0$$

求得：$k^{***}(y) = \dfrac{(\alpha y_j + \beta \frac{y_j - 2Qm}{1 + R_f}) R - e^m}{[(\alpha z + \beta \frac{z + 2Q}{1 + R_f}) + (\alpha y_j + \beta \frac{y_j - 2Qm}{1 + R_f})^2] R + e^m}$

而 $H''(k) < 0$，故 $h[k^{***}(y)]$ 有极大值，得证。

# 参考文献

[1] ［美］Barth M E：《财务报告的全球可比性——是什么、为什么、如何做以及何时实现》，李英译，《会计研究》2013 年第 5 期。

[2] 步丹璐、叶建明：《〈资产减值〉的经济后果——基于新旧会计准则比较的视角》，《中国会计评论》2009 年第 3 期。

[3] 蔡吉甫：《会计信息质量与公司投资效率——基于 2006 年会计准则趋同前后深沪两市经验数据的比较研究》，《管理评论》2013 年第 4 期。

[4] 陈春艳：《会计准则国际趋同与高管薪酬契约有效性的研究——来自我国上市公司的经验和数据》，《山西财经大学学报》2014 年第 5 期。

[5] 陈德球、李思飞、钟昀珈：《政府质量、投资与资本配置效率》，《世界经济》2012 年第 3 期。

[6] 陈旻、曲晓辉：《会计准则国际趋同对会计信息质量影响的系统检验》，《当代会计评论》2014 年第 1 期。

[7] 陈翔宇、肖虹、万鹏：《会计信息可比性、信息环境与业绩预告准确度》，《财经论丛》2015 年第 10 期。

[8] 陈信元、何贤杰、田野：《新会计准则研究：分析框架与综述》，《中国会计评论》2011 年第 2 期。

[9] 陈艳利、乔菲、孙鹤元：《资源配置效率视角下企业集团内部交易的经济后果——来自中国资本市场的经验证据》，《会计研究》2014 年第 10 期。

［10］陈运森、谢德仁：《网络位置、独立董事治理与投资效率》，《管理世界》2011 年第 7 期。

［11］杜荣瑞、肖泽忠、周齐武：《中国管理会计研究述评》，《会计研究》2009 年第 9 期。

［12］杜兴强、赖少娟、杜颖洁：《"发审委"联系、潜规则与 IPO 市场的资源配置效率》，《金融研究》2013 年第 3 期。

［13］杜兴强、雷宇、朱国泓：《企业会计准则（2006）的市场反应：初步的经验证据》，《会计研究》2009 年第 3 期。

［14］方军雄：《所有制、市场化进程与资本配置效率》，《管理世界》2007 年第 11 期。

［15］方军雄：《市场化进程与资本配置效率的改善》，《经济研究》2006 年第 5 期。

［16］方红星、金玉娜：《公司治理、内部控制与非效率投资：理论分析与经验证据》，《会计研究》2013 年第 7 期。

［17］方红星、施继坤：《自愿性内部控制鉴证与权益资本成本——来自沪市 A 股非金融类上市公司的经验证据》，《经济管理》2011 年第 12 期。

［18］高芳、傅仁辉：《会计准则改革、股票流动性与权益资本成本——来自中国 A 股上市公司的经验证据》，《中国管理科学》2012 年第 4 期。

［19］葛家澍：《会计·信息·文化》，《会计研究》2012 年第 8 期。

［20］葛家澍：《制度·市场·企业·会计》，东北财经出版社 2008 年版。

［21］葛家澍、徐跃：《论会计信息相关性与可靠性的冲突问题》，《财务与会计》2006 年第 23 期。

［22］葛家澍、叶凡、冯星、高军：《财务会计定义的经济学解读》，《会计研究》2013 年第 6 期。

［23］郭道扬：《会计制度全球性变革研究》，《中国社会科学》2013 年第 6 期。

［24］郭道扬：《会计史研究：历史·现时·未来（二）》，中国财政经济出版社 2004 年版。

［25］顾水彬：《会计准则变革对企业投资效率的影响研究》，《山西财经大学学报》2013 年第 10 期。

［26］郝东洋、张天西：《股利政策冲突、稳健会计选择与公司债务成本》，《经济与管理研究》2011 年第 2 期。

［27］郝颖、李晓欧、刘星：《终极控制、资本投向与配置绩效》，《管理科学学报》2012 年第 3 期。

［28］郝颖、刘星：《政府干预、资本投向与结构效率》，《管理科学学报》2011 年第 4 期。

［29］郝颖、刘星、林朝南：《上市公司大股东控制下的资本配置行为研究——基于控制权收益视角的实证分析》，《财经研究》2006 年第 8 期。

［30］洪剑峭、李志文：《会计学理论：信息经济学的革命性突破》，清华大学出版社 2004 年版。

［31］花贵如、刘志远、许骞：《投资者情绪、企业投资行为与资源配置效率》，《会计研究》2010 年第 11 期。

［32］蒋大富、熊剑：《非经常性损益、会计准则变更与 ST 公司盈余管理》，《南开管理评论》2012 年第 4 期。

［33］姜付秀、伊志宏、苏飞、黄磊：《管理者背景特征与企业过度投资行为》，《管理世界》2009 年第 1 期。

［34］姜国华、张然：《稳健性与公允价值：基于股票价格反应的规范性分析》，《会计研究》2007 年第 6 期。

［35］蒋琰：《权益成本、债务成本与公司治理：影响差异性研究》，《管理世界》2009 年第 11 期。

［36］姜英兵：《会计制度改革与资本配置效率》，《宏观经济研究》2013 年第 8 期。

［37］姜英兵、张爽：《新会计准则与应计异象》，《经济管理》2010 年第 11 期。

［38］金智：《新会计准则、会计信息质量与股价同步性》，《会计研究》2010 年第 7 期。

［39］金智、阳雪：《企业资本投资效率与会计信息质量》，《中国会计与

财务研究》2012 年第 2 期。

［40］靳庆鲁、孔祥、侯青川：《货币政策、民营企业投资效率与公司期权价值》，《经济研究》2012 年第 5 期。

［41］李刚、张伟、王艳艳：《会计盈余质量与权益资本成本关系的实证分析》，《审计与经济研究》2008 年第 5 期。

［42］李广子、刘力：《债务融资成本与民营信贷歧视》，《金融研究》2009 年第 12 期。

［43］李琳：《控制权性质、会计稳健性与权益融资成本》，《会计论坛》2011 年第 2 期。

［44］李旎、黎文靖：《会计准则变更提高了母公司报表的信贷决策有用性吗——基于债务期限结构的视角》，《当代财经》2012 年第 8 期。

［45］李青原、李江冰、江春、Huang、Kevin X D：《金融发展与地区实体经济资本配置效率——来自省级工业行业数据的证据》，《经济学（季刊）》2013 年第 2 期。

［46］李青原：《会计信息质量与公司资本配置效率——来自我国上市公司的经验证据》，《南开管理评论》2009 年第 2 期。

［47］李四海、刘晓艳：《我国会计准则变迁与会计信息稳健性研究》，《当代会计评论》2012 年第 2 期。

［48］李姝、黄雯：《长期资产减值、盈余管理与价值相关性——基于新会计准则变化的实证研究》，《管理评论》2011 年第 10 期。

［49］李姝、赵颖、童婧：《社会责任报告降低了企业权益资本成本吗？——来自中国资本市场的经验证据》，《会计研究》2013 年第 9 期。

［50］李伟、曾建光：《会计稳健性能有效降低权益资本成本吗？——基于中国 A 股市场的证据》，《中国会计评论》2012 年第 4 期。

［51］李心合：《论公司财务的性质与职能》，《财务研究》2016 年第 1 期。

［52］李焰、秦义虎、张肖飞：《企业产权、管理者背景特征与投资效率》，《管理世界》2011 年第 1 期。

［53］李云鹤、李湛、唐松莲：《企业生命周期、公司治理与公司资本配

置效率》，《南开管理评论》2011 年第 3 期。

[54] 李志军、王善平：《货币政策、信息披露质量与公司债务融资》，
《会计研究》2011 年第 10 期。

[55] 刘爱东：《会计准则趋同对我国企业应对反倾销影响的调查分析》，
《会计研究》2008 年第 9 期。

[56] 刘斌、吴娅玲：《会计稳健性与资本投资效率的实证研究》，《审计
与经济研究》2011 年第 4 期。

[57] 刘斌、徐先知：《新会计准则国际趋同的效果研究——基于盈余稳
健性视角的分析》，《财经论丛》2010 年第 2 期。

[58] 刘峰：《会计准则变迁》，中国财政经济出版社 2000 年版。

[59] 刘峰：《会计准则研究》，东北财经大学出版社 1996 年版。

[60] 刘行、叶康涛：《企业的避税活动会影响投资效率吗?》，《会计研
究》2013 年第 6 期。

[61] 刘红霞、索玲玲：《会计稳健性、投资效率与企业价值》，《审计与
经济研究》2011 年第 5 期。

[62] 刘慧龙、王成方、吴联生：《决策权配置、盈余管理与投资效率》，
《经济研究》2014 年第 8 期。

[63] 刘慧龙、吴联生、王亚平：《国有企业改制、董事会独立性与投资
效率》，《金融研究》2012 年第 9 期。

[64] 柳建华、卢锐、孙亮：《公司章程中董事会对外投资权限的设置与
企业投资效率——基于公司章程自治的视角》，《管理世界》2015
年第 7 期。

[65] 刘启亮、何威风、罗乐：《IFRS 的强制采用、新法律实施与应计及
真实盈余管理》，《中国会计与财务研究》2011 年第 1 期。

[66] 刘睿智、刘志恒、胥朝阳：《主并企业会计信息可比性与股东长期
财富效应》，《会计研究》2015 年第 11 期。

[67] 刘永涛、翟进步、王玉涛：《新会计准则的实施对企业盈余管理行
为的影响——来自中国上市公司的实证证据》，《经济理论与经济管
理》2011 年第 11 期。

[68] 刘永泽、孙蒿：《我国上市公司公允价值信息的价值相关性——基

于企业会计准则国际趋同背景的经验研究》，《会计研究》2011 年第 2 期。

[69] 刘玉廷：《会计中国二十年》，立信会计出版社 2011 年版。

[70] 刘玉廷：《中国企业会计准则体系：架构、趋同与等效》，《会计研究》2007 年第 3 期。

[71] 娄芳、李玉博、原红旗：《新会计准则对现金股利和会计盈余关系影响的研究》，《管理世界》2010 年第 1 期。

[72] 陆正飞、张会丽：《会计准则变革与子公司盈余信息的决策有用性——来自中国资本市场的经验证据》，《会计研究》2009 年第 5 期。

[73] 陆正飞、祝继高、孙便霞：《盈余管理、会计信息与银行债务契约》，《管理世界》2008 年第 3 期。

[74] 罗福凯：《论新兴要素资本的配置规则及收益特征——基于技术与知识分离的视角》，《财务研究》2016 年第 1 期。

[75] 罗福凯：《异质资本边际替代率与技术资本配置水平分析——来自沪深两市高新技术企业的财务数据》，《财务研究》2015 年第 1 期。

[76] 罗福凯：《财务学的边界》，经济管理出版社 2010 年版。

[77] 罗劲博、庞仙君：《我国会计准则国际趋同提高了高管的业绩薪酬敏感度吗——来自中国 A 股上市公司的经验数据》，《当代财经》2014 年第 1 期。

[78] 罗进辉：《媒体报道对权益成本和债务成本的影响及其差异——来自中国上市公司的经验证据》，《投资研究》2012 年第 9 期。

[79] 罗进辉、谢达熙、李莉：《企业会计准则的国际趋同是否吸引了更多的 QFII 投资》，《山西财经大学学报》2015 年第 4 期。

[80] 罗琦、王悦歌：《真实盈余管理与权益资本成本——基于公司成长性差异的分析》，《金融研究》2015 年第 5 期。

[81] 罗婷、薛健、张海燕：《解析新会计准则对会计信息价值相关性的影响》，《中国会计评论》2008 年第 2 期。

[82] 毛新述、戴德明：《会计制度改革、盈余稳健性与盈余管理》，《会计研究》2009 年第 12 期。

［83］毛新述、戴德明：《盈余稳健性的市场定价与资本市场资源配置》，中国会计学会 2007 年学术年会论文集。

［84］毛新述、叶康涛、张頔：《上市公司权益资本成本的测度与评价——基于我国证券市场的经验检验》，《会计研究》2012 年第 11 期。

［85］毛新述、余德慧：《会计准则趋同、海外并购与投资效率》，《财贸经济》2013 年第 12 期。

［86］［美］诺思 C. 道格拉斯：《制度、制度变迁与经济绩效》，杭行译，格致出版社，上海三联书店，上海人民出版社 2008 年版。

［87］潘红波、余明桂：《集团内关联交易、高管薪酬激励与资本配置效率》，《会计研究》2014 年第 10 期。

［88］潘妙丽、肖泽忠、蒋义宏：《强制执行 IFRS 之实证研究综述》，《中国会计评论》2008 年第 4 期。

［89］漆江娜、罗佳：《会计准则变迁对会计信息价值相关性的影响研究——来自中国证券市场 1993—2007 的经验证据》，《当代财经》2009 年第 5 期。

［90］钱雪松：《企业内部资本配置效率问题研究——基于融资歧视和内部人控制的一般均衡视角》，《会计研究》2013 年第 10 期。

［91］曲晓辉、邱月华：《强制性制度变迁与盈余稳健性——来自深沪证券市场的经验证据》，《会计研究》2007 年第 7 期。

［92］沈红波：《市场分割、跨境上市与预期资金成本——来自 Ohlson - Juettner 模型的经验证据》，《金融研究》2007 年第 2 期。

［93］申慧慧、于鹏、吴联生：《国有股权、环境不确定性与投资效率》，《经济研究》2012 年第 7 期。

［94］盛丹、王永进：《产业集聚、信贷资源配置效率与企业的融资成本——来自世界银行调查数据和中国工业企业数据的证据》，《管理世界》2013 年第 6 期。

［95］［加］斯科特 R. 威廉：《财务会计理论》，陈汉文等译，机械工业出版社 2006 年版。

［96］苏黎新、孙咏菁、姚军：《香港会计准则与 IFRS 全面趋同的影响：

基于盈余的价值相关性和审计师反应的证据》，《中国会计与财务研究》2009 年第 4 期。

[97] 孙枭飞、晏超：《会计准则变革对股权资本成本的影响研究——基于会计敏感性和经济敏感性视角的实证检验》，《财经问题研究》2015 年第 2 期。

[98] 孙铮、刘风委、汪辉：《债务、公司治理与会计稳健性》，《中国会计与财务研究》2005 年第 2 期。

[99] 孙铮、刘浩：《国际财务报告准则带来了什么：全球发现》，《会计研究》2013 年第 1 期。

[100] 覃家琦、邵新建：《交叉上市、政府干预与资本配置效率》，《经济研究》2015 年第 6 期。

[101] 万鹏、陈翔宇、董望：《信息环境、可比性与营收计划准确度》，《商业经济与管理》2015 年第 9 期。

[102] 王兵：《盈余质量与资本成本——来自中国上市公司的经验证据》，《管理科学》2008 年第 3 期。

[103] 王虹、杨丹：《会计准则变迁、公司治理对盈余管理的影响分析——基于结构方程模型的实证研究》，《财经科学》2011 年第 9 期。

[104] 王建新、赵君双：《新会计准则对会计信息价值相关性的影响分析——基于我国 A 股上市公司的经验证据》，《财政研究》2010 年第 4 期。

[105] 王俊秋：《政治关联、盈余质量与权益资本成本》，《管理评论》2013 年第 10 期。

[106] 王亮亮：《真实活动盈余管理与权益资本成本》，《管理科学》2013 年第 5 期。

[107] 王亮亮、王跃堂、杨志进：《会计准则国际趋同、研究开发支出及其经济后果》，《财经研究》2012 年第 2 期。

[108] 汪炜、蒋高峰：《信息披露、透明度与资本成本》，《经济研究》2004 年第 7 期。

[109] 汪祥耀，邓川：《国际会计准则与财务报告准则：研究与比较》，

立信会计出版 2005 年第 2 版。

[110] 汪祥耀、邵毅平：《美国会计准则研究：从经济大萧条到全球金融危机》，立信会计出版社 2010 年版。

[111] 汪祥耀、叶正虹：《执行新会计准则是否降低了股权资本成本——基于我国资本市场的经验证据》，《中国工业经济》2011 年第 3 期。

[112] 王鑫：《综合收益的价值相关性研究——基于新准则实施的经验证据》，《会计研究》2013 年第 10 期。

[113] 王玉涛、陈晓、侯宇：《国内证券分析师的信息优势：地理邻近性还是会计准则差异》，《会计研究》2010 年第 12 期。

[114] 王玉涛、薛健、陈晓：《企业会计选择与盈余管理——基于新旧会计准则变动的研究》，《中国会计评论》2009 年第 3 期。

[115] 魏明海、陶晓慧：《会计稳健性的债务契约解释——来自中国上市公司的经验证据》，《中国会计与财务研究》2007 年第 4 期。

[116] 吴娅玲：《会计稳健性对公司债权融资效率的影响》，《经济管理》2012 年第 10 期。

[117] 肖虹、陈翔宇、万鹏：《公司治理、财务特征与会计信息可比性》，《当代会计评论》2015 年第 1 期。

[118] 肖泽忠、邹宏：《中国上市公司资本结构的影响因素和股权融资偏好》，《经济研究》2008 年第 6 期。

[119] 谢盛纹、刘杨晖：《审计师变更、前任审计师任期和会计信息可比性》，《审计研究》2016 年第 2 期。

[120] 新夫、陈冬华：《盈余质量、制度环境与权益资本成本——来自中国证券市场的经验证据》，《当代会计评论》2009 年第 1 期。

[121] 熊家财、苏冬蔚：《股票流动性与企业资本配置效率》，《会计研究》2014 年第 11 期。

[122] 胥朝阳、刘睿智：《提高会计信息可比性能抑制盈余管理吗?》，《会计研究》2014 年第 7 期。

[123] 许家林、蔡传里等：《中国会计发展与改革研究》，华中科技大学出版社 2011 年版。

[124] 薛爽、赵立新、肖泽忠、程绪兰:《会计准则国际趋同是否提高了会计信息的价值相关性?——基于新老会计准则的比较研究》,《财贸经济》2008 年第 9 期。

[125] 闫华红、张明:《准则变更、盈余质量与资本成本关系研究》,《财政研究》2012 年第 9 期。

[126] 燕玲:《会计准则变革对上市公司债务融资成本的影响》,《财经问题研究》2014 年第 11 期。

[127] 燕玲:《新会计准则对企业债务期限结构的影响——基于 R&D 投入会计处理变化的研究》,《中央财经大学学报》2013 年第 1 期。

[128] 颜延、张为国:《会计准则导向、审计收费与审计意见收买》,《中国会计与财务研究》2009 年第 1 期。

[129] 杨丹、王宁、叶建明:《会计稳健性与上市公司投资行为——基于资产减值角度的实证分析》,《会计研究》2011 年第 3 期。

[130] 杨忠海、张丽萍、李瑛玫:《财务报告可比性与股权资本成本关系研究——来自中国 A 股市场的经验证据》,《当代会计评论》2015 年第 2 期。

[131] 姚立杰,程小可:《国际财务报告准则研究的回顾和展望》,《会计研究》2011 年第 6 期。

[132] 叶建芳、周兰、李丹蒙、郭琳:《管理层动机、会计政策选择与盈余管理——基于新会计准则下上市公司金融资产分类的实证研究》,《会计研究》2009 年第 3 期。

[133] 叶康涛、陆正飞:《中国上市公司股权融资成本影响因素分析》,《管理世界》2004 年第 5 期。

[134] 叶青、李增泉、李光青:《富豪榜会影响企业会计信息质量吗?——基于政治成本视角的考察》,《管理世界》2012 年第 1 期。

[135] 喻坤、李治国、张晓蓉、徐剑刚:《企业投资效率之谜:融资约束假说与货币政策冲击》,《经济研究》2014 年第 5 期。

[136] 于富生、张敏:《信息披露质量与债务成本——来自中国证券市场的经验证据》,《审计与经济研究》2007 年第 5 期。

[137] 于李胜、王艳艳：《信息风险与市场定价》，《管理世界》2007 年第 2 期。

[138] 于悦：《会计准则变革、盈余管理迎合与分析师盈余预测偏误》，《山西财经大学学报》2016 年第 7 期。

[139] 原红旗、李玉博、娄芳、张瑶：《新会计准则与会计盈余的债务合约有用性》，《中国会计与财务研究》2013 年第 1 期。

[140] 袁知柱、吴粒：《会计信息可比性与企业应计及真实盈余管理行为选择》，《中国会计评论》2015 年第 4 期。

[141] 袁知柱、吴粒：《会计信息可比性研究评述及未来展望》，《会计研究》2012 年第 9 期。

[142] 袁知柱、吴粒、许波：《盈余稳健性与企业过度投资行为——来自中国上市公司的经验证据》，《山西财经大学学报》2011 年第 11 期。

[143] 曾雪云、徐经长：《公允价值计量、金融投资行为与公司资本结构》，《金融研究》2013 年第 3 期。

[144] 曾颖、陆正飞：《信息披露质量与股权融资成本》，《经济研究》2006 年第 2 期。

[145] 张嘉兴、邢维全：《会计准则国际趋同、会计信息质量与机构持股——来自深证 A 股上市公司的经验证据》，《山西财经大学学报》2013 年第 6 期。

[146] 张建勇、葛少静、赵经纬：《媒体报道与投资效率》，《会计研究》2014 年第 10 期。

[147] 张金若、辛清泉、童一杏：《公允价值变动损益的性质及其后果——来自股票报酬和高管薪酬视角的重新发现》，《会计研究》2013 年第 8 期。

[148] 张金若、张飞达、邹海峰：《两类公允价值变动对高管薪酬的差异影响研究——基于我国 A 股上市公司 2007—2008 数据检验》，《会计研究》2011 年第 10 期。

[149] 张俊瑞、张健光、高杰、李金霖：《资产结构、资产效率与企业价值》，《管理评论》2012 年第 1 期。

[150] 张敏、张胜、王成方、申慧慧：《政治关联与信贷资源配置效率——来自我国民营上市公司的经验证据》，《管理世界》2010 年第 11 期。

[151] 张然、陆正飞、叶康涛：《会计准则变迁与长期资产减值》，《管理世界》2007 年第 8 期。

[152] 张荣武、伍中信：《产权保护、公允价值与会计稳健性》，《会计研究》2010 年第 1 期。

[153] 张淑英、杨红艳：《会计稳健性选择、资本成本与企业价值》，《宏观经济研究》2014 年第 1 期。

[154] 张先治、傅荣、贾兴飞、晏超：《会计准则变革对企业理念与行为影响的多视角分析》，《会计研究》2014 年第 6 期。

[155] 张先治、季侃：《公允价值计量与会计信息的可靠性及价值相关性——基于我国上市公司的实证检验》，《财经问题研究》2012 年第 6 期。

[156] 张先治、于悦：《会计准则变革、企业财务行为与经济发展的传导效应和循环机理》，《会计研究》2013 年第 10 期。

[157] 张永冀、孟庆斌：《预期通货膨胀与企业资产结构》，《会计研究》2016 年第 7 期。

[158] 赵西卜、王军会：《基于新会计准则的上市公司会计盈余稳健性影响分析》，《财会通讯》2010 年第 3 期。

[159] 郑登津、闫天一：《会计稳健性、审计质量和债务成本》，《审计研究》2016 年第 2 期。

[160] 周春梅：《盈余质量对资本配置效率的影响及作用机理》，《南开管理评论》2009 年第 5 期。

[161] 周华、戴德明、刘俊海：《会计准则的价值导向与财务会计的目标定位》，《经济管理》2009 年第 7 期。

[162] 周晖、杨静：《上市公司公允价值计量与高管薪酬激励研究》，《当代财经》2012 年第 8 期。

[163] 祝继高、林安霁、陆正飞：《会计准则改革、会计利润信息与银行债务契约》，《中国会计评论》2011 年第 2 期。

［164］ 祝继高、陆正飞：《产权性质、股权再融资与资源配置效率》，《金融研究》2011 年第 1 期。

［165］ 朱凯、赵旭颖、孙红：《会计准则改革、信息准确度与价值相关性——基于中国会计准则改革的经验证据》，《管理世界》2009 年第 4 期。

［166］ 邹海峰、辛清泉、张金若：《公允价值计量与高管薪酬契约》，《经济科学》2010 年第 5 期。

［167］ Ahmed A S, Billings B K, Morton R M, Stanford – Harris M. The Role of Accounting Conservatism in Mitigating Bondholder – Shareholder Conflicts over Dividend Policy and in Reducing Debt Costs. *The Accounting Review*. 2002, 77（4）: 867 – 890.

［168］ Ahmed A S, Neel M, Wang D. Does Mandatory Adoption of IFRS Improve Accounting Quality? Preliminary Evidence. *Contemporary Accounting Research*. 2013, 30（4）: 1344 – 1372.

［169］ Albuquerue R, Wang N. Agency Conflicts, Investment, and Asset Pricing. *Journal of Finance*. 2008, 63（1）: 1 – 40.

［170］ Anderson R C, Mansi S A, Reeb D M. Board Characteristics, Accounting Report Integrity, and the Cost of Debt. *Journal of Accounting and Economics*. 2004, 37（3）: 315 – 342.

［171］ Armstrong C S, Barth M E, Jagolinzer A D, Riedl E J. Market Reaction to the Adoption of IFRS in Europe. *The Accounting Review*. 2010, 85（1）: 31 – 61.

［172］ Arnold P J. The Political Economy of Financial Harmonization: The East Asian Financial Crisis and the Rise of International Accounting Standards. Accounting, *Organizations and Society*. 2012, 37（6）: 361 – 381.

［173］ Ashbaugh – Skaife H, Collins D W, Kinney Jr. W R, Lafond R. The Effect of SOX Internal Control Deficiencies on Firm Risk and Cost of Equity. *Journal of Accounting Research*. 2009, 47（1）: 1 – 43.

［174］ Badertscher B A, Burks J J, Easton P D. A Convenient Scapegoat:

Fair Value Accounting by Commercial Banks during the Financial Crisis. The Accounting Review. 2012, 87 (1): 59 – 90.

[175] Bae K, Tan H, Welker M. International GAAP Differences: The Impact on Foreign Analysts. *The Accounting Review*. 2008, 83 (3): 593 – 628.

[176] Baker M, Stein J C, Wurgler J. When Does the Market Matter? Stock Prices and the Investment of Equity – Dependent Firms. *The Quarterly Journal of Economics*. 2003, 118 (3): 969 – 1005.

[177] Ball R, Li X, Shivakumar L. Contractibility and Transparency of Financial Statement Information Prepared Under IFRS: Evidence from Debt Contracts Around IFRS Adoption. *Journal of Accounting Research*. 2015, 53 (5): 915 – 963.

[178] Ball R, Robin A, Sadka G. Is Financial Reporting Shaped by Equity Markets or by Debt Markets? An International Study of Timeliness and Conservatism. *Review of Accounting Studies*. 2008, 13 (2 – 3): 168 – 205.

[179] Banker R D, Huang R, Li Y. Do Accounting Standards Matter for Firm Productivity? Evidence from Mandatory IFRS Adoption. *SSRN Working Paper*. 2014.

[180] Basu S. The Conservatism Principle and the Asymmetric Timeliness of Earnings. *Journal of Accounting and Economics*. 1997, 24 (1): 3 – 37.

[181] Barth M E, Landsman W R, Lang M, Williams C. Are IFRS – based and US GAAP – based Accounting Amounts Comparable? *Journal of Accounting and Economics*. 2012, 54 (1): 68 – 93.

[182] Barth M E, Landsman W R, Lang M H. International Accounting Standards and Accounting Quality. *Journal of Accounting Research*. 2008, 46 (3): 467 – 498.

[183] Barth M E, Schipper K. Financial Reporting Transparency. *Journal of Accounting, Auditing & Finance*. 2008, 2 (23): 173 – 190.

[184] Beatty A, Liao S, Yu J J. The Spillover Effect of Fraudulent Financial Reporting on Peer Firms' Investments. *Journal of Accounting and Economics*. 2013, 55 (2-3): 183-205.

[185] Beneish M D, Miller B P, Yohn T L. The Impact of Financial Reporting on Equity Versus Debt Markets: Macroeconomic Evidencefrom Mandatory IFRS Adoption. *SSRN Working Paper*. 2012.

[186] Bertomeu J. Incentive Contracts, Market Risk, and Cost of Capital. *Contemporary Accounting Research*. 2015, 32 (4): 1337-1352.

[187] Bhat G, Callen J L, Segal D. Testing the Transparency Implications of Mandatory IFRS Adoption: The Spread/Maturity Relation of Credit Default Swaps. *Management Science*. 2016, 62 (12): 3472-3493.

[188] Bhattacharya U, Daouk H, Welker M. The World Price of Earnings Opacity. *The Accounting Review*. 2003, 78 (3): 641-678.

[189] Biddle G C, Callahan C M, Hong H A, Knowles R L. Do Adoptions of International Financial Reporting Standards Enhance Capital Investment Efficiency? *SSRN Working Paper*. 2013.

[190] Biddle G C, Hilary G, Verdi R S. How Does Financial Reporting Quality Relate to Investment Efficiency? *Journal of Accounting and Economics*. 2009, 48 (2-3): 112-131.

[191] Biddle G C, Hilary G. Accounting Quality and Firm-Level Capital Investment. *The Accounting Review*. 2006, 81 (5): 963-982.

[192] Biondi Y, Suzuki T. Socio-Economic Impacts of International Accounting Standards: An Introduction. *Socio-Economic Review*. 2007, 5 (4): 585-602.

[193] Bloomfield M J, Brüggemann U, Christensen H B, Leuz C. The Effect of Regulatory Harmonization on Cross-border Labor Migration: Evidence from the Accounting Profession. *NBER Working Paper*, No. 20888, January 2015.

[194] Bonner S E, Hesford J W, Van der Stede W A, Young S M. The Most Influential Journals in Academic Accounting. Accounting, *Organizations*

*and Society.* 2006, 31 (7): 663 – 685.

[195] Botosan C A. Disclosure Level and the Cost of Equity Capital. *The Accounting Review.* 1997, 72 (3): 323 – 349.

[196] Botosan C A, Plumlee M A. Assessing Alternative Proxies for the Expected Risk Premium. *The Accounting Review.* 2005, 80 (1): 21 – 53.

[197] Botosan C A, Plumlee M A. A Re – examination of Disclosure Level and the Expected Cost of Equity Capital. *Journal of Accounting Research.* 2002, 40 (1): 21 – 40.

[198] Bozos K, Ratnaike Y C, Alsharairi M. How Has the International Harmonization of Financial Reporting Standards Affected Merger Premiums within the European Union? *International Review of Financial Analysis.* 2014, 31: 48 – 60.

[199] Brochet F, Jagolinzer A D, Riedl E J. Mandatory IFRS Adoption and Financial Statement Comparability. *Contemporary Accounting Research.* 2013, 30 (4): 1373 – 1400.

[200] Brown A B. Institutional Differences and International Private Debt Markets: A Test Using Mandatory IFRS Adoption. *Journal of Accounting Research.* 2016, 54 (3): 679 – 723.

[201] Brüggemann U, Hitz J, Sellhorn T. Intended and Unintended Consequences of Mandatory IFRS Adoption: A Review of Extant Evidence and Suggestions for Future Research. *European Accounting Review.* 2013, 22 (1): 1 – 37.

[202] Bushman R M, Smith A J. Financial Accounting Information and Corporate Governance. *Journal of Accounting and Economics.* 2001, 32 (1): 237 – 333.

[203] Byard D, Li Y, Yu Y. The Effect of Mandatory IFRS Adoption on Financial Analysts' Information Environment. *Journal of Accounting Research.* 2011, 49 (1): 69 – 96.

[204] Campbell, J. L. and P. E. Yeung, Accounting Comparability, Investor

Sophistication, and Contagion Effects. *Working Paper, University of Georgia and Cornell University.* 2012.

[205] Capkun V, Cazavan – Jeny A, Jeanjean T, Weiss L A. Earnings Management and Value Relevance During the Mandatory Transitionfrom Local GAAPs to IFRS in Europe. *SSRN Working Paper.* 2008.

[206] Cascino S, Gassen J. What Drives the Comparability Effect of Mandatory IFRS Adoption? *Review of Accounting Studies.* 2015, 20 (1): 242 – 282.

[207] Chan A L C, Lin S W J, Strong N. Accounting Conservatism and the Cost of Equity Capital: Evidence from UK. *Managerial Finance.* 2009, 35 (4): 325 – 345.

[208] Chan K C, Chan K C, Seow G S, Tam K. Ranking Accounting Journals Using Dissertation Citation Analysis: A Research Note. Accounting, *Organizations and Society.* 2009, 34 (6 – 7): 875 – 885.

[209] Chan K H, Lin K Z, Mo P L L. Will a Departurefrom Tax – Based Accounting Encourage Tax Noncompliance? Archival Evidence from a Transition Economy. *Journal of Accounting and Economics.* 2010, 50 (1): 58 – 73.

[210] Chen C, Young D, Zhuang Z. Externalities of Mandatory IFRS Adoption: Evidencefrom Cross – Border Spillover Effects of Financial Information on Investment Efficiency. *The Accounting Review.* 2013, 88 (3): 881 – 914.

[211] Chen C J, Ding Y, Xu B. Convergence of Accounting Standards and Foreign Direct Investment. *The International Journal of Accounting.* 2014, 49 (1): 53 – 86.

[212] Chen F, Hope O, Li Q, Wang X. Financial Reporting Quality and Investment Efficiency of Private Firms in Emerging Markets. *The Accounting Review.* 2011, 86 (4): 1255 – 1288.

[213] Chen L, Ng J, Tsang A. The Effect of Mandatory IFRS Adoption on In-

ternational Cross – listings. *The Accounting Review*. 2015, 90 (4):
1395 – 1435.

[214] Chen T, Chin C, Wang S, Yao C. The Effect of Mandatory IFRS A-
doption on Bank Loan Contracting. *SSRN Working Paper*. 2013.

[215] Cho Y J. Segment Disclosure Transparency and Internal Capital Market
Efficiency: Evidencefrom SFAS No. 131. *Journal of Accounting Re-
search*. 2015, 53 (4): 669 – 723.

[216] Christensen H B, Lee E, Walker M. Do IFRS Reconciliations Convey
Information? The Effect of Debt Contracting. *Journal of Accounting Re-
search*. 2009, 47 (5): 1167 – 1199.

[217] Christensen P O, Qin Z. Information and Heterogeneous Beliefs: Cost
of Capital, Trading Volume, and Investor Welfare. *The Accounting Re-
view*. 2014, 89 (1): 209 – 242.

[218] Clacher I, de Ricquebourg A D, Hodgson A. The Value Relevance of
Direct Cash Flows under International Financial Reporting
Standards. *Abacus*. 2013, 49 (3): 367 – 395.

[219] Claus J, Thomas J. Equity Premia as Low as Three Percent? Evidence
from Analysts' Earnings Forecasts for Domestic and International Stock
Markets. *Journal of Finance*. 2001, 56 (5): 1629 – 1666.

[220] Collins D W, Kothari S P, Shanken J, et al. Lack of Timeliness ver-
sus Noise as Explanations for Low Contemporaneous Return – Earnings
Association. *Journal of Accounting and Economics*. 1994, 18 (3): 289
– 324.

[221] Cooper I, Cordeiro L. Optimal Equity Valuation Using Multiples: The
Number of Comparable Firms. *SSRN Working Paper*. 2008.

[222] Covring V M, Defond M L, Hung M. Home Bias, Foreign Mutual
Fund Holdings, and the Voluntary Adoption of International Accounting
Standards. *Journal of Accounting Research*. 2007, 45 (1): 41 – 70.

[223] Daske H, Hail L, Leuz C, Verdi R. Adopting a Label: Heterogeneity
in the Economic Consequences Around IAS/IFRS Adoptions. *Journal of*

*Accounting Research.* 2013, 51 (3): 495 – 547.

[224] Daske H, Hail L, Leuz C, Verdi R. Mandatory IFRS Reporting A-round the World: Early Evidence on the Economic Conse-quences. *Journal of Accounting Research.* 2008, 46 (5): 1085 – 1142.

[225] Daske H, Gebhardt G. International Financial Reporting Standards and Experts' Perceptions of Disclosure Quality. *Abacus.* 2006, 42 (3 – 4): 461 – 498.

[226] De Franco G, Kothari S P, Verdi R S. The Benefits of Financial State-ment Comparability. *Journal of Accounting Research.* 2011, 49 (4): 895 – 931

[227] De George E T, Li X, Shivakumar L. A Review of the IFRS Adoption Literature. *Review of Accounting Studies.* 2016, 21 (3): 898 – 1004.

[228] De George E T, Ferguson C B, Spear N A. How Much Does IFRS Cost? IFRS Adoption and Audit Fees. *The Accounting Review.* 2013, 88 (2): 429 – 462.

[229] De Simone L. Does a Common Set of Accounting Standards Affect Tax – Motivated Income Shifting for Multinational Firms? *Journal of Account-ing and Economics.* 2016, 61 (1): 145 – 165.

[230] Dechow P M, Sloan R G, Sweeney A P. Detecting Earnings Manage-ment. *The Accounting Review.* 1995, 70 (2): 193 – 225.

[231] DeFond M L, Gao X, Li O Z, Xia L. DidChina's Adoption of IFRS Attract More Foreign Institutional Investment? *SSRN Working Pa-per.* 2014.

[232] DeFond M L, Hu X, Hung M Y, Li S. Has the Widespread Adoption of IFRS Reduced US Firms' Attractiveness to Foreign Investors? *Jour-nal of International Accounting Research.* 2012, 11 (2): 27 – 55.

[233] DeFond M L, Hu X, Hung M, Li S. The Impact of Mandatory IFRS Adoption on Foreign Mutual Fund Ownership: The Role of Comparabili-ty. *Journal of Accounting and Economics.* 2011, 51 (3): 240 – 258.

［234］ DeFond M L, Hung M, Li S, Li Y. Does Mandatory IFRS Adoption Affect Crash Risk? *The Accounting Review*. 2015, 90 (1): 265 – 299.

［235］ De Jager P. Fair Value Accounting, Fragile Bank Balance Sheets and Crisis: A Model. Accounting, *Organizations and Society*. 2014, 39 (2): 97 – 116.

［236］ Demerjian P R. Accounting Standards and Debt Covenants: Has the "Balance Sheet Approach" Led to a Decline in the Use of Balance Sheet Covenants? *Journal of Accounting and Economics*. 2011, 52 (2 – 3):178 – 202.

［237］ Diamond D W, Verrecchia R E. Disclosure, Liquidity, and the Cost of Capital. *Journal of Finance*. 1991, 46 (4): 1325 – 1359.

［238］ Dinh N, Piot C. IFRS Adoption inEurope and Audit Market Concentration. *SSRN Working Paper*. 2014.

［239］ Dollar D, Wei S J. Das (Wasted) Kapital: Firm Ownership and Investment Efficiency inChina. *IMF Working Paper*. 2007.

［240］ Donelson D C, Mcinnis J M, Mergenthaler R D. Rules – Based Accounting Standards and Litigation. *The Accounting Review*. 2012, 87 (4): 1247 – 1279.

［241］ Doukakis L C. The Effect of Mandatory IFRS Adoption on Real and Accrual – Based Earnings Management Activities. *Journal of Accounting and Public Policy*. 2014, 33 (6): 551 – 572.

［242］ Dow J, Gorton G, Krishnamurthy A. Equilibrium Investment and Asset Prices Under Imperfect Corporate Control. *American Economic Review*. 2005, 95 (3): 659 – 681.

［243］ Durnev A, Mangen C. Corporate Investments: Learning from Restatements. *Journal of Accounting Research*. 2009, 47 (3): 679 – 720.

［244］ Easley D, O' Hara M. Information and the Cost of Capital. *Journal of Finance*. 2004, 59 (4): 1553 – 1583.

［245］ Easton P D. PE Ratios, PEG Ratios, and Estimating the Implied Expected Rate of Return on Equity Capital. *The Accounting Review*. 2004,

79（1）：73 – 95.

［246］ Efobi U，Oluwatobi S. The Geographic Implication of IFRS Adop-
tion. *SSRN Working Paper*. 2014.

［247］ Evans M E，Houston R W，Peters M F，Pratt J H. Reporting Regula-
tory Environments and Earnings Management：U. S. and Non –
U. S. Firms Using U. S. GAAP or IFRS. *The Accounting Review*. 2015，
90（5）：1969 – 1994.

［248］ Fama E F. Foundations of Finance. New York：*Basic Books*. 1976.

［249］ Fama E F，French K R. Industry Costs of Equity. *Journal of Financial
Economics*. 1997，43（2）：153 – 193.

［250］ Fang V W，Maffett M，Zhang B. Foreign Institutional Ownership and
the Global Convergence of Financial Reporting Practices. *Journal of Ac-
counting Research*. 2015，53（3）：593 – 631.

［251］ Fazzari S，Hubbard R G，Petersen B C. Financing Constraints and
Corporate Investment. *Brookings Papers on Economic Activity*. 1988，
1988（1）：141 – 206.

［252］ Florou A，Kosi U. Does Mandatory IFRS Adoption Facilitate Debt Fi-
nancing? *Review of Accounting Studies*. 2015，20（4）：1407 – 1456.

［253］ Florou A，Pope P F. Mandatory IFRS Adoption and Institutional Invest-
ment Decisions. *The Accounting Review*. 2012，87（6）：1993 – 2025.

［254］ Francis J，Lafond R，Olsson P M，Schipper K. Costs of Equity and
Earnings Attributes. *The Accounting Review*. 2004，79（4）：
967 – 1010.

［255］ Francis J R，Huang S X，Khurana I K. The Role of Similar Accounting
Standards in Cross – Border Mergers and Acquisitions. *Contemporary Ac-
counting Research*. 2016，33（3）：1298 – 1330.

［256］ Francis J R，Pinnuck M L，Watanabe O. Auditor Style and Financial
Statement Comparability. *The Accounting Review*. 2014，89（2）：
605 – 633.

［257］ Gao P. Disclosure Quality，Cost of Capital，and Investor Welfare. *The*

*Accounting Review.* 2010, 85 (1): 1 – 29.

[258] García Lara J M, García Osma B, Penalva F. Accounting Conservatism and Firm Investment Efficiency. *Journal of Accounting and Economics.* 2016, 61 (1): 221 – 238.

[259] García Lara J M, García Osma B, Penalva F. Conditional Conservatism and Cost of Capital. *Review of Accounting Studies.* 2011, 16 (2): 247 – 271.

[260] Gebhardt W R, Lee C M C, Swaminathan B. Toward an Implied Cost of Capital. *Journal of Accounting Research.* 2001, 39 (1): 135 – 176.

[261] Givoly D, Hayn C. The Changing Time – Series Properties of Earnings, Cash Flows and Accruals: Has Financial Reporting Become More Conservative? *Journal of Accounting and Economics.* 2000, 29 (3): 287 – 320.

[262] Gordon J R, Gordon M J. The Finite Horizon Expected Return Model. *Financial Analysts Journal.* 1997 (May/June): 52 – 61.

[263] Gordon L A, Loeb M P, Zhu W. The Impact of IFRS Adoption on Foreign Direct Investment. *Journal of Accounting and Public Policy.* 2012, 31 (4): 374 – 398.

[264] Hail L, Leuz C. Capital Market Effects of Mandatory IFRS Reporting in the EU: Empirical Evidence. *SSRN Working Paper.* 2007.

[265] Hail L, Leuz C. International Differences in the Cost of Equity Capital: Do Legal Institutions and Securities Regulation Matter? *Journal of Accounting Research.* 2006, 44 (3): 485 – 531.

[266] Hail L, Leuz C, Wysocki P. Global Accounting Convergence and the Potential Adoption of IFRS by theUS (Part I): Conceptual Underpinnings and Economic Analysis. *Accounting Horizons.* 2010, 24 (3): 355 – 394.

[267] Hail L, Leuz C, Wysocki P. Global Accounting Convergence and the Potential Adoption of IFRS by theUS (Part II): Political Factors and Future Scenarios for US Accounting Standards. *Accounting Hori-*

zons. 2010, 24 (4): 567 – 588.

[268] Hail L, Tahoun A, Wang C. Dividend Payouts and Information Shocks. *Journal of Accounting Research*. 2014, 52 (2): 403 – 456.

[269] Haw I, Lee J J, Lee W. Debt Financing and Accounting Conservatism in Private Firms. *Contemporary Accounting Research*. 2014, 31 (4): 1220 – 1259.

[270] He X, Wong T J, Young D. Challenges for Implementation of Fair Value Accounting in Emerging Markets: Evidence fromChina. *Contemporary Accounting Research*. 2012, 29 (2): 538 – 562.

[271] Healy P M, Palepu K G. Information Asymmetry, Corporate Disclosure, and the Capital Markets: A Review of the Empirical Disclosure Literature. *Journal of Accounting and Economics*. 2001, 31 (1 – 3): 405 – 440.

[272] Holthausen R W, Leftwich R W. The Economic Consequences of Accounting Choice Implications of Costly Contracting and Monitoring. *Journal of Accounting and Economics*. 1983, 5 (1): 77 – 117.

[273] Hong H A. Does Mandatory Adoption of International Financial Reporting Standards Decrease the Voting Premium for Dual – Class Shares? *The Accounting Review*. 2013, 88 (4): 1289 – 1325.

[274] Hong H A, Hung M, Lobo G J. The Impact of Mandatory IFRS Adoption on IPOs in Global Capital Markets. *The Accounting Review*. 2014, 89 (4): 1365 – 1397.

[275] Horton J, Serafeim G, Serafeim I. Does Mandatory IFRS Adoption Improve the Information Environment? *Contemporary Accounting Research*. 2013, 30 (1): 388 – 423.

[276] Hou Q, Jin Q, Wang L. Mandatory IFRS Adoption and Executive Compensation: Evidencefrom China. *China Journal of Accounting Research*. 2014, 7 (1): 9 – 29.

[277] Hou K, Robinson D T. Industry Concentration and Average Stock Returns. *Journal of Finance*. 2006, 61 (4): 1927 – 1956.

[278] Hsu A W, Pourjalali H. The Impact of IAS No. 27 on the Market's A-bility to Anticipate Future Earnings. *Contemporary Accounting Research.* 2015, 32 (2): 789 – 813.

[279] Hung M, Subramanyam K R. Financial Statement Effects of Adopting International Accounting Standards: The Case ofGermany. *Review of Accounting Studies.* 2007, 12 (4): 623 – 657.

[280] ICAEW. The Effects of Mandatory IFRS Adoption in the EU: A Review of Empirical Research. 2015.

[281] Jeanjean T, Stolowy H. Do Accounting Standards Matter? An Exploratory Analysis of Earnings Management Before and After IFRS Adoption. *Journal of Accounting and Public Policy.* 2008, 27 (6): 480 – 494.

[282] Jensen M C. Agency Cost of Free Cash Flow, Corporate Finance, and Takeovers. *American Economic Review.* 1986, 76 (2): 323 – 329.

[283] Jensen M C, Meckling W H. Theory of the Firm: Managerial Behavior, Agency Costs and Ownership Structure. *Journal of Financial Economics.* 1976, 3 (4): 305 – 360.

[284] Joos P P M, Leung E. Investor Perceptions of Potential IFRS Adoption in theUnited States. *The Accounting Review.* 2013, 88 (2): 577 – 609.

[285] Ke B, Li Y, Yuan H. The Substantial Convergence of Chinese Accounting Standards with IFRS and the Managerial Pay – For – Accounting Performance Sensitivity of Publicly Listed Chinese Firms. *Journal of Accounting and Public Policy.* 2016, 35 (6): 567 – 591.

[286] Khan M, Watts R L. Estimation and Empirical Properties of a Firm – year Measure of Accounting Conservatism. *Journal of Accounting and Economics.* 2009, 48 (2 – 3): 132 – 150.

[287] Khurana I K, Michas P N. Mandatory IFRS Adoption and theUS Home Bias. *Accounting Horizons.* 2011, 25 (4): 729 – 753.

[288] Kim J, Li L, Lu L Y, Yu Y. Financial Statement Comparability and

Expected Crash Risk. *Journal of Accounting and Economics*. 2016, 61 (2 - 3): 294 - 312.

[289] Kim J, Liu X, Zheng L. The Impact of Mandatory IFRS Adoption on Audit Fees: Theory and Evidence. *The Accounting Review*. 2012, 87 (6): 2061 - 2094.

[290] Kim J, Shi H. IFRS Reporting, Firm - Specific Information Flows, and Institutional Environments: International Evidence. *Review of Accounting Studies*. 2012, 17 (3): 474 - 517.

[291] Kim J, Shi H, Zhu X K. The Dark Side of Mandatory IFRS Adoption: Does IFRS Adoption Deteriorate Accrual Reliability? SSRN Working Paper. 2016.

[292] Kim S, Kraft P, Ryan S G. Financial Statement Comparability and Credit Risk. *Review of Accounting Studies*. 2013, 18 (3): 783 - 823.

[293] Lambert R A. Contracting Theory and Accounting. Journal of Accounting and Economics. 2001, 32 (1): 3 - 87.

[294] Lambert R, Leuz C, Verrecchia R E. Accounting Information, Disclosure, and the Cost of Capital. *Journal of Accounting Research*. 2007, 45 (2): 385 - 420.

[295] Lambert R A, Verrecchia R E. Information, Illiquidity, and Cost of Capital. *Contemporary Accounting Research*. 2015, 32 ( 2 ): 438 - 454.

[296] Landsman W R, Maydew E L, Thornock J R. The Information Content of Annual Earnings Announcements and Mandatory Adoption of IFRS. *Journal of Accounting and Economics*. 2012, 53 (1): 34 - 54.

[297] Laux C, Leuz C. The Crisis of Fair - Value Accounting: Making Sense of the Recent Debate. Accounting, *Organizations and Society*. 2009, 34 (6 - 7): 826 - 834.

[298] Li L, Yang H I. Mandatory Financial Reporting and Voluntary Disclosure: The Effect of Mandatory IFRS Adoption on Management Forecasts. *The Accounting Review*. 2016, 91 (3): 933 - 953.

[299] Li S. Does Mandatory Adoption of International Financial Reporting Standards in the European Union Reduce the Cost of Equity Capital? *The Accounting Review*. 2010, 85 (2): 607 – 636.

[300] Liang P J, Wen X. Accounting Measurement Basis, Market Mispricing, and Firm Investment Efficiency. *Journal of Accounting Research*. 2007, 45 (1): 155 – 197.

[301] Lintner J. The Valuation of Risk Assets and the Selection of Risky Investments in Stock Portfolios and Capital Budgets. *The Review of Economics and Statistics*. 1965, 47 (1): 13 – 37.

[302] Liu B, Mcconnell J J. The Role of the Media in Corporate Governance: Do the Media Influence Managers' Capital Allocation Decisions? *Journal of Financial Economics*. 2013, 110 (1): 1 – 17.

[303] Loureiro G, Taboada A G. Do Improvements in the Information Environment Enhance Insiders' Ability to Learn from Outsiders? *Journal of Accounting Research*. 2015, 53 (4): 863 – 905.

[304] Márquez – Ramos L. European Accounting Harmonization: Consequences of IFRS Adoption on Trade in Goods and Foreign Direct Investments. *Emerging Markets Finance and Trade*. 2011, 47 (5): 42 – 57.

[305] Marra A, Mazzola P. Is Corporate Board More Effective Under IFRS or "It's Just an Illusion"? Journal of Accounting, *Auditing & Finance*. 2014, 29 (1): 31 – 60.

[306] Marra A, Mazzola P, Prencipe A. Board Monitoring and Earnings Management Pre – and post – IFRS. *The International Journal of Accounting*. 2011, 46 (2): 205 – 230.

[307] Meder A A. Interaction Between Accounting Standards and Monetary Policy: The Effect of SFAS 115. *The Accounting Review*. 2015, 90 (5): 2031 – 2056.

[308] Modigliani F, Miller M H. The Cost of Capital, Corporation Finance and the Theory of Investment. *American Economic Review*. 1958, 48 (3): 261 – 297.

[309] Myers S C, Majluf N S. Corporate Financing and Investment Decisions When Firms Have Information that Investors Do Not Have. *Journal of Financial Economics*. 1984, 13 (2): 187 – 221.

[310] Naranjo P L, Saavedra D, Verdi R S. Financial Reporting Regulation and Financing Decisions. *SSRN Working Paper*. 2016.

[311] Neel M. Accounting Comparability and Economic Outcomes of Mandatory IFRS Adoption. *Contemporary Accounting Research*. 2017, 34 (1): 658 – 690.

[312] Ohlson J A, Juettner – Nauroth B E. Expected EPS and EPS Growth as Determinants of Value. *Review of Accounting Studies*. 2005, 10 (2 – 3): 349 – 365.

[313] Ou – Yang H. An Equilibrium Model of Asset Pricing and Moral Hazard. *Review of Financial Studies*. 2005, 18 (4): 1253 – 1303.

[314] Ozkan N, Singer Z, You H. Mandatory IFRS Adoption and the Contractual Usefulness of Accounting Information in Executive Compensation. *Journal of Accounting Research*. 2012, 50 (4): 1077 – 1107.

[315] Panaretou A, Shackleton M B, Taylor P A. Corporate Risk Management and Hedge Accounting. *Contemporary Accounting Research*. 2013, 30 (1): 116 – 139.

[316] Ramanna K, Sletten E. Network Effects in Countries' Adoption of IFRS. *The Accounting Review*. 2014, 89 (4): 1517 – 1543.

[317] Richardson S. Over – Investment of Free Cash Flow. *Review of Accounting Studies*. 2006, 11 (2 – 3): 159 – 189.

[318] Schleicher T, Tahoun A, Walker M. IFRS Adoption inEurope and Investment – Cash Flow Sensitivity: Outsider versus Insider Economies. *The International Journal of Accounting*. 2010, 45 (2): 143 – 168.

[319] Sengupta P. Corporate Disclosure Quality and the Cost of Debt. *The Accounting Review*. 1998, 73 (4): 459.

[320] Sharpe W F. Capital Asset Prices: A Theory of Market Equilibrium un-

der Conditions of Risk. *Journal of Finance*. 1964, 19 (3): 425 –442.

[321] Skinner D J. The Rise of Deferred Tax Assets inJapan: The Role of Deferred Tax Accounting in the Japanese Banking Crisis. *Journal of Accounting and Economics*. 2008, 46 (2 –3): 218 –239.

[322] Soderstrom N S, Sun K J. IFRS Adoption and Accounting Quality: A Review. *European Accounting Review*. 2007, 16 (4): 675 –702.

[323] Sohn B C. The Effect of Accounting Comparability on Earnings Management. *SSRN Working Paper*. 2011.

[324] Stoughton N, Wong K P, Yi L. Investment Efficiency and Product Market Competition. *SSRN Working Paper*. 2016.

[325] Suzuki T. Accountics: Impacts of Internationally Standardized Accounting on the Japanese Socio – Economy. Accounting, *Organizations and Society*. 2007a, 32 (3): 263 –301.

[326] Suzuki T. A History of Japanese Accounting Reforms as a Microfoundation of the Democratic Socio – Economy: Accountics Part II. Accounting, *Organizations and Society*. 2007b, 32 (6): 543 –575.

[327] Tan H, Wang S, Welker M. Analyst Following and Forecast Accuracy After Mandated IFRS Adoptions. *Journal of Accounting Research*. 2011, 49 (5): 1307 –1357.

[328] Ulrike M, Geoffrey T, Yan J. Internet Appendix for Overconfidence and Early – Life Experiences: The Effect of Managerial Traits on Corporate Financial Policies. *Journal of Finance*. 2010, 66 (5): 1687 –1733.

[329] Vogt S C. The Cash Flow/Investment Relationship: Evidence fromU. S. Manufacturing Firms. *Financial Management*. 1994, 23 (2): 3 –20.

[330] Voulgaris G, Stathopoulos K, Walker M. IFRS and the Use of Accounting – Based Performance Measures in Executive Pay. *The International Journal of Accounting*. 2014a, 49 (4): 479 –514.

[331] Voulgaris G, Stathopoulos K, Walker M. CEO Pay Contracts and IFRS Reconciliations. *European Accounting Review*. 2014b, 24 (1): 63 –93.

[332] Wang C. Accounting Standards Harmonization and Financial Statement Comparability: Evidence from Transnational Information Transfer. *Journal of Accounting Research*. 2014, 52 (4): 955 –992.

[333] Wang S, Welker M. Timing Equity Issuance in Response to Information Asymmetry Arising from IFRS Adoption inAustralia and Europe. *Journal of Accounting Research*. 2011, 49 (1): 257 –307.

[334] Watts R L. Conservatism in Accounting Part I: Explanations and Implications. *Accounting Horizons*. 2003, 17 (3): 207 –221.

[335] Watts R L. A Proposal for Research on Conservatism. *Working Paper*, *University of Rochester*, 1993.

[336] Wieczynska M. The "Big" Consequences of IFRS: How and When Does the Adoption of IFRS Benefit Global Accounting Firms? *The Accounting Review*. 2016, 91 (4): 1257 –1283.

[337] Wu J S, Zhang I. Accounting Integration and Comparability: Evidence from Relative Performance Evaluation Around IFRS Adoption. *SSRN Working Paper*. 2010.

[338] Wu J S, Zhang I X. The Voluntary Adoption of Internationally Recognized Accounting Standards and Firm Internal Performance Evaluation. *The Accounting Review*. 2009, 84 (4): 1281 –1309.

[339] Wurgler J. Financial Markets and the Allocation of Capital. *Journal of Financial Economics*. 2000, 58 (1): 187 –214.

[340] Yip R W Y, Young D. Does Mandatory IFRS Adoption Improve Information Comparability? *The Accounting Review*. 2012, 87 (5): 1767 –1789.

[341] Young S, Zeng Y. Accounting Comparability and the Accuracy of Peer-Based Valuation Models. *The Accounting Review*. 2015, 90 (6): 2571 –2601.

[342] Yu G, Wahid A S. Accounting Standards and International Portfolio Holdings. *The Accounting Review*. 2014, 89 (5): 1895 – 1930.

[343] Zeff S A. The Rise of "Economic Consequences". *Journal of Accountancy*. 1978, 146 (6): 56 – 63.

[344] Zhang G. Accounting Standards, Cost of Capital, Resource Allocation, and Welfare in a Large Economy. *The Accounting Review*. 2013, 88 (4): 1459 – 1488.

[345] Zhang G. Private Information Production, Public Disclosure, and the Cost of Capital: Theory and Implications. *Contemporary Accounting Research*. 2001, 18 (2): 363 – 384.

[346] Zhang H. Effect of Derivative Accounting Rules on Corporate Risk – Management Behavior. *Journal of Accounting and Economics*. 2009, 47 (3): 244 – 264.

[347] Zhang J. The Contracting Benefits of Accounting Conservatism to Lenders and Borrowers. *Journal of Accounting and Economics*. 2008, 45 (1): 27 – 54.

[348] Zhu K, Sun H. The Reform of Accounting Standards and Audit Pricing. *China Journal of Accounting Research*. 2012, 5 (2): 187 – 198.

# 后　记

本书是在我的博士论文《会计准则变革对资本配置的非预期效应研究：理论分析与实证检验》的基础上稍作修改而成的。博士论文的后记部分曾记录了我从事这一研究的缘由及过程，以及我求学之路的足迹和感悟。一年多过去了，现在读起来仍感慨万千、五味杂陈。我把它稍作修改，作为本书的后记。

十一年前的夏天，经过"地狱模式"江苏高考的洗礼，我考入美丽的中国海洋大学，四年后又考取东北财经大学会计学专业的硕士研究生，并入选会计学院学术实验班，经过两年的硕士阶段学习后，于 2013 年通过硕博连读的选拔开始攻读博士学位，期间，我还有幸获得国家留学基金委的资助，前往英国牛津大学进行联合培养。毕业后，我选择成为一名人民教师，来到中南财经政法大学会计学院工作。

从故乡的热土到青岛，到大连，到牛津，再到武汉，从十八九岁到而立之年，人生最绚丽的十余年青春留给了我的"大学"。十多年前，我是一个只讲方言的农民的儿子，十多年后，我成为常用普通话交流的城市户口居民；十多年前，我没有坐过火车、轮船和飞机，十多年后，我已去过祖国许多城市，并走出国门；十多年前，我是一个精通高中数理化的"天才"，十多年后，我成为一名略懂会计学的专业性"人才"；十多年前，年轻气盛，梦想有朝一日治国平天下，十多年后，心平气和，只愿好好工作修身齐家。十多年时间，我已彻底转变成另一个自己。

在上大学之前我对会计知之甚少，初进大学我是工商管理大类专业的学生，只知道当时会计是学校里的热门专业，只有大学一年级成绩较好且通过选拔考试的同学才可以选择，我有幸成为其中一员。既然选择了就要热爱，对于会计亦然。

在大学分专业后的三年学习过程中，经过系统的本科课程学习，我基本掌握了会计的基本方法和原理。在此期间，我逐渐发现会计及其理论结构的魅力，比如，各项会计要素的特定含义，以及会计恒等式在财务会计中的重要地位。在课余时间，我认真研读了葛家澍教授和林志军教授所著的《现代西方会计理论》一书，以及杜兴强教授和章永奎教授所著的《财务会计理论》一书，通过对这两本会计理论著作的学习，我基本上掌握了以财务会计概念框架为支撑的理论体系。到后来的研究生学习初期，我又逐渐学习了杨纪琬教授、阎达五教授、杨时展教授、郭道扬教授、吴水澎教授、刘峰教授、杨雄胜教授等知名学者的学术观点，对关于会计的本质与职能等基本理论问题在我国的讨论与发展情况有了比较清晰的认识。虽然后来实证研究方法逐渐占据主导地位，但早期对一些会计基本理论问题的系统学习让我受益匪浅，对我后来所开展的实证研究也具有很大的框架指导作用。

很庆幸的是，在本科学习期间我就遇到了在会计研究方面的启蒙老师。通过学习王竹泉教授开设的《营运资金管理》课程，我了解了其基于渠道的营运资金管理理论，以及利益相关者会计理论。通过学习罗福凯教授开设的《资本运营实务》课程，我了解了其要素资本理论，以及对财务本质与边界等基础理论的论述。另外，我还有幸倾听了徐国君教授的一堂课，了解了其人本会计理论。他们的学术观点以及儒雅睿智的才华气质，极大地激发了我对学术研究的兴趣和热情。在本科期间，参加学术讲座的机会虽然不多，但有两次让我难以忘怀，一次是台湾国立政治大学郑丁旺教授关于《对国际财务报告准则（IFRS）若干规定的检视》的学术报告，近距离感受大师风范的激动心情仿如昨日，没想到后来我博士论文的研究方向竟与之密切相关；另一次是厦门大学杜兴强教授关于《自愿的中期审计减少了代理成本了吗?》的学术报告，杜老师风趣幽默的才气至今犹存脑海，没想到原来那是我第一次接触实证会计研究。

根据当时学习的知识和感悟，在学院安排的王茬教授的指导下，我认真完成了本科毕业论文《财务报告改进问题研究》。但是，出于对知识的渴望，或者说是本能地对未知东西的好奇，我毅然选择了继续深造。怀揣着对财经学府众多德高望重的专业教师的敬仰，以及对另一个海滨之城的期待，我来到了东北财经大学。

在东北财经大学学习的六年，让我有机会更加系统地学习会计，并使我掌握了现代科学的方法进行相关研究。在这里有更多的专业教师，也可以接触到更多的学术资源。方红星教授的课程让我系统地了解了现代财务与会计的科学研究方法，以及资本市场会计研究的发展脉络；刘淑莲教授的课程让我进一步掌握了资本市场财务领域的研究状况，并提升了我阅读外文文献的能力；陈国辉教授的课程为我进一步完善了对会计基本理论结构的认识；孙光国教授的课程让我进一步掌握了现代西方财务会计理论的演进过程，加深了我对契约观和信息观等的系统认识；姜英兵教授的课程让我熟悉了公司财务理论和制度经济学等经典内容，并培养了我对理论建模的兴趣。另外，王维国教授所讲的计量经济学课程、中山大学连玉君副教授所讲的 STATA 应用课程、香港中文大学顾朝阳教授所讲的资本市场会计研究课程，以及高级微观经济学和宏观经济学等众多课程使我从事实证和理论研究打下了很好的基础。会计学院组织的各种学术活动更是让我有机会领略更多学者的风采，包括财务与会计系列讲座（海外学者论坛、著名学者论坛、博导论坛、青年学者论坛、博士和硕士论坛、圆桌论坛、期刊交流会等），以及别具特色的学术沙龙、学术午餐会、学术提升训练营等学术活动，我的两本讲座记录簿显示，六年中竟坚持参加了一百二十七场学术报告。当然，在我求学道路上对我影响最大的人是我硕士和博士阶段的导师张先治教授。

初见恩师是在硕士刚入学时的学术实验班选拔面试，记得恩师当时肃穆端庄、让人生畏地坐在我对面，但与我交流时却又是那么亲和。后来我在网上查阅了很多关于恩师的资料，发现恩师的成就原来如此之高。虽然当时大家都说恩师过于严厉，但怀着一份敬仰之情，我还是勇敢地给恩师发了邮件，并顺利地拜入恩师门下。

在恩师指导下的两年硕士学习中，我熟悉了国内外学术期刊、文献检索和数据库等从事学术研究的必备内容，并在参与恩师主持的两项省级课题中，写出了一篇关于我国会计准则变革历程、动因及影响的规范研究论文，恩师当时给予了不错的评价，并在恩师的悉心指导下几经修改，后来发表在《财经问题研究》杂志上，这是我发表的第一篇学术论文，当时我特别开心，甚至是小有成就的感觉。

带着从本科时期以来学习会计基本理论问题的思考，我尝试写作了一篇名为《论会计一体化的理论框架与改革思路——基于会计本质的探讨》的规范研究论文，主要是从会计"信息系统"的本质出发，指出当前财务会计理论与管理会计理论发展逐渐分离的不良现象，并提出了会计一体化的理论框架和改革思路。恩师读过该文后，可能觉得这篇论文难度太大，我一时难以驾驭就暂且搁浅了。后来我国开始大兴管理会计建设，在恩师的指导下，我将这篇论文的范畴缩小了一些，形成《基于会计本质的管理会计定位与变革》一文，仍然基于会计"信息系统"的本质，探讨了我国管理会计改革的思路，后来发表在《财务与会计》杂志上。

经过两年硕士阶段的学习，在恩师的鼓励和帮助之下，我又顺利地通过硕博连读选拔转为攻读博士学位。这样，我就有了更多的时间和心理准备从事学术研究。在读博期间，我系统地学习了恩师的《财务理论研究》、《公司理财前沿问题研究》、《会计报告应用研究》等课程以及相关著作，更加全面地理解了恩师的学术思想体系。同时，我又相继参加了恩师主持的国家自然科学基金项目、教育部人文社科基金项目、财政部管理会计发展规划专项项目等多项课题，在积累科研项目论证、申请和规划执行等经验的同时，不断提高自己的学术研究能力。另外，我还参与了由 Springer 出版的恩师领衔撰写的两部英文著作《Enterprise Management Control Systems in China》和《Standards for Enterprise Management Control》，以及相关教材的编写，进一步提高了我在学术论文写作之外其他方面的能力。

以恩师近几年关注的重要领域之一"会计准则变革的非预期效应"为方向，并在恩师的悉心指导下，我又形成了一系列学术论文成果，分别发表在《Management Decision》《会计研究》《管理评论》《财经问题研究》《当代会计评论》《财务研究》《会计之友》等学术期刊。在此期间，我不仅进一步提高了自己规范研究的能力，对会计学和财务学的范畴、主题与研究方法等有了更加系统的认识，同时出于形势需要，我完成了从规范研究到实证研究的转型，并始终坚持自己对分析式会计研究方面的兴趣，也形成了部分理论研究成果。同时，也完成了博士论文的撰写。

我的博士论文研究以中国会计准则国际趋同为背景，以会计准则变革的非预期效应理论框架为指引，探索性地研究了会计准则变革对资本配置的非预期效应，具体研究内容涉及会计准则变革对资本成本、资本结构、投资行为及其效率的影响，特别是未预期的有利或不利的经济后果。在此过程中，强调会计准则变革预期效应和非预期效应两个方面的权衡，这有助于会计理论研究者进一步全面、系统地研究会计准则变革的经济后果，特别是宏观会计制度与微观企业行为之间的互动研究。论文所提出的若干新见解和新发现，对于会计准则制定者应该具有重要的参考价值，对于企业管理者、投资者和债权人以及其他资本市场参与者也具有一定的启示。

本书能够出版，首先，我要感谢我的导师张先治教授，在我的博士论文选题、拟定大纲、理论框架、研究设计、初稿完善等每一个环节，无不伴随着恩师的悉心指导和严格要求。六年间，恩师在我身上倾注了大量心血，我和恩师的往来邮件多达两千多封，平均到每天便是至少一封邮件，当然还有无数次的当面教诲。恩师严谨的治学态度，始终让我不敢懈怠。恩师为人谦和，待人以诚，教会了我很多做事做人的原则，并常教导我们要身怀"五心"——责任心、自信心、感恩心、敬畏心和平常心。感谢恩师榜样的力量，是恩师的指引、关怀、培养和教导，才有了今天走上学术道路上的我。同时，我还要感谢我的师母纪老师，师母对我如母亲般的关心和照顾，让身在异地求学的我感受到了家的温暖，师母在生活上对我的开导我一直铭记于心。

感谢前述传授过我专业知识、研究方法的老师们和会计前辈们，以及上学以来所有教过我的各位老师。感谢在我博士论文开题和预答辩过程中给我提出过宝贵意见的顾朝阳教授（香港中文大学）、方红星教授、刘淑莲教授、陈艳教授、姜英兵教授、陈艳利教授、陈仕华副教授、刘行副教授和刘媛媛副教授。同时，感谢三位匿名评审专家对我的博士论文提出的宝贵意见，感谢在我相关论文投稿和参加学术会议过程中曾给我提出过有益建议的各位专家学者和同学。

感谢恩师所带领的公司理财与管理控制研究室这个大家庭，在这里我的知识储备得到了很大的丰富，在担任研究室秘书期间，我的组织协调能力和综合素质也得到了很大的锻炼。感谢研究室的陈艳教授、池国华教授、刘媛媛副教授、张晓东副教授、张秀烨博士等前辈老师们曾在学业上对我的帮助；感谢我的师兄和师姐于悦博士、顾水彬博士、陈明博士、燕玲博士、徐海峰博士、贾兴飞博士、崔莹博士、周芳博士、郝佳博士等在学习方面指引和帮助着我；感谢当初文献组和论文研讨小组的成员胡静硕士、王睿硕士、孙枭飞硕士、项云硕士、岳竞媛硕士、王兆楠硕士等，大家一起学习、共同进步，当时我主持的每周学术讨论会至今仍让我十分怀念；另外，我还要感谢我的留学生同门安驰（Ansar）博士，我们同一年进入博士阶段学习，与之四年的相处和学术研究讨论大大提高了我的英语口语和英文写作的能力。

感谢我在英国牛津大学的导师 Alex Nicholls 教授，与之每两周一次的见面汇报使我收获甚多，我非常怀念他和蔼可亲的笑容，是他让我在异国他乡的学习生活有了一个踏实的依靠；感谢即使在身体抱恙期间仍给予我帮助的 Tomo Suzuki 教授，与之在牛津大学图书馆旁边书店休息区里的谈话让我终生难忘，他对学术研究的热情、自信和坚持一直鼓舞着我；感谢牛津大学商学院的 Richard Barker 教授、Timotius Kasim 博士等人对我论文研究的有益评论和讨论。感谢恩师以及会计学院多位领导对我申请出国学习的支持和帮助，感谢厦门大学的学姐卢煜博士对我申请到牛津大学学习及在英国生活等方面的帮助，感谢我在英国的房东给我提供了一个温馨舒适的小窝，感谢与我在牛津一起生活的伙伴们以及遇到的众多优秀中国留学生，那是一段快乐难忘的时光。

在此，我还要特别感谢几位学界前辈，以及我的同窗好友。感谢厦门大学的曲晓辉教授，很荣幸我第一次和第二次参加学术会议并报告论文均由她主持和点评，她的鼓励成为了我在学术道路上踏实奋进、开拓创新的动力；感谢中国人民大学的周华教授，忘不了在一次学术讲座后，在教室后面旁听的他悄悄把我叫出门外，对我的提问发言进行了称赞，并鼓励我在学术道路上继续努力；感谢香港大学的张国昌教授，是他的论文让我领略到基础理论研究的魅力，有幸在东财聆听了他的学术报告，他对晚辈在研究方法选择方面遇到困惑的指点定会让我受益颇多。感谢我的数量经济学专业同学杜重华博士、金融学专业同学田渊博博士，在我处理数理模型遇到困难时给我提供了帮助；感谢我十年来的好友厦门大学郭俊杰博士，在我处理数据遇到困难时给我提供了帮助，并常与我谈心交流；感谢我的好友刘子旭博士、卫银栋博士，经常与他们一起学习、吃饭、聊天等让我的博士学习生活不太孤单；感谢车敬超学长在我考研及读研究生初期对我的帮助；感谢我的每一批室友，支教队、田径队、篮球队和足球队的伙伴们，以及所有同学，是他们陪伴我一起走过了大学美好的时光。

我要感谢我的家人。感谢我的父母用农民最辛勤的双手给予了我最好的现在，感谢你们从农村培养出了三位大学生儿女，你们是我永远的骄傲。父亲的敦厚和朴实，母亲的智慧和不屈，深深地影响着我的性格和人生。感谢我已故的奶奶，是您和爸妈一起养育了我，并从小就教育我要懂得勤奋和生活节俭。同时，感谢我的哥哥、姐姐在求学路上对我的无私帮助和关怀。感谢我的妻子冯艺女士一直以来的陪伴、理解和鼓励，谢谢你把最美好的花样年华给了我这一介"穷书生"，虽然你"浪费"了我很多宝贵的学习时间，但我还是要谢谢你和我一起三次去贵州支教，一起走过许多个城市和乡村，一起探寻这个世界的五彩缤纷，未来愿一直伴你同行。

最后，衷心感谢东北财经大学对我的培养，感谢中南财经政法大学会计学院领导和同事对我的关怀和帮助，感谢中南财经政法大学青年学术文库项目对本书出版的资助，感谢中国社会科学出版社徐沐熙博士在本书出版过程中的辛苦付出。

本书必定还存在诸多不足和缺点，恳请读者朋友们批评指正。

**晏 超**

2018 年 8 月 31 日于武汉